AF612132

Editorial
NUN

Feminismo centrado en la persona

De la teoría a la realidad

Ficha bibliográfica

Diana Erika Ibarra Soto
María Fernanda Crespo Arriola
Susana A. Ochoa Torres
(Coordinadoras)

Feminismo centrado en la persona. De la teoría a la realidad
1a. edición, 2023

ISBN: 978-607-59598-9-4
ISBN digital: 978-607-59691-2-1

Editorial Notas Universitarias, S.A. de C.V.
Colección Scholia

Impreso en la Ciudad de México, mayo de 2023
Formato: 15 × 21 cm

262 pp.

Editorial NUN

Es una marca de Editorial Notas Universitarias, S.A. de C.V.

Xocotla17, Tlalpan Centro II, alcaldía Tlalpan,
Ciudad de México, C.P. 14000

www.editorialnun.com

ISBN versión impresa: 978-607-59598-9-4
ISBN versión digital: 978-607-59691-2-1

Comentarios sobre la edición a contacto@editorialnotasuniversitarias.com.mx

Los textos aquí presentados fueron arbitrados (doble-ciego) y dictaminados por especialistas nacionales. Posteriormente, fueron revisados, corregidos y modificados por las autoras antes de llegar a su versión final.

Dirección editorial y diseño de portada: Miryam D. Meza Robles
Cuidado de la edición: Felipe G. Sierra Beamonte
Corrección de estilo: Patricia Martínez Galindo
Lectura de pruebas: Óscar Díaz Chávez
Diagramación y edición digital: Carlos Papaqui Landeros

Impreso en México

Feminismo centrado en la persona

De la teoría a la realidad

Diana Erika Ibarra Soto
María Fernanda Crespo Arriola
Susana A. Ochoa Torres
(Coordinadoras)

Índice

Introducción

Las voces del feminismo son cuantiosas. Responden a las diversas perspectivas, corrientes, visiones y necesidades diferenciadas que tenemos como sociedad. Son producto de siglos de historia, construidas con ahínco, indignación ante la injusticia y mucho sufrimiento. Si bien podríamos precisar el inicio de la palabra feminismo en el siglo XVIII, la denuncia ante la inequidad y la falta de reconocimiento entre mujeres y hombres puede rastrearse hasta voces muy tempranas en la historia del pensamiento. Esas inercias han tenido respuestas y se han nutrido y dividido en diversas expresiones dependiendo desde donde abrevan. De tal suerte que responder la pregunta, "¿qué tipo de feminista soy?", se ha vuelto todo un ejercicio gnoseológico (el cual tristemente en las más de las veces se ignora o se obvia) que provoca un buen número de opiniones desarticuladas.

Se sabe que hay feminismos liberales, marxistas, de la diversidad, de la diferencia; ecofeminismos, ciberfeminismo, feminismos radicales, anárquicos, o "soft"; feminismos decoloniales, hindúes, africanos, chicanos; feminismos *queer*, y hasta antifeministas. Es fácil aturdirse con este maremágnum de vocablos y distinciones, y entonces, cabría preguntar ¿por qué la necesidad de sumar uno más a esta lista? La respuesta en este punto es sencilla. En nuestro parecer son pocos los feminismos que se están construyendo desde un lugar distinto al de la indignación, lo cual es sumamente comprensible; pero necesitamos algo más. La denuncia es el primer paso de un conjunto de eventos necesarios para que la realidad cambie. Enfrascarse en la frustración por la injusticia padecida quizá sea necesario como punto de partida, pero limitarse a sobreponderar ese punto impide avanzar. Tal como menciona Daniel Peres Díaz:

> En verdad, la diversidad y pluralidad de feminismos no debe verse como un elemento negativo o limitador del potencial transformador de la lucha por la igualdad de las mujeres, sino como la consecuencia lógica de la inclusión de la crítica feminista en diversos contextos sociales, económicos, políticos, culturales, institucionales, demográficos, etcétera. (2017: 158).

Los feminismos son una fuerza arrolladora en nuestros días. Ya sea para una afirmación constante de las acciones necesarias hacia la igualdad entre personas, ya sea para la crítica de los excesos que se cometen en su nombre. Su presencia en las agendas políticas, mediáticas, sociales y artísticas ocupa una buena cantidad de atención. Pero ¿qué hay de los resultados? Efectivamente, las mujeres después de siglos de luchas, más o menos visibles, ¿somos ahora más felices, más plenas, más auténticas u otra vez nos hemos dejado coartar por un discurso —que es eso, discurso—, pero que nos encierra en unos muros quizás ahora construidos por nosotras mismas? Lo que es cierto es que en este ir y venir de ideas dentro de las opciones feministas hay quienes no nos hemos sentido plenamente representadas. Esto no tiene que ver con quién es o no "verdaderamente" feminista, quién es merecedora del título o quién actúa con mayor coherencia. No se trata de validar o descalificar a nadie. Se trata de una búsqueda de la verdad con respecto a la felicidad humana. Resaltando enormemente la palabra "búsqueda", pues aquí no hay respuestas definitivas, sino aproximaciones, propuestas y apertura.

En ese momento del diálogo es indispensable ampliar el espectro del asunto con puntos de vista distintos o que incluso desafíen las afirmaciones más consolidadas. No se malentienda, no es un relativismo en el que todo lo que se diga se asuma como verdadero; se trata por el contrario de un deseo de verdad aunque sólo se atine a espiar por entre la mirilla de la puerta de la realidad. Es por ello que el centro de este libro son las paradojas que descubrimos como grupo.

Estas críticas que hacemos al feminismo hegemónico[1] no son realizadas desde la soberbia del conocimiento, sino ante la humildad de no tener la respuesta. Las paradojas suponen contradicciones, caminos desviados que tuercen su destino, llegando al mismo punto de partida, o incluso al lugar opuesto. Ésta es la situación que de común hemos encontrado dentro de algunos avances de los feminismos: si queríamos ser libres y que no utilizaran nuestro cuerpo, ¿por qué ahora esclavizamos a otras mujeres por medio de una maternidad subrogada? ¿Por qué al momento de afirmar la igualdad entre todas las personas, tal pareciera que de nuevo a las mujeres se nos deja de nombrar? ¿Por qué pareciera que entre más dinero y estudios que se hacen en torno a la violencia contra las mujeres, ésta pareciera avanzar? ¿En qué momento la afirmación de ser mujer hizo que viéramos algo propio del ser mujer, como la maternidad, como el enemigo a vencer o en todo caso una capacidad meramente accidental? ¿Por qué en la academia feminista se experimenta una cultura de la represión cuando no se afirman las ideas populares si, al contrario, siempre se había defendido la libre expresión dentro del feminismo?

Éstas son tan sólo algunas de las preguntas que han detonado nuestra reflexión, dejando pendientes muchas otras. Por eso el centro del libro han sido las paradojas que descubrimos como grupo en nuestro camino intelectual, el cual seguramente tiene una larga distancia por recorrer y que estamos seguras que se irá enriqueciendo a lo largo de las discusiones que tengamos con otras y otros interlocutores. Las paradojas son incómodas, nos muestran que el camino humano no es recto ni en bajada. Pero es en

1 El feminismo hegemónico es aquél formulado desde la segunda ola del feminismo que, al mayoritariamente visibilizar el feminismo blanco, constituyó un mecanismo de exclusión que mantiene las relaciones de poder, dividiendo a las mujeres por su clase, origen, etnia, raza y geolocalización. En su mayoría fue identificado con la propuesta encontrada en 'La mística de la feminidad' de Betty Friedan, que transmitía las problemáticas de la mujer blanca europea, blanca norteamericana, urbana y de clase media o alta, como si fueran las problemáticas de todas las mujeres. Cfr. P. Rodriguez (2011).

el descubrimiento de los vórtices y vacíos que podemos descubrir las áreas de oportunidad, los puntos ciegos y los yerros que necesitamos subsanar.

Estructura del libro

Hemos dividido este libro en dos partes. Una primera de fundamentos conceptuales que busca evidenciar de manera abierta y franca desde dónde estamos construyendo nuestra propuesta y cuáles son las ideas centrales de la misma. La segunda parte se dirige a exponer las paradojas encontradas a lo largo del trabajo académico como grupo.

El primer apartado del libro consta de dos capítulos. Inicia con una traducción elaborada por Diana Ibarra y María José Gómez, de un texto previamente publicado por la filósofa y teóloga estadounidense Prudence Allen. Allen es un referente para el feminismo en conexión con la dignidad humana. Ella cofundó en Denver el Ministerio Internacional de la Mujer "Educando sobre la naturaleza y la dignidad de la mujer". Desde 2014 ha sido llamada a participar de la Comisión Internacional Teológica en el Vaticano y es parte del proyecto sobre la Dignidad humana en la Universidad de Notre Dame, Indiana. Allen se ha destacado por sus múltiples participaciones en revistas especializadas de filosofía y teología al convertirse en lo que se conoce como el "Nuevo Feminismo" en respuesta a la petición expresa del papa Juan Pablo II en su encíclica *Evangelium Vitae*. Su obra más conocida, es *The Concept of Women* elaborada en tres volúmenes, en los cuales revisa el concepto "mujer" en la voz de los principales filósofos a lo largo de la historia. Parte de lo que es más significativo en la obra de Allen es su retorno a la metafísica. Dicho por Sarah Borden y Christopher Manzer:

> Fuera del trabajo de Prudence Allen, hay una carencia significativa en lo abordajes relativos a los estudios de género de los siglos XX y XXI de una filosofía de la persona humana que sea explícitamente metafísica, rigurosa y comprensiva, que relaciona los aspectos físico, social,

histórico, cultural, así como volitivo y racional de la identidad de una persona (trad.) (Borden y Manzer, 2015: 1).

En este libro se presenta el texto, "¿Puede el feminismo ser un humanismo?", en el que Allen hace un análisis sobre el compromiso de diferentes formas de feminismo de velar por la humanidad. A partir de ese análisis concluye que el feminismo humanista es el que mejor puede dar respuesta a las exigencias de igualdad y desarrollo de las personas en general, y en específico para las mujeres. Son pertinentes sus críticas a feminismos que se alejan de buscar el bien para todas las personas y se concentran en una parte solamente, imponiendo una lógica desigual que, lejos de acercarnos a la justicia, nos podría destruir, si no es que ya lo está haciendo. Este escrito ha sido fundacional para el grupo y de él hemos tomado nuestra definición de feminismo:

> El pensamiento y la acción organizadas que tienen como meta la remoción de los obstáculos que impiden que las mujeres (en tanto mujeres) lleguen a ser lo que un ser humano o una persona humana realmente es y puede llegar a ser (Allen, 1998: 252).

Pensamos que esta definición abarca aspectos importantes para nuestro proyecto, pues reconoce la necesidad de un feminismo que reúna fuerza teórica (pensamiento) y práctica (acción); es decir, que tiene la intención tanto de disertar sobre conceptos fundantes de la teoría feminista, como de promover acciones concretas que permitan mejorar las condiciones de vida de las mujeres y asumir un compromiso con el desarrollo de aquello que pueden llegar a ser.

El segundo capítulo, a cargo de Diana Ibarra, María José Gómez y Giannina Orejel, ofrece una primera aproximación a lo que será el *Feminismo centrado en la persona*, mostrando cuáles serían sus características e implicaciones, reconociendo las herencias que tiene del Nuevo Feminismo, pero separándose de la corriente propiamente conocida como personalismo. El *feminismo centrado en la persona* es aquel que pone como principio axiomático a la persona misma, con la realidad que ella implica, buscando una integración de sus partes sustantivas; al mismo tiempo que condena las estructuras de injusticia que han desplegado sus ataques, específicamente contra las mujeres. Pero va más allá, pues promueve una agencia de la persona, una fuerza de cambio y un compromiso a nivel social, para que las mujeres puedan ser consideradas como cocreadoras del mundo.

El segundo apartado del libro consta de cuatro capítulos que discurren entre cuatro temáticas que son preponderantes para el abordaje académico del grupo: primeramente, la invisibilidad a la que está expuesta la mujer, incluso dentro de algunos tipos de feminismo, pues si no se reconoce a la mujer como sujeto propio, el resto de la problemática seguirá sesgada. En un segundo aspecto, la falta de resultados ante el fenómeno de la violencia contra las mujeres nos muestra que, a plena vista, seguimos sin ver los problemas de raíz, por lo que necesitamos nuevas y mejores visiones interpretativas. No podría omitirse en un tercer capítulo la paradoja de la negación de la maternidad, que al mismo tiempo se muestra como algo propio de la mujer, pero sigue siendo visto como impedimento. Por último, como académicas consideramos que el lugar idóneo para dar respuesta a estas paradojas es la universidad, donde podremos atender el reclamo de visibilidad y reconocimiento de las mujeres.

Con respecto a la visibilización pretendida en la lucha de género, en la incorporación del trabajo y en la maternidad subrogada, ¿todas las batallas han sido ganadas? ¿En su paso han dejado huellas?, ¿qué tan hondas? Desde esa perspectiva, el tercer capítulo a cargo de Fernanda Crespo, Susana Ochoa y Cecilia Gallardo analiza tres aspectos focales del desarrollo humano en los que la pretensión común —inalcanzada— ha sido mostrar cada vez más a las mujeres. La primera vertiente es el concepto y manejo del término género y sexualidad, la segunda corresponde a la anhelada inclusión de la mujer en el ámbito laboral formal y la tercera a las técnicas de reproducción. Tres visiones que muestran que se ha dejado de ver a la mujer, aunque se muestren algunas conquistas, dejando huecos muy cuestionables a partir de los cuales se antoja repensar si se están atacando los problemas de fondo relativos al reconocimiento de su dignidad. Los contrasentidos se presentan como punto de ignición que anhela, genuinamente, abrir el diálogo en torno a estas cuestiones.

¿Y qué pasa con la violencia ejercida contra la mujer? En el cuarto capítulo, Natalia Stengel, Susana Ochoa y Luz María Álvarez escudriñan la paradoja de realidad de la violencia que, por más visible que se haga, no disminuye. Las autoras ofrecen una propuesta alternativa que dimana de una visión paralela: el *artivismo*. Mientras sigamos denunciando la violencia con más violencia perpetuamos el laberinto de la eterna opresión. La violencia no se combate con violencia, ni sólo con denuncias, lo que es más, ni sólo con leyes —aunque todo esto abone—, sino con el compromiso de cambiar radicalmente de comportamiento en todos los niveles. La violencia se erradicará cuando cada uno de nosotros asumamos el compromiso de no utilizar nunca la forma más primitiva de ejercer el poder sobre otro, y cuando nos mostremos abiertos a otras formas como el *artivismo*, que ayuden a ir deshaciendo la incultura del destrozo bilateral.

El quinto capítulo aborda, con la óptica de dilemas, una realidad universal que compete al género humano y, específicamente, a las mujeres: su maternidad. ¿Representa la maternidad una asimetría sexual que pone en ventaja o en desventaja a la mujer? ¿Existen elementos que orillan a la maternidad a condición de subyugación? ¿Cuáles son ellos? ¿La condición de mujer se vive desde la contradicción? ¿Es la libertad para ser madre un valor absoluto por encima de cualquier otro? ¿Existe el instinto maternal o todo es construido? Buscando la ansiada libertad, ¿no será que sólo hemos liberado al hombre de la responsabilidad de sus actos reproductivos? Mariana Flores, Teresa Villanueva y Ruth Román abordan sin miedo estos dilemas encuadrados en tres partes: la diferencia sexual, la maternidad como opresión o emancipación y el instinto materno, con el objetivo de poder abrazar la realidad de la maternidad desde un nivel más consciente y pleno.

Finalmente, en el sexto capítulo se expone el papel que juegan los grupos feministas en las universidades. La inequidad entre varones y mujeres tiene eco en las mentes inquietas de los campus académicos y, en ocasiones, también dentro de sus aulas. ¿Cómo conciliar los objetivos de esos grupos nacidos con la aspiración genuina de fomentar la igualdad entre sexos con el fin propio de la universidad, a saber, el conocimiento verdadero y universal? ¿Es posible defender a las mujeres bajo la sombra de la ideología o el sentimentalismo? María José García Castillejos, Ana Fernández Núñez y Amelia García Casas exponen el reciente caso de un grupo estudiantil feminista y nos invitan a repensar que las demandas sociales han de acercarse a la verdad.

Como se podrá observar el esfuerzo ha sido significativo, pero nada de ello hubiera sido posible sin el apoyo de Alberto Ross, director general del Instituto de Humanidades, quien con su visión y empuje nos ha motivado a seguir en esta importante cruzada. Cabe agradecer también a los directores de Humanidades de cada campus involucrado, Vicente de Haro y Roberto Rojas, así como a todas las profesoras, alumnas y becarias que han enriquecido este proyecto con sus opiniones, participaciones y compromiso. Agradecemos toda la generosidad en tiempo y esfuerzo que Luz María Álvarez ha emprendido en la revisión y corrección de este libro. Muy especialmente, agradecemos a todas las integrantes del Grupo Interdisciplinar de Estudios Feministas su enorme trabajo y compromiso que es de todas y para todas. Ha sido una experiencia gozosa, colmada de retos intelectuales y logísticos, pero que nos ha permitido confirmar que la sororidad es indispensable, y que, estando juntas, somos y seremos imparables.

Diana Erika Ibarra Soto
María Fernanda Crespo Arriola
Susana A. Ochoa Torres
Coordinadoras

Referencias

Allen, P. (1998), "Can Feminism Be a Humanism?", *Maritain Studies/Etudes Maritainiennes,* vol. 14.

Borden, S. y Manzer, C. (2015), "Feminism and Metaphysics", *eJournal of Personalist Feminism*, vol. 2, pp. 1-30.

Peres Díaz, D. (2017), "Feminismo poscolonial y hegemonía occidental: una deconstrucción epistemológica", *Dossiers feministes*, vol. 22, pp. 157-177.

Rodriguez, P. (2011), "Feminism and violence: The hegemonic second wave's encounter with rape and domestic abuse in USA (1970-1985)", *Cultural Dynamics*, vol. 23, núm. 3, pp. 147-172.

Primera parte

Capítulo 1

¿Puede el feminismo ser un humanismo?

Prudence Allen, RSM[1,2]

Traducido por María José Gómez Ruiz,[a] Diana Erika Ibarra Soto[b,3]

Introducción

Este artículo es exploratorio, más que definitivo. Mi meta es reflexionar sobre diferentes feminismos para evaluar cuáles logran ser un auténtico humanismo. Estoy particularmente interesada en el humanismo personalista, que se centra en el pleno desarrollo de todos los seres humanos. Así, no será sorprendente descubrir que dos, o cuando mucho tres, de los muy diversos tipos de feminismos evaluados en el artículo resulten ser consistentes con la meta mencionada del humanismo personalista. Más aún, todos los feminismos que logran este propósito están enraizados en una forma cristiana de humanismo. Aquellos que fracasan lo hacen porque, al tiempo que se

---

a Universidad Panamericana, Instituto de Humanidades campus Guadalajara.

b Universidad Panamericana, Instituto de Humanidades campus Mixcoac.

1 Este texto se presentó como la *Glasmacher lecture* dentro del encuentro anual de la Asociación Canadiense de Jacques Maritain el 31 de octubre de 1997 en la Universidad de Saint Paul, Ottawa. Se imprimió por primera vez en *Études Maritainiennes - Maritain Studies*, vol. 14 (1998: 109-140). Posteriormente se imprimió como parte de la obra M. M. Schumacher (2004), *Women in Christ: Toward a new Feminism*. Eerdmans. Ha sido traducido y publicado con el permiso de la editorial.

2 En la medida de lo posible los textos citados por Prudence Allen en este artículo fueron cotejados y citados en sus respectivas ediciones en castellano. En los casos en los que no había una traducción, ésta se hizo *ad litteram* por las traductoras de este artículo, indicándolo con la abreviación trad. después de la cita. Los textos referenciados quedaron en la lengua original. [Nota de las traductoras.]

3 Agradecemos la valiosa asistencia en el trabajo de traducción de Fátima Fernández Mitre y de Valentina Suárez Arriola, estudiantes de filosofía de la Universidad Panamericana.

enfocan en el desarrollo de las mujeres, excluyen a un grupo particular de seres humanos de la meta de un desarrollo personal pleno.

La metodología que utilizaré en este análisis de la relación del feminismo y el humanismo requiere de una inmersión en una amplia gama de fuentes históricas. Cada autor ofrece una descripción específica de su comprensión del humanismo. Luego, dentro de cada tradición humanista particular, he seleccionado a otro autor, dada su promoción de un cierto tipo de feminismo. Si bien hay otros muchos autores que también podrían ser considerados en este análisis, aquellos seleccionados parecen articular de mejor manera la aproximación particular al tema. Es mi esperanza que con esta lectura atenta a los textos históricos, seremos capaces de comprender el desarrollo de diferentes formas de humanismo y de feminismo, y evaluar mejor sus premisas y conclusiones. Tras esta breve introducción de la meta y la metodología del artículo, podemos ahora considerar la cuestión fundamental: ¿puede el feminismo ser un humanismo?

Propongo este tema como una pregunta, y es una cuestión que creará para muchas personas un tipo de tensión. Para quienes piensan que es obvio que el feminismo *puede* ser un humanismo, tanto como para aquellos que piensen *que no lo puede ser*, la cuestión no ofrece tensión, pues la respuesta se presenta ya sea como una tautología (el feminismo es lo mismo que el humanismo), o como una contradicción (el feminismo no puede ser un humanismo).[4] Si la cuestión no produce tensión, entonces probablemente no habrá —como diría Lonergan— ninguna perspectiva que resuelva dicha tensión (Lonergan, 2004: 38).[5] Consecuentemente, parece importante que permanezcamos abiertos a la cuestión de si el feminismo puede ser un humanismo y que nos mantengamos en su tensión, en la esperanza de que,

4 En el primer caso, el feminismo puede ser visto simplemente como un método para alcanzar la meta humanista, mientras que en el segundo, la meta del feminismo de promover de manera prioritaria el bienestar de las mujeres es vista como una contradicción a la meta del humanismo, que busca promover de manera prioritaria el bienestar de todos los seres humanos. Si la solución a la cuestión, ¿el feminismo puede ser un humanismo? parecer ser autoevidente ya sea en el sí o en el no, entonces no conserva la tensión en la pregunta y ésta cesa de tener relevancia.

5 El filósofo canadiense Bernard Lonergan ha identificado como el primer principio de su teoría que el acto de intelección "llega como una liberación de la tensión de la indagación" (Lonergan, 2004: 38).

al prolongarla, podamos juntos ser capaces de alcanzar nuevas intuiciones, tanto acerca del feminismo como del humanismo.

Será útil para nuestra investigación ofrecer desde un inicio algunas definiciones "heurísticas" de humanismo y feminismo. Con "heurístico" pretendo capturar un sentido de los términos que sea lo suficientemente preciso para guiar nuestras reflexiones, pero no tanto que resuelva el asunto antes de que la investigación misma sea llevada a cabo. Es así que ofrezco como definición heurística de humanismo "el pensamiento y la acción organizadas sobre lo que el ser humano realmente es y en lo que puede convertirse." De igual manera, una definición heurística de feminismo será "el pensamiento y la acción organizadas que tienen como meta la remoción de los obstáculos que impiden que las mujeres (en tanto mujeres) lleguen a ser lo que un ser humano o una persona humana realmente es y puede llegar a ser".

Esta definición heurística implica que el feminismo es crítico, en el sentido de que ofrece una crítica de aquellas condiciones de la sociedad que constituyen obstáculos para el desarrollo pleno de las mujeres. En otras palabras, el feminismo no emerge en un vacío, sino que lo hace como respuesta a lo que es percibido como una limitante a la libertad de las mujeres para desarrollar plenamente su potencial de crecimiento personal pleno y su perfección.

Para comenzar nuestra búsqueda de una manera práctica necesitamos considerar el desarrollo histórico del humanismo y sus correspondientes feminismos que emergieron en diferentes momentos de la historia. Al conjuntar el feminismo y el humanismo trato de establecer un marco con el que podamos indagar juntos sobre aspectos fundamentales acerca del ser humano y la persona humana, las interacciones entre hombres y mujeres y el recurso a varias formas de libertad en la búsqueda de lo que puede ser llamado "el bien común".

Antes de analizar los feminismos que parecerían querer ser un tipo de humanismo, quisiera excluir dos tipos de feminismo que no quieren ser humanismos. Ambos tipos tienen su raíz histórica en un tipo específico de filosofía antihumanista y, son corrientes heredadas conscientemente antihumanistas.

El primer tipo de antihumanismo surge del ensayo de Martin Heidegger "Carta sobre el humanismo". Este ensayo proclama el fin del humanismo occidental, y argumenta que "humanismo" es una palabra que causa daño al implicar que hay una esencia simple del ser humano. Heidegger critica directamente las formas de humanismo marxistas, sartreanas y cristianas, argumentando que éstas ofrecen una definición unívoca o universal de hombre, lo cual es un constructo falso. Consecuentemente pregunta si no deberíamos comprometernos con un tipo de resistencia abierta al humanismo y "tal vez el pensar deba atreverse, por medio de una resistencia abierta contra el "humanismo", a dar un empujón que logre que surjan por fin dudas sobre la *humanitas* del *homo humanus* y su fundamentación? [*sic*]" (Heidegger, 2006: 62). Heidegger termina su ensayo invocando una nueva forma de pensar que "recoge el lenguaje en un decir simple. Así, el lenguaje es el lenguaje del ser, como las nubes son las nubes del cielo. Con su decir, el pensar traza en el lenguaje surcos apenas visibles" (Heidegger, 2006: 90-91). Así que para Heidegger, el concepto de hombre, o de ser humano, flota a la deriva como una nube en el cielo.

Una feminista radical que sigue el modo de pensar de Heidegger, pero en sus propios términos, es Mary Daly. Si tan sólo tomamos un ejemplo de su texto reciente titulado *Pure Lust: Elemental Feminist Philosophy* (*Pura lujuria: filosofía feminista elemental*), la encontramos afirmando lo siguiente: "En este verdadero y radical sentido, el feminismo es un verbo, es femenino siendo... El feminismo es Nombre para nuestro mover/movimiento hacia la Metaexistencia" (Daly, 1984: 194 trad.).

Daly rechaza todas las formas de humanismo y, tal como Heidegger, sugiere trazar en el lenguaje "surcos" para desmantelar la noción esencial del ser humano. Entonces Daly no quiere que su feminismo sea un humanismo.

El segundo tipo de antihumanismo excluido de nuestra cuestión se encuentra en los trabajos de Michel Foucault. En la última sección de *Las palabras y las cosas: una arqueología de las ciencias humanas* encontramos un rechazo explícito al humanismo. Foucault argumenta que "el hombre es una invención cuya fecha reciente muestra con toda facilidad la arqueología de nuestro pensamiento. Y quizá también su próximo fin" (Foucault, 1968: 375). Sugiere que si (y cuando) las estructuras de nuestro pensamiento cambiaran "podría apostarse a que el hombre se borraría, como en los límites del mar un rostro de arena" (Foucault, 1968: 375). Para Foucault no hay nada estable, unido, o integral sobre el ser humano, y no hay ningún humanismo al que recurrir en función de su desarrollo o realización.

Una feminista posmoderna dentro de la tradición de Foucault es Monique Wittig, quien rechaza cualquier fundamento lingüístico para la diferenciación de género, y en consecuencia rechaza cualquier posibilidad para definir un feminismo, así como un humanismo. En un artículo titulado "La marca del género" argumenta:

> El género es una imposibilidad ontológica porque pretende llevar a cabo la división del Ser. Pero el Ser como ser no está dividido... El género, por tanto, debe ser destruido. La posibilidad de su destrucción se da por el propio uso del lenguaje. Cada vez que digo "yo", reorganizo el mundo desde mi punto de vista y por medio de la abstracción que pretendo universalizar. Y esto es siempre así para cada hablante (Wittig, 2006b: 108).

Wittig concluye que el lenguaje debe ser reconstruido para que no haya diferenciación de género en absoluto, y que las mujeres y los hombres "en tanto clases y en tanto categorías de pensamiento y de lenguaje [...] deben desaparecer políticamente, económicamente, ideológicamente" (Wittig, 2006a: 54). Obviamente, si no hay mujeres no puede haber feminismo, y si no hay mujeres y hombres no puede haber humanismo. Así que, para esta forma de pensamiento posmoderno, la pregunta que lanzamos al inicio, carece de sentido.

De lo que hemos dicho hasta ahora, entonces, dos tipos de "feminismos" quedan excluidos de la pregunta que estoy haciendo. Sin embargo, hay muchas otras formas de feminismo y humanismo para las que resulta significativo preguntar si un feminismo puede ser un humanismo. De hecho, muchos feminismos quieren ser considerados como un tipo de humanismo, y algunos actualmente podrían argumentar que un humanismo debe ser un feminismo. Ahora pasaré a algunas de estas otras perspectivas para considerar cómo podríamos entender los asuntos involucrados. Para propósitos de este artículo definiré seis formas históricas de humanismo diferentes: humanismo renacentista, humanismo ilustrado, humanismo marxista, humanismo existencialista, humanismo pragmático-secular y humanismo personalista. Mostraré cómo el ser humano es definido en cada tipo de humanismo, qué tipo de feminismo deriva de dicho humanismo, y luego plantearé la pregunta desde la perspectiva del humanismo personalista, sobre qué tipo particular de feminismo podría ser apropiado.

Cada forma de humanismo tiene un conjunto de conceptos sobre el ser humano, y los feminismos correspondientes también tienen diferentes visiones sobre qué obstáculos interfieren con la libertad de las mujeres de ser (*qua* mujeres) realmente humanas. Cada uno de estos humanismos entiende de modo distinto el sentido como la libertad humana es una característica importante de lo que significa ser realmente humano. Por consiguiente, entonces, a pesar de que otras características podrían haberse elegido para la comparación, me enfocaré de modo especial en la libertad.

Humanismo renacentista y feminismo

La primera forma de humanismo por considerar es el humanismo renacentista. Mientras se piensa que es Erasmo (1466-1536) la primera persona en autonombrarse "un humanista", Francisco Petrarca ha sido descrito retrospectivamente como el "primer gran representante" del humanismo debido a su influencia sobre el desarrollo subsecuente del humanismo (Kristeller, 1964). El término latino *humanus* abarca tres significados: *1*) todo aquello característico del ser humano (*i. e.*, lo que es "realmente humano"), *2*) aquel que es especialmente benevolente ("humane"), y *3*) aquel que es letrado o usa bien el habla ("humanista").[6] En los trabajos de Petrarca podemos encontrar un siguiente significado, ello es *4*) aquel que ha recibido y provee a los otros de una educación clásica. En este último sentido, central a lo que conlleva ser un ser humano es el estudio de los textos griegos y latinos, el rechazo a la educación académica y escolástica y la adopción de nuevas formas de escritura en latín y en las lenguas vernáculas en cartas, poesías, diálogos y ensayos.

La expresión *humanissime vir* era el modo cotidiano de dirigirse a un académico humanista. La asociación de género de *vir* como el ser humano varón parece implicar la exclusión de las mujeres de esta concepción de un ser humano educado en el tiempo en que el latín académico estaba en uso. Este término evolucionó en el latín cristiano a través de la adición de los *-ismos*, para significar una actividad común a muchas personas. Este sufijo se introdujo al inglés, como el "ist" aplicado a las palabras, indicando a un ser humano letrado. De un modo semejante *humanista* y *homme de lettres* se convirtieron en el italiano y el francés la versión de un humanista (Giustiniani, 1985).

Si diéramos una descripción general del concepto de ser humano del Renacimiento humanista temprano, comprendiendo que las diferencias matizadas serán ignoradas para cumplir con nuestro propósito, éste incluiría los siguientes factores: *1*) el ser humano está situado en relación con un Dios (cristiano) trascendente, *2*) la verdadera nobleza consiste en vivir una vida prudente y virtuosa, *3*) las emociones o pasiones son una parte natural del ser humano y necesitan estar bien integradas por medio del ejercicio de la inteligencia y la voluntad, *4*) los hombres y las mujeres pueden ayudarse mutuamente a crecer en sabiduría y virtud a través del diálogo y el ejemplo, *5*) la libertad es un aspecto importante del ser humano, y debe ser ejercida correctamente, y *6*) el amor ayuda a construir el bien común.

Estas opiniones pueden ser encontradas en Petrarca, pero también en otros humanistas. Por ejemplo, Giovanni Boccaccio (1313-1375) hacía énfasis en la naturaleza de las emociones en hombres y mujeres, así como

6 Véase Giustiniani (1985).

la importancia del diálogo; y Giovanni Pico de la Mirandola (1463-1494) enfatizaba el lugar de la libertad para el autodesarrollo. (La *Oración de la dignidad del hombre* de Pico primero articula la idea de que el ser humano es responsable, a través del ejercicio de su libertad, de determinar su propia identidad. Esta actividad humana de autodefinición debería tomar lugar en un tipo de relación dialógica con Dios, quien le ha dado al ser humano ciertas características que hacen posible esta iniciativa de libertad.)

Cuando volvemos a la pregunta más específica de si un feminismo renacentista puede ser un humanismo, primero tenemos que notar que las palabras "feminismo" y "feminista" no se usaron hasta el siglo XIX (Gottlieb, 1985). Efectivamente, si aplicamos las palabras sólo a un movimiento o a la ideología de acción política de grupos de mujeres, entonces no hay un feminismo renacentista que conjuntar con el humanismo. Por otro lado, si permitimos que las palabras se apliquen a las mujeres (u hombres) que se involucraron en una acción pública específicamente dirigida a mejorar la situación de las mujeres en el mundo en aquella época mediante la remoción de los obstáculos percibidos para el ejercicio de la libertad de las mujeres para llegar a ser realmente seres humanos (en tanto mujeres), entonces podemos afirmar que hubo feministas renacentistas. En el humanismo renacentista escribir cartas o diálogos que fueran de amplia circulación era considerado una forma de acción pública. Cuatro mujeres que escribieron textos filosóficos que contuvieron argumentos discursivos en apoyo a la identidad de la mujer pueden ser consideradas como feministas renacentistas: Christine de Pisan (1363-1431), Isotta Nogarola (1418-1466), Lucrezia Marinelli (1571-1653) y Marie de Gournay (1566-1645).[7]

Analizaré a una de estas pensadoras —Christine de Pizan— para demostrar que su feminismo renacentista era un humanismo renacentista.[8] Christine recibió una educación clásica a través de la biblioteca de su padre

7 Kelly argumenta que "es justo llamar a esta larga línea de escritoras pro-mujeres, que va desde Christine de Pizan a Mary Wollstonecraft, por el nombre que hoy usamos para sus descendientes de los siglos diecinueve y veinte. El feminismo más reciente aún incorpora las posiciones básicas que las feministas de la *querelle* primero adoptaron" (Kelly, 1984: 134 trad.).

8 Véase el debate ampliado que se encuentra en Kelly (1977). Houghton Mifflin y Herlihy, D.

y de la biblioteca en La Sorbona. Sus más de 20 obras principales fueron escritas en lengua vernácula: incluyeron diálogos, poesía y una colección de cartas sobre asuntos específicos.[9] En dos de sus obras más importantes, el diálogo público de las cartas recolectadas en la *Querelle de la rose* y en el diálogo imaginario llamado *La ciudad de las damas*, Christine desarrolla numerosos discursos argumentativos para defender la identidad propia de la mujer.[10] Su feminismo es fundamentalmente una defensa en contra de las injustas calumnias hacia las mujeres. Argumentando que ciertos autores falsamente acusan a las mujeres de diversas formas de vicio, ella espera demostrar que las mujeres son tan capaces de sabiduría y virtud como los hombres. En el siguiente ejemplo la encontramos argumentando en contra de una satírica devaluación de las mujeres:

> Pero si las mujeres han escrito estos libros, conozco plenamente que el asunto se hubiera manejado distinto. Saben que se les acusa injustamente y que el reparto no se ha hecho de forma equitativa, ya que el fuerte se lleva la mayor parte y el que hace el reparto se queda con la mayor parte para él. Aun así, los calumniadores malintencionados que degradan a las mujeres de esta manera siguen manteniendo que todas las mujeres han sido, son y siempre serán falsas, afirmando que nunca han sido capaces de lealtad (De Pizan, 1990: 55).[11]

Este pasaje en particular ejemplifica el enfoque de Christine: un posicionamiento claro sobre un ejemplo de injusticia específico (*i. e.*, la acusación errónea), la sugerencia de un cambio constructivo (*i. e.*, la mujer que escribe sobre sus propias experiencias) y una afirmación sobre su meta de alcanzar una virtud (en este caso, la lealtad a los hombres). Por si fuera poco, ella identifica una típica dificultad con la calumnia, que refiere a

9 Véase a Earl Jeffrey Richards, en Richards (1993). Este autor sostiene que Christine "se adhiere completamente a la tradición humanista" y que su "feminismo es de muchas maneras una forma profunda de humanismo" (1993: 148, trad.).

10 Véase Allen (2006, cap. 7: 537-658), donde sus discursos argumentativos son esquematizados y analizados.

11 De Pizan (1990: 34-82).

hacer generalizaciones universales. En contraste, en sus obras, Christine generalmente ofrece juicios particulares. En otro pasaje considera que puede existir un posible sesgo que distorsione su propia perspectiva sobre las mujeres, pero ofrece razones para distinguir lo verdadero de lo falso, como un medio de construir una base común en la que mujeres y hombres puedan coincidir.[12]

Se puede decir que Christine de Pizan concuerda con todas las características listadas anteriormente sobre la concepción del ser humano propia del humanismo renacentista. Esto es: *1*) la relación de ser humano con Dios es estipulada directamente en muchas de sus obras, y en la parte final de *La ciudad de las damas*, que se enfoca en la justicia, la ciudad es gobernada por la Santa Virgen María; *2*) las emociones son frecuentemente identificadas en su trabajo e integradas a la vida del ser humano; *3*) sus cartas y diálogos constantemente invocan el intercambio de ideas entre mujeres y hombres, y entre las mismas mujeres también, con el objetivo de incrementar su propia sabiduría y virtud; y *4*) ella argumenta en favor de liberarse de la calumnia y las interpretaciones erróneas, liberarse de la norma de las emociones que nos separan de una vida virtuosa, y en favor de la libertad para entrar a relaciones interpersonales maduras así como en favor de mayor libertad política. La meta de su feminismo es promover entre las mujeres y los hombres el ejercicio de la libertad en todas las áreas de su vida.[13]

Si consideramos los escritos de Christine en relación con el primer significado de "humanista" identificado en el principio de este artículo, o "todo aquello característico del ser humano o lo que es realmente humano", queda claro que el objetivo de su "feminismo renacentista" es confrontar aquellas cosas que les impiden a las mujeres llegar a ser realmente humanas. En particular, ella confronta la devaluación de la mujer por algunos hombres

12 En la carta VI [24] de Christine de Pizan a Jean de Montreuil. En su texto Christine usa frecuentemente argumentos de lógica tales como el *reductio ad absurdum*, la negación de la consecuencia, la clarificación, la relación del todo con las partes, la relación de la causa con el efecto, el contraejemplo, entre otros. Véase Allen, 2006: 578-584 y 606-609.

13 Uno también debería reconocer que Christine escribió otros muchos libros, abarcando una amplia gama de temas, tales como el uso de armamento militar; también escribe tratados políticos y otro tipo de trabajos.

(los satíricos), aquellos que la reducen ya sea a un objeto pasivo para poder poseerla (como una rosa que es arrancada), o bien, como un tipo de animal irracional que está lleno de vicios. En cualquiera de estas simplificaciones, la mujer no es considerada verdaderamente humana. Todos los argumentos de Christine buscan demostrar la falsedad de los fundamentos de aquellas aseveraciones.

Los fundamentos a los que apela incluyen la lógica (encontrando las falacias de los razonamientos de sus oponentes), las autoridades históricas que citan ejemplos de mujeres que han servido como contraejemplos (Petrarca, Boccaccio, Plutarco, etc.), y Dios (*e. g.* en el comienzo de *La ciudad de las damas* ella intenta demostrar, por reducción al absurdo, que una mujer no puede ser mala porque ella fue creada por Dios, quien es un artesano del bien). La apelación tanto a autoridades históricas como a la creación de Dios es común entre las primeras feministas humanistas como dos fuentes primordiales para demostrar que las mujeres son tan verdaderamente humanas como los hombres. Christine también incluye una multitud de alusiones a su propia experiencia como mujer para respaldar sus argumentos.

Christine de Pizan es un ejemplo de una feminista que está interesada en el pleno desarrollo de todas las personas —todos los hombres, todas las mujeres y todos los infantes—, no obstante, enfatiza que las mujeres han sido más frecuentemente bloqueadas en su desarrollo como seres humanos plenos. Este patrón de la defensa de la identidad humana de la mujer se encuentra en otra humanista renacentista también. Lucrezia Marinelli en su libro, *Sobre la nobleza y la excelencia de las mujeres* (1601), se involucra directamente contra los argumentos de filósofos, como Aristóteles, sosteniendo que las mujeres eran más virtuosas que los hombres, y que los hombres eran más viciosos que las mujeres. Más aún, en 1622 Marie le Jars de Gournay (1566-1645) publicó *La igualdad de los hombres y de las mujeres,* un texto que recurría a la autoridad de Platón y Sócrates para defender la igualdad de derechos entre mujeres y hombres. Ella también apela a la historia de la creación en el Génesis para defender el que la virtud de las mujeres y los hombres es "una y la misma cosa" (De Gournay, 2014: 99).[14] A través de estas apelaciones a la autoridad, así como a argumentos filosóficos, estas feministas tempranas fueron capaces de sostener que las mujeres son iguales en dignidad a los hombres.

Cuando volteamos a la Ilustración, podemos identificar dos etapas en el desarrollo del feminismo y el humanismo. En general, sin embargo, encontramos un cambio en los fundamentos de lo que significa ser un ser humano y cuáles son las bases en las que se apoya la igualdad entre mujeres y hombres para tener el mismo acceso a un lugar igual en el mundo. La razón misma se convierte en el nuevo fundamento para la defensa de la identidad humana.

El humanismo ilustrado y el feminismo

Yo diría que Descartes fue el "fundador" tanto del humanismo ilustrado como del feminismo ilustrado. El *cogito ergo sum*, que él propuso como la fuente de la identidad humana —identificando que el ser humano es primeramente un ser racional— fue seguido por los argumentos de feministas del periodo moderno. El discípulo de Descartes, François Poullain de la Barre (1647-1723) apeló a la razón humana como fuente de la igualdad entre las mujeres y los hombres, en su libro *De l'egalité des deux sexes* (*La igualdad de los dos sexos*), publicado en 1673. Aquí, aunque Poullain recurre a Dios como la fuente original de la igualdad de los hombres y las mujeres en tanto seres humanos, comienza a trasladar el argumento a favor de la igualdad hacia otro fundamento; él argumenta que el espíritu, el cerebro y las facultades son las mismas en las mujeres y en los hombres, y dice, por tanto, que "las mujeres son tan capaces como nosotros" (Poullain, 2007: 73).

---

14 Poullain (2014). En *Grief des Dames*, también publicada en 1626, ella hizo la misma doble apelación tanto a la autoridad de filósofos platónicos como a Dios para defender la dignidad de la mujer en contra de lo que ella percibía como una privación de su libertad y bienes por algunos hombres.

Para Poullain, así como para la mayoría de los "feministas cartesianos", la costumbre (o tradición) era identificada como el enemigo de la libertad de la mujer. Él argumentó que el remedio para esto era la razón humana, que era capaz de atacar la costumbre y revertir sus fundamentos superficiales que aludían que la mujer no es tan plenamente humana como los hombres. Él afirma que "la aseveración sobre la inferioridad de las mujeres, fundada en un prejuicio y en una tradición popular, es falsa" (Poullain, 2007: 13). En esta etapa temprana del humanismo ilustrado, la primera solución a la desigualdad era la educación. El feminismo cartesiano quería que las mujeres tuvieran las mismas oportunidades de educación que los hombres.

Mary Astell (1666-1731), de nuevo al apelar al mismo origen de las mujeres y los hombres, propone que se establezcan instituciones educativas para las mujeres: "Pues si Dios le ha dado tanto a la mujer como al hombre almas inteligentes, ¿entonces por qué se les debería prohibir utilizarlas? (Astell, 1970a: 18 trad.). En *A serious proposal to the ladies, for the advancement of their true and greatest interest* (*Una propuesta seria para las damas, para el avance de su verdadero y gran interés*) ella afirma que la costumbre es el enemigo del ejercicio de la libertad de las mujeres:

> Al igual que el prejuicio encadena el entendimiento, así la costumbre encadena la voluntad, que apenas sabe desviarse del camino que sigue la generalidad que la rodea, y al que ella misma se ha acostumbrado... La costumbre no puede autorizar una práctica si la razón la condena, el seguimiento de una multitud no es excusa para hacer el mal (Astell, 1970a: 73 trad.).

En un texto publicado "por una dama" en 1696 (frecuentemente atribuido a Mary Astell), el objetivo del feminismo —que las mujeres lleguen a ser reconocidas como plenamente humanas— se afirma claramente. La escritora quería "reducir los sexos a un nivel, y a través de argumentos elevar el nuestro a una igualdad a lo sumo con los hombres" (Astell, 1970b: 7-8 trad.).

Después de demostrar que la mente, el cerebro y las facultades de las mujeres son las mismas que las de los hombres, ella afirma que la ley debería reconocer la igualdad de las mujeres también. Los fundamentos de esta igualdad son, de nuevo, primero el hecho de la creación de las mujeres por Dios, pero también la naturaleza misma de las criaturas femeninas y "su libertad primitiva e igualdad con los hombres"[15] (Astell, 1970b: 39-40 trad.).

Es interesante señalar que este desarrollo del feminismo, siguiendo a Descartes, es primordialmente protestante; mientras que el Renacimiento temprano (*i. e.* Christine de Pizan) había sido mayoritariamente católico. Poullain de la Barre se volvió protestante, y Mary Astell vivió en la Inglaterra protestante. El recurrir al argumento de Descartes fue mayormente incorporado al trabajo del feminismo ilustrado protestante. No obstante, no todas las feministas cartesianas eran humanistas. En particular, aquellos filósofos (Descartes incluido) que apelaban primeramente a la razón como el fundamento para el desarrollo humano, frecuentemente se negaban a considerar la educación y el desarrollo para todos los seres humanos.

Sin embargo, hay una segunda etapa del humanismo ilustrado. Aquí podemos encontrar la mención de dos características del ejercicio de la razón que se volvieron fundamentales para entender aquello que hace a alguien verdaderamente humano: *1*) que la razón humana debe estar integrada con la naturaleza, y *2*) que la razón humana debe permanecer independiente, fuera de la dirección de otros.

Esta etapa del humanismo ilustrado frecuentemente se considera haber empezado con Jean-Jacques Rousseau. Él rechazó la educación académica (escolástica) en la que algunos humanistas renacentistas habían estado interesados, porque sostenía que esta educación era incapaz de formar propiamente a un ser humano para volverse plenamente humano. En el *Emile* (*Emilio*), él describe con gran detalle cómo la naturaleza en sí misma debe convertirse en la maestra del nuevo hombre. Todo debe ser llevado en la armonía con las inclinaciones naturales (Rousseau, 1990: 36). Así la

[15] Estaba tratando de defender la habilidad de la mujer para mandar, lo que en Inglaterra estaba prohibido por ley.

educación a través del estudio de los textos escritos es vista como algo que se entromete con la naturaleza esencialmente buena y posiblemente la destruye (Rousseau, 1990: 30). En efecto, vira hacia el aprendizaje directamente de la naturaleza más que de las fuentes clásicas o la historia. (Y también, así como las mujeres se han interesado en obtener educación, repentinamente —con Rousseau y otros— hay un alejamiento de la apreciación de la educación más profunda.)

Rousseau afirma que "el hombre natural es todo para sí; él es la unidad numérica, el entero absoluto, que sólo tiene relación consigo mismo o con su semejante" (Rousseau, 1990: 37). Así que el ser humano no necesita de escuelas o bibliotecas para desarrollar su mente, sólo necesita sus propios poderes de observación y razonamiento y unos pocos maestros informales para mantener sus juicios y razonamientos en la dirección correcta.

El humanismo ilustrado de Rousseau tiene una gran variedad de diferencias. Dada la identificación que propone de la libertad y el bien, él concluye que el ser humano es bueno por naturaleza. Esta bondad se expresa en los "derechos naturales" y no, como vimos en el humanismo renacentista, en el ejercicio de la virtud o la prudencia. Así, el ser humano, por sí mismo es virtuoso tan sólo por ser libre. Una libertad moral subsecuente pertenece a la participación de los seres humanos en la construcción del bien común junto con otros ciudadanos. De esta forma el ser humano es bueno al someterse a la ley, que, si bien comparte con otros, se da a sí mismo.[16]

Emmanuel Kant, en su famoso ensayo *¿Qué es la Ilustración?*, hace eco de esta postura que sostiene que la verdadera persona humana debe rechazar las directrices de los otros: "Ilustración significa el abandono por partes del hombre de una minoría de edad cuyo responsable es él mismo. Esta minoría de edad significa la incapacidad para servirse de su entendimiento sin verse guiado por algún otro" (Kant, 2004b: 87).

Aquí encontramos articulado el comienzo de una característica fundamental de la segunda fase del humanismo ilustrado, principalmente, que

[16] Véase a Leo Strauss (1953: 279-281), para una revisión más detallada de este aspecto del humanismo de Rousseau.

el ser humano individual debe usar su razón y libertad independientemente de toda fuente externa, incluido Dios y otros hombres. Así, la sabiduría se distancia de la historia y de la teología.

Una dificultad con esta descripción del valor de la razón para el desarrollo del ser humano que se encuentra tanto en las afirmaciones de Kant como de Rousseau, es que la virtud propia de la mujer no es la razón, sino el sentido o el gusto. Aquí se introduce una distinción entre los modos de ser humano, que divide las capacidades entre ellos, e identifica la razón con lo masculino y la sensación con lo femenino. Rousseau lo expresa de la siguiente manera: incluso aunque la "máquina", el cuerpo, o las facultades son las mismas en las mujeres y en los hombres, operan de modos diferentes, así que "la mujer observa, el hombre razona" (Rousseau, 1990: 525), y el objetivo de su aprendizaje debe ser la formación del gusto. Y Kant directamente lo resumen en: "Su filosofía no consiste en razonamientos sino en sentimientos" (Kant, 2004a: 32). Por tanto no es de sorprender que Kant sugiera, en el comienzo de *¿Qué es la ilustración?*, que "todo el bello sexo" se encuentre muy peligroso, sino imposible que se rechace su tutelaje (Kant, 2004b: 88).

Tanto Rousseau como Kant argumentan que la sociedad ha sido formada por un contrato o por un acuerdo de voluntades entre varios seres humanos que han ingresado a un cuerpo colectivo o a un reino de los fines. Rousseau define la esencia del contrato social de la siguiente manera: "Cada uno de nosotros pone en común su persona y todo su poder bajo la suprema dirección de la voluntad general, y nosotros recibimos además a cada miembro como parte indivisible del todo" (Rousseau, 2007: 46). La dificultad de esta descripción es que implícitamente excluye a todas las mujeres de su rango, así la sociedad civilizada en el humanismo ilustrado implica que sólo los hombres pueden ser plenamente humanos.

Una consecuencia práctica de la segunda etapa del humanismo ilustrado fue el nacimiento de una nueva forma de feminismo ilustrado. Ambos, hombres y mujeres, empezaron a argumentar que para que una mujer fuera plenamente humana, ella tenía que ser capaz de participar en el gobierno de la sociedad pública. No era suficiente tener simplemente autogobierno en prudencia y virtud, tal como habían sugerido las feministas del

Renacimiento; para volverse plenamente humanas era necesario tener la libertad para participar en la vida pública también. Por supuesto, la mayoría de los humanistas renacentistas participaron de alguna manera en la vida pública, y había un entendimiento implícito de que la virtud implicaba tal servicio público.

Christine de Pizan participó *de facto* por medio de sus escritos sobre la guerra, la paz y otros temas semejantes. Francia tuvo una gobernante mujer, y tenemos el ejemplo de Juana de Arco en el mismo periodo. Así las humanistas feministas del Renacimiento no pugnaron por la participación de la mujer en la vida pública, en función de la libertad de la mujer, pues no veían el tema como un problema. El feminismo ilustrado, sin embargo, tomó este tema como un tópico central en sus preocupaciones. La Revolución francesa proporcionó el contexto, pues aquí encontramos que las mujeres apelaron al uso de la razón para derrocar la costumbre que les negaba el acceso a la ciudadanía. Olympe de Gouges, en su Declaración de los Derechos de la Mujer y la Ciudadana, en el artículo IV declara:

> La libertad y la justicia consisten en devolver todo aquello que pertenece al prójimo; así, el ejercicio de los derechos naturales de la mujer no tiene más límites que la tiranía perpetua que el hombre le contrapone; estos límites deben ser reformados por las leyes de la naturaleza y de la razón (De Gouges, 1990: 79).

Otro ejemplo clave del feminismo ilustrado puede verse en *La vindicación de los derechos de la mujer* de Mary Wollstonecraft. La afirmación que sostiene que la virtud de la mujer está en sentir —para desarrollar el gusto— mientras que en el hombre está en razonar, impactó a Wollstonecraft como un modo de inhibir seriamente la libertad de la mujer. Ella afirma:

> Como no quiero ejercer fuerza mediante la declamación cuando la razón ofrece su sobria luz, si son realmente capaces de actuar como criaturas racionales, no las tratemos como esclavas o como animales que dependen de la razón del hombre cuando se asocian con él, sino

cultivemos sus mentes, démosles el freno saludable y sublime de los principios (Wollstonecraft, 2018:124).

Este llamamiento a la razón es también uno a Dios, si bien dentro de una comprensión ilustrada de lo "divino", como el siguiente pasaje atestigua:

> Quiero al hombre como compañero; pero su cetro, real o usurpado, no se extiende hasta mí, a no ser que la razón de un individuo reclame mi homenaje; e incluso entonces la sumisión es a la razón y no al hombre. De hecho, la conducta de un ser responsable debe regularse por las operaciones de su propia razón; si no ¿sobre qué cimientos descansa el trono de Dios? (Wollstonecraft, 2018: 124).

Wollstonecraft frecuentemente critica la falta de libertad de las mujeres para desarrollar sus mentes. Ella afirma:

> La libertad es la madre de la virtud y si por su misma constitución las mujeres son esclavas y no se les permite respirar el aire vigoroso de la libertad, deben languidecer por siempre y ser consideradas como exóticas y hermosas imperfecciones de la naturaleza (Wollstonecraft, 2018: 125).

En este contexto, el *Emilio* de Rousseau es directamente criticado por Wollstonecraft.

Pero no todo feminista ilustrado era una mujer. El marqués de Condorcet firmemente defendió, mediante una apelación a la razón, la importancia de remover los obstáculos para el ejercicio de la libertad de la mujer. En uno de sus pasajes claves de *Sobre la admisión de las mujeres* en el derecho de ciudadanía, afirma:

> Para que esta exclusión no fuera un acto de tiranía, habría que probar que los derechos naturales de las mujeres no son en absoluto los mismos que los de los hombres, o mostrar que no son capaces de ejercerlos.

> Ahora bien, los derechos de los hombres se derivan únicamente de que son seres sensibles susceptibles de adquirir ideas morales y de razonar con esas ideas. De esta manera, puesto que las mujeres tienen estas mismas cualidades, tienen necesariamente iguales derechos (De Condorcet, 1993: 101).

Es claro, entonces, por estos pocos ejemplos, que el feminismo ilustrado se enfocó en el ideal de la mujer de volverse una ciudadana plena, como si eso fuera lo que significa ser plenamente humano.[17]

Más tarde del humanismo ilustrado emergieron tres diferentes formas de humanismo en los siglos XIX y XX que se desarrollaron de manera paralela: el marxista, el existencialista y el pragmático (secular). Cada uno desarrolla un aspecto algo distinto del humanismo ilustrado, y los tres tienen sus correspondientes formas de feminismo. También es importante reconocer que mientras todos estos pensadores refinaron o redescubrieron lo que es el humanismo, cada uno todavía quería ser reconocido como humanista. Esta apelación o designación era algo muy importante para ellos.

Humanismo marxista y feminismo

Pasando ahora de un enfoque evolutivo o histórico del humanismo, a uno temático de las varias formas de humanismo que se han dado durante los dos últimos siglos, deseo discutir, como primer tipo de "humanismo contemporáneo", el humanismo marxista y el feminismo que surgió de éste. En su ensayo temprano "Propiedad privada y comunismo," Karl Marx propuso

[17] También es interesante hacer notar, de pasada que "la primera que se proclamó 'feminista' en Francia fue la defensora del sufragio de la mujer Hubertine Auclert, quien, al menos desde 1882, utilizó el término en su revista *La Citoyenne* para describirse a sí misma y a sus correligionarias" (Offen, 1991: 108-109). Poco después, un congreso feminista fue realizado en París, y el término ganó mayor popularidad. Así, el "feminismo", como un apelativo oficial del movimiento para remover los obstáculos de las mujeres al voto, emergió del humanismo ilustrado y su vuelta hacia los derechos naturales.

una nueva forma de humanismo. Allí explícitamente desarrolla el aspecto naturalista del humanismo ilustrado del siguiente modo:

> El comunismo como superación *positiva* de la *propiedad privada* en cuanto al *autoextrañamiento* del hombre y por ello como *apropiación* real de la esencia *humana* por y para el hombre; por ello como retorno del hombre para sí en cuanto hombre *social*, es decir, humano; retorno pleno, consciente y efectuado dentro de toda la riqueza de la evolución humana hasta el presente. Este comunismo es, como completo naturalismo = humanismo como completo humanismo = naturalismo; es la verdadera solución del conflicto entre el hombre y la naturaleza, entre el hombre y el hombre, la solución definitiva del litigio entre c: existencia y esencia, entre objetivación y autoafirmación, entre libertad y necesidad, entre individuo y género. Es el enigma resuelto de la historia y sabe que es la solución (Marx, 1980: 143).

Marx, entonces, busca el desarrollo de un nuevo tipo de humanismo que describe las características de un "ser humano real". La primera manera en que el ser humano se entiende de modo distinto tanto del humanismo renacentista como del ilustrado es que, previamente, el fundamento del humanismo se encontraba en la creación del hombre por un Dios trascendente; ahora los fundamentos son explícitamente ateístas. Marx declara:

> [E]l ateísmo, en cuanto superación de Dios, es el devenir del humanismo teórico, el comunismo, en cuanto superación de la propiedad privada, es la reivindicación de la vida humana real como propiedad de sí misma, es el devenir del humanismo práctico, o dicho de otra forma, el ateísmo es el humanismo conciliado consigo mismo mediante la superación de la propiedad privada. Sólo mediante la superación de esta mediación (que es, sin embargo, un presupuesto necesario) se llega al humanismo que comienza positivamente a partir de sí mismo, al humanismo *positivo* (Marx, 1980: 2001).

La llamada de Marx a la revolución mediante la destrucción de la propiedad privada y de una sociedad basada en clases provee los medios prácticos por los que pretende alcanzar su nuevo humanismo "positivo". Tal como la historia ha demostrado, este tipo de humanismo no aplicaba a todos los humanos, sino —sólo a algunos— a los hombres trabajadores de la clase proletaria.

El humanismo marxista también se enfoca en la alienación del ser humano a través del trabajo en el que la propia labor se la "apropia" otra persona. En este caso es el trabajo mismo, y en muchos casos el trabajo aumentado por la tecnología, lo que lleva al ser humano a alienarse de su identidad humana real. Marx identifica las varias alienaciones como alienaciones del producto de la labor del trabajo, alienación de otros seres humanos y autoalienación. Él concluye que:

> De esto resulta que el hombre (el trabajador) sólo se siente libre en sus funciones animales, en el comer, beber, engendrar, y todo lo más en aquello que toca a la habitación y al atavío, y en cambio en sus funciones humanas se siente como animal. Lo animal se convierte en lo humano y lo humano en lo animal (Marx, 1980: 109).

La cuestión del feminismo fue planteada por el propio Marx y su colaborador y amigo, Friedrich Engels (Marx, 1980). Engels, por ejemplo, argumentó que "el derrocamiento del derecho materno fue la gran derrota histórica del sexo femenino en todo el mundo" (Engels, 1972: 70), dado que la monogamia estaba instituida, la propiedad privada estaba establecida, y las mujeres y niños se convirtieron en la propiedad del hombre (Engels, 1972). Engels argumenta que la primera de las divisiones históricas del trabajo fue entre hombres y mujeres para el propósito de la propagación de la especie, y que el esposo representa al burgués y la esposa al proletario dentro de la familia. Encontramos así que el feminismo emerge desde la primerísima declaración de la visión marxista.

Mientras que algunas feministas marxistas emergieron al inicio del siglo xx, no fue sino hasta después de los años sesenta que un gran número de feministas comenzaron a considerarse a sí mismas dentro dicha tradición. Hay, por supuesto, muchas ramas distintas de feminismo marxista. Voy a hacer referencia sólo algunas de ellas para ilustrar algunos temas comunes. Lo que encontramos que pasa aquí es algo distinto de lo que vimos con el feminismo renacentista o con el ilustrado, en tanto que algunas categorías de seres humanos se identifican como un "enemigo" para las mujeres o para el pleno desarrollo de los hombres.

En la obra de Marlene Dixon, por ejemplo, encontramos un enfoque en dos temas: que los movimientos políticos marxistas en los Estados Unidos excluyeron de su interés al feminismo, y que el movimiento de liberación de las mujeres estaba predominantemente interesado en asuntos de la clase media o alta, y así excluía la preocupación marxista por las condiciones de los trabajadores pobres (Dixon, 1980). La obra de Dixon es relevante porque articula claramente varios principios fundamentales del feminismo marxista contemporáneo. En un artículo llamado "We Are Not Animals in the Field: A Woman's Right to Choose" ("No somos animales en el campo: el derecho de una mujer a elegir") encontramos el siguiente argumento:

> El derecho de toda mujer de controlar nuestros propios cuerpos incluye el derecho a dar a luz sólo cuando queremos. El aborto a libre demanda es el derecho de toda mujer. Si no podemos terminar un embarazo no deseado, si se nos fuerza a dar a luz en contra de nuestra voluntad, entonces nuestro derecho a la autodeterminación nos ha sido negado completamente (Dixon, 1980: 124 trad.).

Dixon claramente percibe a un ser humano en desarrollo como un enemigo para la libertad de la mujer. Más aún, a veces dice que el Estado es el enemigo que busca controlar el cuerpo de la mujer embarazada y en otros momentos argumenta que el esposo es el enemigo en la familia que busca controlar a su esposa como su propiedad (Dixon, 1980). Lo que ocurre, entonces, es que en la medida en que crece el movimiento para ayudar a las mujeres, otros tienen que ser relegados. Es claro, sin embargo, que en todos estos argumentos Dixon no ve el feminismo como un humanismo, que incluye el desarrollo de todos los seres humanos por igual.[18]

Encontramos otro tipo de argumento en aquellos feminismos marxistas que se enfocan en el aspecto del trabajo de las mujeres en el hogar como de fuera del mercado o no asalariado. (Sus soluciones oscilan desde argumentos a favor del "pago por el trabajo doméstico"[19] hasta la abolición total de la familia.) La familia misma es percibida aquí como un enemigo para la libertad de las mujeres. Tal vez la propuesta marxista más radical en favor de la abolición de la familia es ofrecida por Shulamith Firestone en *La dialéctica del sexo: en defensa de la revolución feminista*.

Ella ve la tecnología como ultimadamente liberadora, y sugiere que las mujeres sólo van a lograr su identidad humana plena cuando ya no tengan que dar a luz, y los infantes sean producidos a través de "incubación de probeta" o reproducción artificial. El enemigo aquí se identifica como "la gestación" misma. Firestone lo llama "liberación de las mujeres de la tiranía de la reproducción y educación de los niños" (Firestone, 1976: 281). Ella aventura que "las máquinas podrían así actuar de igualador perfecto, anulando el sistema de clases basado sobre la explotación de la mano de obra" (Firestone, 1976: 252).

Ahora podemos preguntar: ¿puede un feminismo marxista ser un humanismo marxista? Es significativo que ninguno de los feminismos marxistas usa la palabra "humanismo" para describir sus posturas. Así que podríamos decir que no se ven a sí mismos como humanistas, incluso en el sentido marxista. Frecuentemente, sin embargo, dan prioridad a la razón, incluso a expensas de otros aspectos de la identidad humana. Más aún, todos rechazan el "naturalismo" como base. Lo podemos ver en sus políticas consistentemente en favor del aborto a petición. Un ser humano en desarrollo y el cuerpo mismo de la mujer embarazada son ambos percibidos como

18 Para otros ejemplos de teorías marxistas feministas tempranas véase Guettel (1974), Mitchell (1973) y Rowbotham (1972 y 1973).

19 Véase Pompei (1972); James *et al.* (1975).

enemigos de la libertad de la mujer, entonces la solución también es deshacerse de ambos.

Con estas acciones el marxismo feminista se separa de la situación de todos los seres humanos y se enfoca en cambio en el desarrollo de algunos en lugar de otros. En consecuencia puede decirse que el marxismo feminista, al menos en las formas delineadas previamente, no parece estar interesado en apoyar el desarrollo pleno de todos los seres humanos.

Humanismo existencialista

Paso ahora al humanismo existencialista que nació del ilustrado y empezó con la reacción de Nietzsche ante éste. Jean-Paul Sartre es quizá el representante mejor conocido de esta "escuela". En una conferencia de 1945 titulada "El existencialismo es un humanismo", Sartre trata de redefinir el humanismo "a su propia imagen", por así decirlo:

> Pero hay otro sentido del humanismo que significa en el fondo esto: el hombre está continuamente fuera de sí mismo; es proyectándose y perdiéndose fuera de sí mismo como hace existir al hombre y, por otra parte, es persiguiendo fines trascendentales como puede existir; el hombre, siendo este rebasamiento mismo y no captando los objetos sino con relación a este rebasamiento, está en el corazón y en el centro de este rebasamiento. No hay otro universo que este universo humano, el universo de la subjetividad humana. Esta unión de la trascendencia, como constitutiva del hombre [...] y de la subjetividad, en el sentido de que el hombre no está encerrado en sí mismo sino presente siempre en un universo humano, es lo que llamamos humanismo existencialista. Humanismo porque recordamos al hombre que no hay otro legislador que él mismo, y que es en el desamparo donde decidirá sobre sí mismo; y porque mostramos que no es volviendo hacia sí mismo, sino siempre buscando fuera de sí un fin que es tal o cual liberación, tal o

cual realización particular, como el hombre se realizará precisamente en cuanto a humano (Sartre, 2009: 85-86).

La idea central en la defensa de Sartre del existencialismo como humanismo es que la verdadera naturaleza de un ser humano es algo más que una forma aislada de quietismo, una mirada sórdida a la identidad humana o una forma de relativismo.[20] Sartre quiere defender su visión de que la persona existencialista, dadas sus decisiones trascendentes, presenta un modelo del ser humano como una subjetividad trascendente, que se proyecta a sí mismo por una absoluta libertad, por sus actos hacia el futuro, y que hace de sí mismo un tipo particular de ser humano, precisamente por estos actos.

Como el humanismo marxista, el humanismo existencialista sitúa al ser humano en un mundo sin Dios. Nietzsche había proclamado que Dios está muerto en su prólogo a *Así habló Zaratustra*, y Sartre es muy explícito en el fundamento teorético para el humanismo existencialista: "El existencialismo no es otra cosa que un esfuerzo por sacar todas las consecuencias de una posición atea coherente" (Sartre, 2009: 86). Así, el ser humano no es fundamentalmente un ser en relación con otros seres, humanos o divinos.

Como se mencionó anteriormente, el humanismo existencialista argumenta que el ser humano está "constantemente fuera de sí mismo". En este movimiento hacia la trascendencia, el ser humano se enfrenta contra varios enemigos de la libertad: el cuerpo y otras personas. El cuerpo interfiere con la libertad, de acuerdo con Sartre, porque es un "en-sí-mismo" —una cosa sin conciencia; otra persona interfiere con la libertad porque él o ella es una "para-sí-mismo"— otra conciencia libre. En *El ser y la nada*, Sartre desarrolla con detalle cómo funcionan varios enemigos de la trascendencia humana.

20 Para un ejemplo de este criticismo, véase Odajyk (1965), en el que afirma: "El existencialismo, una de las filosofías más antisociales y egocéntricas jamás desarrolladas por la mente del hombre, no está de ninguna manera en posición de hablar de humanismo, socialismo y la verdadera libertad humana" (Odajyk, 1965: 30 trad.).

> El verdadero límite de mi libertad está pura y simplemente en el hecho mismo de que otro me capte como otro-objeto [...]. Este límite a mi libertad está puesto, como vemos, por la pura y simple existencia del prójimo, es decir, por el hecho de que mi trascendencia existe para una trascendencia (Sartre, 1993: 548).

Consecuentemente como Garcín pronuncia en *A puerta cerrada*, "el infierno son los demás" (Sartre, 2001: 55).

La primera articulación del feminismo existencialista vino de Simone de Beauvoir, en *El segundo sexo*. (Uno podría argumentar que Lou Andreas-Salomé [1861-1937] hizo esto en relación con Nietzsche, pero de Beauvoir provee la primera consideración "sistemática".) En el prólogo a su obra, de Beauvoir identifica las dos amenazas a la libertad mencionadas anteriormente: el cuerpo y las otras personas; pero ella tilda a estos de "enemigos" para la identidad de la mujer de una manera única. Primero, el cuerpo: "La mujer tiene ovarios, útero; son condiciones singulares que la encierran en su subjetividad" (de Beauvoir, 2017: 50), que la circunscriben dentro de los límites de su propia naturaleza.

La mera identidad del cuerpo como un cuerpo femenino le parece a de Beauvoir que entra en conflicto con el impulso de la mujer por la trascendencia —un proyecto externo de la subjetividad.

Segundo, la mujer también experimenta a las otras personas, y en particular la trascendencia de los hombres, como enemigos de su libertad.

> Ahora bien, lo que define de forma singular la situación de la mujer es que, siendo como todo ser humano una libertad autónoma, se descubre y se elige en un mundo en el que los hombres le imponen que se asuma como la Alteridad; se pretende petrificarla como objeto, condenarla a la inmanencia, ya que su trascendencia será permanentemente trascendida por otra conciencia esencial y soberana (de Beauvoir, 2017: 63).

Ambos, Sartre y de Beauvoir, parecen creer que un tipo de humanismo es todavía posible mediante la acción colectiva (el nosotros, actuando juntos para una causa común) y la amistad entre hombres y mujeres. Simone de Beauvoir argumenta al final de *El segundo sexo* que "cuando quede abolida la esclavitud de la mitad de la humanidad y todo el sistema de hipocresía que supone, la 'sección de la humanidad revelará su auténtico significado y la pareja humana recobrará su verdadera imagen'" (de Beauvoir, 2017: 902).

En *Para una moral de la ambigüedad*, de Beauvoir invoca "la vuelta a la historia" del humanismo renacentista como una fuente de liberación (de Beauvoir, 1956: 90-91). Pero cuando examinamos *El segundo sexo*, no hay duda de que ella se ve a sí misma como formulando tanto una nueva forma de humanismo, que coloca el mayor énfasis en la absoluta primacía de la libertad humana, como un nuevo tipo de feminismo, que busca proveer a las mujeres con una historia en función de escapar a la falta de trascendencia que han experimentado tanto al ser reducidas a sus funciones corporales, como al ser reducidas por la conciencia de los hombres a objetos, en lugar de ser activamente sujetos.

No obstante, ella todavía parece apoyar un humanismo universal, pues después de citar la afirmación "la relación del hombre con la mujer es la relación más natural de ser humano a ser humano" referenciando a Karl Marx, concluye que la labor de hombres y mujeres es "establecer el reino de la libertad" y que "para lograr esta victoria suprema es necesario, entre otras cosas, que más allá de sus diferenciaciones naturales los hombres y mujeres afirmen sin equívocos su fraternidad" (de Beauvoir, 2017: 902).

En una serie de entrevistas, primero con Alice Schwarzer entre 1972 y 1982, y segundo con Margaret A. Simons, entre 1982 y 1985, de Beauvoir clarificó cómo sus opiniones sobre el feminismo evolucionaron al tiempo que el movimiento de liberación de las mujeres progresaba y diferentes posiciones se articulaban. En estas entrevistas ella enfatiza dos aspectos particularmente importantes de su posición. El primero es una aclaración de su rechazo a cualquier postura esencialista de la naturaleza humana como tal, y el segundo consiste en su rechazo de tomar una postura esencialista de la naturaleza de la mujer como punto de partida:

> [l]a base del existencialismo es precisamente que no hay naturaleza humana, y por lo tanto no hay "naturaleza femenina". No es algo dado. Hay una presencia en el mundo, que es la presencia que define al hombre, que se define por su presencia en el mundo, su conciencia y no una naturaleza que le otorga *a priori* ciertas características (de Beauvoir, 2019: 237-238).

Simone de Beauvoir siempre ha mantenido que ella está interesada en ligar su feminismo con la lucha de clases tanto de los hombres como de las mujeres. Ella define el feminismo con respecto a la situación de la mujer en el mundo del siguiente modo: "diría que las feministas son mujeres o incluso hombres que luchan para cambiar la condición de las mujeres, por supuesto en conjunción con la lucha de clases, pero también fuera de esa lucha, sin subordinar totalmente este cambio al de la sociedad" (de Beauvoir, 2019: 107). Entonces, el feminismo existencialista involucra una serie de acciones de un ser caracterizado como conciencia en el mundo. Sin embargo, el humanismo existencialista de de Beauvoir, al igual que el de Sartre, se concentra sólo en un aspecto de la conciencia humana, o lo que ellos llaman el "para-sí".

Este feminismo existencialista no es un humanismo en el sentido que rechaza cualquier visión de todo el ser humano como una entidad unificada. Tampoco es un humanismo en tanto que implica que a los seres humanos (ya sea en desarrollo o plenamente desarrollados) que interfieran con el libre proyecto de un ser consciente, se les puede matar. Tanto de Beauvoir como Sartre llegaron a la conclusión, de que cuando alguien es percibido como un enemigo para la propia libertad, está bien matar a esa persona, incluso si esa persona es inocente. (Sartre dijo que él hubiera cargado maletines con bombas y los hubiera dejado en cafés.) Él apoyaba el terrorismo en contra de los miembros de ciertas clases y nacionalidades y, por un tiempo se involucró con el movimiento político maoísta. De Beauvoir apoyaba el aborto, argumentando que: "[e]l embrión, siempre y cuando todavía no se considere humano, siempre que no sea un ser con relaciones humanas con su madre o su padre, no es nada, uno puede eliminar el embrión" (de Beauvoir, 2019: 231).

Por otro lado, de Beauvoir siempre argumentó que las mujeres deben trabajar en conjunto con los hombres y que, en cierto modo, su identidad humana (como conciencia) lleva prioridad sobre su identidad como mujer. Al rechazar una "identidad-de-mujer" como punto de partida, de Beauvoir afirma: "Mejor que se identifiquen como un ser humano que resulta ser una mujer. Es una situación determinada que no es la situación de los hombres, por supuesto, pero ellas no deben identificarse a sí mismas como mujeres" (de Beauvoir, 2019: 238)

De Beauvoir ofrece como ejemplo su rechazo a la propuesta de matrimonio de Sartre, porque ella entendía tanto la crianza como la labor doméstica como opresivas para la mujer. Estas dos situaciones de la mujer la reducen, afirma, de su trascendencia humana a una esclavitud: "Escapé a la mayoría de las servidumbres de las mujeres, las de la maternidad y las del ama de casa" (de Beauvoir, 2019: 112). A pesar de que ella argumenta que "las mujeres, y los hombres también, deben convertirse en seres humanos completos", la "completitud", en lo que implica "seres humanos completos", incluye primeramente la conciencia humana masculina proyectada en modos creativos de trabajo y en la acción política (Schwarzer, 1984: 46).[21] El cuerpo —y en especial las diferencias entre el de mujer y el de hombre— es rechazado como simplemente una parte de lo dado, que espera ser trascendido. En este punto, se podría decir que el feminismo de de Beauvoir es un humanismo existencialista; como Sartre definió el significado de humanismo, *i. e.* como un ser constantemente fuera de sí mismo, proyectándose a sí mismo, y perdiéndose a sí mismo en los propios proyectos.

[21] Nota de las traductoras: En esta cita nos apegamos a la edición original en inglés citada por Allen de Alice Schwarzer, la cual dice: "Of course, women's liberation will lead to new kinds of relationships between human beings and men and women will certainly be changed. Women, and men too, must become total human beings". (1984: 46), Sin embargo, en la traducción de Sánchez e Hincapié de 2019, lo traducen como: "Las mujeres deben ser humanos por derecho propio, al igual que los hombres" (1984: 123), la cual consideramos que no captura la esencia original de la frase citada por Allen, por ello, incluimos una traducción más literal de la frase.

El humanismo pragmatista secular y el feminismo

El tercer vástago del humanismo ilustrado fue una nueva forma de humanismo que fue articulado en Inglaterra por el filósofo de Oxford Ferdinand Canning Scott Schiller (1864-1937), y por el pragmatista estadounidense William James. Esta propuesta caracterizaba al ser humano frente a la ley, el lenguaje y la verdad. En "Pragmatismo y humanismo", James lo describe de esta manera:

> Las leyes y los lenguajes, pues, han de ser considerados como cosas de fabricación humana. El Sr. Schiller aplica esta analogía a las creencias y propone el nombre de "Humanismo" para la doctrina de que, hasta un punto indeterminable, nuestras verdades también son productos de elaboración humana (James, 2000: 196).

En otras palabras, el humanismo pragmatista rechaza una visión del humanismo ilustrado —que hay verdades absolutas (la Verdad) que la razón humana es capaz de descubrir, y por el contrario sugiere que las verdades "se van haciendo sobre la marcha" (James, 2000: 196). Al mismo tiempo, el humanismo pragmatista acepta el lugar de la razón en la determinación de verdades de un modo histórico progresivo. James contrasta el racionalismo y el pragmatismo de esta manera: "El contraste esencial estriba en que para el racionalismo la realidad ya está prefabricada y completa desde la eternidad, mientras que para el pragmatismo aún está en marcha y parte de su conformación depende del futuro" (James, 2000: 205). Este rechazo de la Verdad como "prefabricada" tiene consecuencias para el feminismo, particularmente dado que las feministas ilustradas apelaban a la presencia común de la razón en la mujer y el hombre como base de su igualdad natural, y en última instancia como un fundamento para un reclamo de iguales derechos a la educación, la ciudadanía, etcétera.

James también asocia el humanismo pragmatista con la noción de "buenas consecuencias" para cualquier verdad. En *El significado de la verdad*, él diferencia el método pragmatista del humanismo pragmatista:

> Todo lo que implica, pues, el método pragmático es que las verdades deben *tener* consecuencias prácticas. En Inglaterra se le ha dado a la palabra un uso todavía más amplio: que la verdad de una enunciación *consiste* en sus consecuencias, y especialmente en sus buenas consecuencias. Aquí no se trata ya de cuestiones de método enteramente, y puesto que mi pragmatismo y este pragmatismo más amplio son tan diferentes —y lo bastante importantes ambos para tener nombres diversos— creo que la proposición de Schiller de llamar a este pragmatismo más amplio por el nombre de "humanismo" es excelente y debería adoptarse. El otro puede seguir llamándose "método pragmático" (James, 1957: 45).

Cuando se sigue en la línea de este nuevo "pragmatismo", descubrimos que el criterio de evaluación es la experiencia humana: "La verdad significa, según el humanismo, la relación de las partes menos fijas de la experiencia (predicados) a otras partes más fijas relativamente (sujetos), y nada nos obliga a buscarla en una relación de experiencia como tal a algo más allá de la misma" (James, 1957: 52-53). Este giro de una epistemología realista hacia un énfasis práctico en la experiencia personal es compartido por muchas feministas contemporáneas. El énfasis en la experiencia como el único criterio de verdad es enfatizado por James: "[L]a verdad concreta 'para nosotros' será siempre aquel modo de pensar en el que se combinen con más provecho varias experiencias" (James, 1957: 54).

Esta noción pragmatista de verdad tiene la característica ulterior de que la verdad cambia con el tiempo. James identifica esto como una característica esencial del nuevo humanismo que propone:

> El humanismo, por ejemplo, que comprendo y trato de defender con tanto ahínco es, desde mi punto de vista, la verdad más completa obtenida hasta la fecha. Pero debido al hecho de que toda experiencia es un proceso, ningún punto de vista puede jamás ser el último. Cada uno es insuficiente y romperá su equilibrio con ulteriores puntos de vista (James, 1957: 60).

En Estados Unidos el humanismo pragmatista se convirtió pronto en lo que se llama humanismo *naturalista*, y en sus subespecies de humanismo secular, humanismo científico y humanismo democrático. Corliss Lamont, en su largo tratado sobre el tema, *The Philosophy of Humanism* (*La filosofía del humanismo*), identifica los componentes clave de este humanismo americano moderno:

> El humanismo es el punto de vista de que los hombres tienen una sola vida que vivir y deben aprovecharla al máximo en términos de trabajo creativo y felicidad; que la felicidad humana es su propia justificación; que en todo caso lo sobrenatural... no existe; y que los seres humanos, usando su propia inteligencia y cooperando generosamente los unos con los otros, pueden construir una ciudadela duradera de paz y belleza sobre esta tierra (Lamont, 1982: 14 trad.).

Busca remover la discriminación, y lo que Lamont llama "el ser-human-ismo, es decir, devoción a los intereses de los seres humanos, dondequiera que vivan y cualquiera que sea su condición" (Lamont, 1982: 15-16 trad.). Esta visión, con el paso de los años, se integró a la manera de pensar estadounidense.

En 1933 varios escritores, incluyendo al pragmatista americano John Dewey, produjeron el "Manifiesto humanista". Este documento articulaba 15 principios fundamentales, incluyendo el rechazo a la creencia en Dios, el rechazo a la religión, un lazo a lo sobrenatural, la afirmación de los métodos de la ciencia moderna y la aceptación de la premisa de que las instituciones existen sólo por el propósito de mejorar la vida humana individual. Subyaciendo a esta concepción se encontraba la afirmación de Dewey de la experiencia como la primera medida de la verdad (Dewey, 1960). En *La reconstrucción de la filosofía*, Dewey explica que "el crecimiento mismo es el único 'fin' moral" (Dewey, 1993: 186) y "[l]a felicidad únicamente se encuentra en triunfar, en un triunfar que es estar triunfando, ir adelantando, avanzar" (Dewey, 1993: 188). Más aún, "el único fin es el crecimiento, el desarrollo, o sea, la reconstrucción continua de la experiencia" (Dewey, 1993: 192).

Esta prioridad dada a la experiencia fue recogida dentro del movimiento de las mujeres que comenzó en los Estados Unidos en los sesentas. El objetivo inicial del movimiento, como con los humanismos anteriores, era remover los obstáculos que impedían que las mujeres se volvieran "plenamente humanas". Betty Friedan describió la ansiedad, aburrimiento, y lo que llamó la "progresiva deshumanización" que muchas mujeres sentían en sus cómodos hogares suburbanos. Ella interpretó esta experiencia compartida como una enfermedad que no tenía nombre —un malestar conformado a una "mística femenina". Las mujeres para entonces tenían grados universitarios, ciudadanía y derechos electorales, y comodidades materiales —todas las metas que feministas de generaciones previas habían luchado por alcanzar— y aun así muchas experimentaban su situación social como conduciéndolas a la deshumanización. Friedan lo describió de esta manera:

> Puesto que el organismo humano tiene una imperiosa necesidad intrínseca de crecer, una mujer que evade su propio crecimiento aferrándose a la protección infantil del rol de ama de casa sufrirá, en la medida en que ese rol no le permite su propio crecimiento, una patología cada vez más severa, tanto fisiológica como emocional. Su maternidad será cada vez más patológica, tanto para ella como para sus criaturas (Friedan, 2009: 352).

En este contexto los infantes, el machismo y la discriminación laboral llegaron a percibirse como los nuevos enemigos de la libertad de las mujeres. Las soluciones propuestas para estas situaciones incluían el aborto/control natal, la toma de conciencia y las contrataciones preferenciales o acciones afirmativas para permitir a las mujeres trabajar fuera del hogar.

La formación de la Organización Nacional de las Mujeres (NOW, por sus siglas en inglés), preocupada por proveer a las mujeres de un medio para hacer conexiones políticas, convirtió el feminismo en un movimiento político estadounidense de base amplia, reflejando muchas de las metas de los humanistas (seculares) pragmatistas. La declaración de apertura de la conferencia organizadora de NOW incluyó lo siguiente:

> NOW está dedicado a la propuesta de que las mujeres, primero y antes que nada, son seres humanos, quienes, como todas las demás personas de nuestra sociedad, deben tener la oportunidad de desarrollar su máximo potencial humano. Creemos que las mujeres pueden lograr tal igualdad sólo al aceptar plenamente los desafíos y las responsabilidades que comparten con otras personas en nuestra sociedad, como parte de la corriente principal de toma de decisiones de la vida política, económica y social estadounidense (Bosmajian y Bosmajian, 1972: 190-191).

Esta declaración temprana del feminismo pragmatista empata muy bien con las metas de crecimiento expresadas por el humanismo pragmatista.

En 1973 un nuevo "Manifiesto humanista" se publicó, incorporando varios principios feministas junto con su propia reformulación de 17 de sus principios humanistas. Nuevamente encontramos un rechazo explícito a la creencia en Dios, en la vida eterna, y una declaración explícita. "Afirmamos que los valores morales derivan su fuente de la experiencia humana. La ética es *autónoma* y *situacional* y no requiere autorización ideológica o teológica. La ética surge de las necesidades e intereses humanos" (Lamont, 1982: 293-294). Al mismo tiempo, el documento está lleno de un nuevo celo por el respeto a la dignidad de la persona humana, el uso de la razón y la inteligencia, la protección de las libertades civiles, la remoción de toda discriminación por sexo, el rechazo a la violencia como medio de interacción, un rechazo a los nacionalismos, y la esperanza de un mundo ecológicamente robusto y de cooperación democrática entre los pueblos.

Muchos de estos temas también se habían desarrollado en varias formas de activismo feminista a lo largo de los años, incluyendo el ecofeminismo, las protestas no violentas de mujeres en contra de la guerra nuclear y la crítica a los abusos en contra de los derechos humanos a lo largo del mundo. Más aún, la experiencia de las mujeres se convierte en la base de nuevas epistemologías feministas, y las situaciones de las mujeres se convierten en la base de nuevas éticas feministas. Y, mientras algunos aspectos de la ética feminista llegan a integrarse dentro de las estructuras políticas del humanismo pragmatista o secular en el contexto de la escasez económica, encontramos un patrón irónico que empieza a desarrollarse dentro de este humanismo.

Las contrataciones preferenciales de mujeres sobre hombres han llevado a la situación en la que los hombres de la misma clase trabajadora, al estar compitiendo con las mujeres por los mismos trabajos, son percibidos como el enemigo de aquellas mujeres que necesitan trabajar para crecer y desarrollarse. Inversamente, las mujeres de la misma clase trabajadora llegan a ser percibidas como el enemigo de los hombres. Ni las mujeres ni los hombres pueden ya dedicarse a trabajar por el bien de la humanidad sino, al contrario, comienzan a pelearse unos con otros por sus propios intereses.

Adicionalmente, comenzamos a ver que forman alianzas políticas con otros similares a ellos en vistas a establecer bases de poder de cabildeo y grupos de presión para defender sus propios intereses especiales. Así que ahora el ideal humanista de trabajar por el bien de todos se deteriora, de modo que uno trabaja sólo por el bien de unos cuantos, aquellos que comparten los mismos intereses acotados que uno tiene. Consecuentemente, este tipo de feminismo pragmatista secular resulta ser incapaz de ser un humanismo incluso en el sentido pragmatista o secular porque excluye los intereses de numerosos seres humanos.

Lo mismo puede decirse si miramos la centralidad que el feminismo secular ha dado al aborto. Si la "felicidad, crecimiento y éxito" de las mujeres depende de la eliminación de las vidas de seres humanos en desarrollo no nacidos, entonces este tipo de feminismo tampoco puede ser un humanismo que afirma defender los derechos de todos los seres humanos hacia su pleno crecimiento y desarrollo. En consecuencia, cualquier feminismo que explícita o implícitamente abogue por el desarrollo de las mujeres por medio de la exclusión de los intereses de grandes grupos de seres humanos en desarrollo no nacidos, no puede ser considerado un humanismo.

Humanismo personalista

Pasamos ahora al último tipo de humanismo considerado en este artículo. Entre 1933 y 1937 una nueva forma de humanismo comenzó a emerger entre los filósofos judíos y cristianos casi en resonancia mórfica.

Es difícil determinar quién articuló primero sus fundamentos. Notamos en Francia, en 1932, la fundación de la revista personalista *Esprit* en París por Emmanuel Mounier y Jaques Maritain. En 1934 Mounier y Maritain, junto con Gabriel Marcel y Nicholai Berdjaev, se reunieron en un grupo filosófico y publicaron un "Manifiesto personalista". Este documento contenía la primera articulación pública del nuevo humanismo personalista. Pero también encontramos, tan pronto como 1919 (en borradores tempranos de *Yo y tú*), al existencialista judío Martin Buber enfatizando la naturaleza interpersonal del diálogo entre los seres humanos y con Dios, y la relación de persona y comunidad.[22]

Buber argumenta que la verdadera comunidad de personas se establece no a través de los sentimientos o experiencias que una persona tenga por otra, sino más bien "todos estén en relación mutua con un Centro viviente, y de que estén unidos los unos a los otros por los lazos de una viviente reciprocidad" (Buber, 1982: 25). En estas relaciones recíprocas, los seres humanos no son una cosa o un "qué" para alguien más, sino que se convierten en un "quién" en relación con un otro.

También tenemos el ejemplo de Edith Stein (1891-1942), quien, habiendo nacido judía, se convirtió al catolicismo en 1922. Stein había estado dando conferencias públicas en Alemania y Suiza sobre la emancipación de la mujer y el movimiento de mujeres desde 1928 (Stein, 1999), y en su autobiografía escribió que, desde 1916 en adelante, había estado trabajando en "algo que llevaba muy dentro en el corazón, y que continuamente siguió ocupándome en mis posteriores trabajos: la estructura de la persona humana" (Stein, 2002: 477). A pesar de que Stein no es normalmente considerada personalista, yo argumentaría que así debería ser considerada. Si

22 Buber (1982).

uno mira cómo elabora sus reflexiones sobre la mujer, sus posturas tienen muchos de los mismos componentes del personalismo. Hay cierta duda sobre qué tanto sabía del movimiento personalista, dado que algunos de sus trabajos anteceden a aquellos de Maritain y Mounier —a pesar de que ella también fue contemporánea de ellos.

Un tema fundamental en este humanismo personalista es la distinción entre el ser humano individual y la persona. De manera resumida, el individuo se describe en términos de la construcción del ego por medio de actos de autodeterminación y autodesarrollo. El individuo es también uno de una especie y, en el caso de la mujer o el hombre como individuo, es simplemente uno de la especie humana. Una persona humana, por otro lado, es un ser que se trasciende a sí mismo, por un don de sí mismo a otra persona. En este caso el centro del yo se transfiere de uno mismo al otro, por un acto libre o de una serie de actos. Aquí, la persona humana no es ya solamente un "qué", sino que se convierte en un "quién", en relación con otro "quién". Entonces, desde el comienzo, los filósofos personalistas han enfatizado que el ser humano no puede ser plenamente explicado simplemente como un ser material. Por el contrario, la persona humana fue entendida como un ser integral de espíritu y materia.

Mounier, por ejemplo, argumenta que el personalismo "aprehende cualquier problema humano en toda la amplitud de la humanidad concreta, desde la más humilde condición material a la más alta posibilidad espiritual" (Mounier, 1972: 15). Esta orientación fundamental de todos los humanismos personalistas la distingue de las otras tres formas de humanismo consideradas en este artículo. En otras palabras, el humanismo personalista coloca al ser humano en un conjunto de relaciones interpersonales con Dios y con los otros. Adopta una forma particularmente cristiana cuando la apelación al fundamento de la identidad espiritual de una persona se coloca tanto en la creación de la persona humana a imagen y semejanza de un Dios personal, y también en la identidad particularmente redentora de Jesucristo, quien, aunque divino, tomó una naturaleza humana cuando se hizo hombre.

En España, en 1934, Maritain impartió una serie de seis conferencias en la Universidad de Santander sobre este nuevo personalismo. Estas conferencias fueron publicadas en forma de libro en París en 1936, bajo el título *L'humanisme integral* (*Humanismo integral: problemas temporales y espirituales de una nueva cristiandad*). Aquí encontramos la primera articulación de la afirmación de que la comprensión unívoca del ser humano presente en las formas más antiguas de los humanismos debe ser efectivamente rechazada, ya que entiende a los seres humanos simplemente como individuos, incluso si se autodefinen dentro del modelo existencialista. Pero también hay un rechazo implícito de la comprensión que el ser humano o la persona en términos equívocos —como lo proponen en las formas de antihumanismo—. Al contrario, Maritain sugiere que los términos "ser humano" y "persona" deben ser entendidos como analógicos en su aplicación a las mujeres y a los hombres. Este lugar central de la analogía provee una clave para la forma renovada del humanismo personalista que Maritain y otros adoptan.

Regresando a la dignidad humana podríamos decir que la voluntad libre y la inteligencia son entendidas como parte de la naturaleza humana por la creación a imagen de Dios, pero que el uso humanista apropiado de inteligencia y voluntad depende de la integración redentora de las facultades dentro de la persona y el grado en que la persona es capaz de participar activamente en la construcción del bien común. La gracia, o la participación en la vida divina, es crucial para estas dos actividades de integración y acción apropiada. En consecuencia, la persona humana no es un centro absoluto, sino más bien un centro constantemente renovado dada su transformación al cooperar con la gracia.[23] Más aún, con esta comprensión renovada, la libertad no es simplemente libertad de elección individual (como se encuentra en el humanismo liberal o pragmatista), sino que es "la libertad de autonomía de las personas, que se confunde con la perfección espiritual de éstas" (Maritain, 1966: 136).

Así, los peligros a esta libertad incluyen, por un lado, un ateísmo militante que hace de este mundo un fin absoluto y no relativo, por un

[23] Véase también Maritain (1942).

espiritualismo de otro mundo que ignora el lugar propio de la construcción de lo temporal. Otro peligro se encuentra en una forma extrema de totalitarismo, en la que la persona se subsume al Estado, o en una forma extrema de individualismo, en la que el individuo enfatiza sus propios derechos descuidando el bien común.[24] En estas situaciones la persona es reducida de un quién a un qué, o una cosa a ser utilizada o ser reprimida. Maritain resume de manera más positiva la meta de la libertad humana en *La persona y el bien común*:

> Siendo esto así, se comprende que esa tarea común de la sociedad tiene como principal valor la libertad de desenvolvimiento de la persona, con las garantías que supone y con la difusión de bondad que en ella radica; es pues, claro, merced a la justicia y a la amistad, que, al subordinarse al bien *de los demás*, al perfeccionamiento de la vida personal de los demás, y al mismo tiempo a la dignidad interior de la propia persona (Maritain, 1968: 109).

Esta característica del humanismo personalista, de estar al mismo tiempo preocupados por la dignidad interior de la propia persona y dedicados al bien común a través la ampliación de la libertad de otras personas, es crucial para nuestro estudio sobre si un feminismo puede ser un humanismo.

Hay una relación cercana entre el humanismo personalista y el feminismo personalista. Por ejemplo, en 1936 Mounier publicó en *Esprit* el primer artículo centrado en la relación entre el personalismo y la identidad de las mujeres, titulado, "La femme aussi est une personne" ("La mujer también es una persona") (Mounier, 1936). Y Jacques y Raissa Maritain se enfrentaron con muchos de los mismos asuntos.

[24] Estas formas son desarrolladas por Andrew Woznicki en una discusión de una forma más contemporánea de humanismo personalista (1980). El cardenal Paul Poupard ha hablado y escrito extensamente sobre el humanismo cristiano de Juan Pablo II en su calidad de prefecto de la nueva Congregación de Fe y Cultura. En particular, se basa en la afirmación del Concilio Vaticano II en *Gaudium et spes*, núm. 55: "somos testigos de que está naciendo un nuevo humanismo".

Podemos identificar claramente las características de este nuevo humanismo personalista en los ensayos sobre la mujer de Edith Stein. Una preocupación particular de ella era: ¿qué es lo fundamental de la identidad de los hombres y de las mujeres? ¿Qué pueden aprender el uno del otro y cómo pueden trabajar juntos para remover los obstáculos que les impiden llegar a ser plenamente humanos?

Su trabajo fue exploratorio, pero se concentró en tratar de entender la compleja estructura interior de la persona humana, como hombre o como mujer, y el llamado de cada uno a la perfección interior y la responsabilidad exterior. Stein identifica tres aspectos de la identidad personal: el ser miembros de la especie humana, el ser miembros de las subespecies de hombre o de mujer, y la identidad como un individuo. Los peligros de la libertad incluirían la falta de comprensión de estos aspectos de la propia identidad, o la falta de esfuerzo para educarse a uno mismo en las características de la otra subespecie (*i. e.* una mujer necesita hacer un esfuerzo para desarrollar características masculinas y un hombre necesita hacer un esfuerzo para desarrollar características femeninas), y la falta de cooperación con la gracia de Jesucristo. Ella desarrolla el *dictum* cristiano, que Cristo los hará libres. "Alcanzarnos así por medio de él la verdadera humanidad y a la vez la correcta orientación personal" (Stein, 1999: 324). Por su énfasis en la educación, y en particular en la de las mujeres, Stein desarrolla los parámetros filosóficos que amplían su humanismo personalista.

En el tipo de feminismo de Stein, si decidimos describirlo así para propósitos de este análisis —y podemos hacerlo porque su preocupación es la remoción de obstáculos para el desarrollo pleno de las mujeres como personas—, las mujeres y los hombres son dos modos análogos de ser personas humanas. Ella describe el orden jerárquico interior de las personas que involucra realidades biológicas, psicológicas, filosóficas y teológicas, donde el orden superior integra al orden inferior. Un peligro para la libertad de las mujeres es la falta de conocimiento de su estructura compleja y cómo es análoga (*i. e.* similar a, pero también diferente de) la estructura compleja del hombre.

Stein llama a las mujeres a involucrarse en un análisis fenomenológico de sus identidades humanas, de mujeres, y como individuos. Ella se resiste a reducir a la mujer y al hombre a cosas o "qués", pero argumenta que todos los seres humanos deben comprender cómo lo que tienen de unicidad se relaciona con lo que tienen de comunalidad. Y en particular enfatiza la necesidad de ganar comprensión en cómo la identidad de la mujer y su situación ofrecen contextos únicos para la educación y la acción, que son al mismo tiempo similares y distintos que los de los hombres.

El feminismo de Stein fue exploratorio, y precedió al de de Beauvoir por 15 años. Así que, de algunas maneras fue el primer intento contemporáneo de realizar un acercamiento interdisciplinario a la identidad de la mujer. Al mismo tiempo, tiene en su fundamento componentes clave del humanismo personalista, y ofrece la posibilidad de mayor desarrollo dentro de este enfoque para alcanzar la meta del desarrollo humano pleno. Con esta comprensión, si una mujer ve a un hombre simplemente como un miembro del grupo unívoco "hombres", lo reduce de un "quién" a un "qué". Ello puede ocurrir, por ejemplo, en el contexto de las contrataciones preferenciales o la acción afirmativa. De modo similar, si una mujer ve a un ser humano en desarrollo como una mera pieza material, reduce al feto a un "qué" o a una cosa, en lugar de un alguien en desarrollo merecedor de amor.

Esto ocurre en muchas actitudes hacia el aborto, y especialmente la más común, ello es, que una mujer tiene derecho a controlar su propio cuerpo. También ocurre en el contexto en el que el aborto es descrito como un derecho a la libertad reproductiva. El ejercicio de la libertad de esta manera reduce al ser humano a ser un qué para ser destruido en lugar de un quién a ser defendido y apoyado en función de su desarrollo humano y personal pleno. Así que un feminismo personalista tendría una diferencia de enfoque en cuanto a estos dos componentes de la mayoría de las formas contemporáneas de feminismo. Se seguiría que sólo un feminismo personalista podría ser un personalismo humanista.

En todas las formas de humanismo personalista, lo que se identifica como el peligro principal para la libertad humana es la falta de una integración madura dentro de la persona y la falta de participación genuina en sociedades interpersonales o comunidades de construcción del bien común. Las especificidades de estos aspectos se encuentran elaborados con gran detalle por la escuela polaca de humanismo personalista, especialmente en los trabajos de M. A. Krapiec y Karol Wojtyla (Juan Pablo II), quienes asumieron todo el impulso del humanismo personalista temprano. Si bien las fuerzas externas que reducen a la persona a un mero individuo son significativas, el uso maduro de la libertad humana es considerado como el punto de partida para su pleno desarrollo como persona. (Aunque el trabajo de esta "escuela polaca" de personalismo se siguió en gran parte de la segunda Guerra Mundial, es probable que haya habido un interés de largo aliento en el personalismo en Polonia, basado en la obra de Mounier y Maritain. En la década de los veinte hubo varias personas, como Max Scheler y Roman Ingarden, que viajaban entre Francia y Polonia. Las obras de Mounier se publicaron en polaco, y en 1934 él publicó un artículo en una revista polaca [*Wiadomosci Literackie*] explicando lo que estaba sucediendo en el movimiento personalista en Francia.)

Wojtyla, en particular, extendió la idea de que el pleno desarrollo de cada ser humano es la meta de todas las personas, y detalló esto en lo que él llama "la norma personalista". Ésta consiste en que siempre se debe tratar a las demás personas como seres dignos de ser amados, no como "cosas" o entidades de las que uno puede abusar. Wojtyla ha desarrollado esta norma personalista de una forma muy interesante en relación con la identidad de la mujer.

Wojtyla (al igual que Edith Stein) señala que la experiencia femenina vivida del cuerpo, en cierto modo prepara desde la pubertad a la mujer para recibir cada mes, a través de la ovulación, a otro ser humano. Después, si una mujer de hecho tiene hijos, la experiencia de tenerlos aumenta esa sensibilidad hacia todo su ser. Una mujer genera dentro de sí misma, mientras que un varón genera fuera de sí mismo. Wojtyla y Stein argumentan que en las mujeres se da una tendencia a preocuparse por los seres humanos. (Incluso algunas feministas radicales, que de otro modo no estarían de acuerdo con Stein y Wojtyla, admitirían esto, aunque lo describirían como algo enfocado en el "cuidado".)

De hecho, Wojtyla llama a esta orientación el "genio femenino" y parte de un "nuevo feminismo" que, según argumenta, si pudiera entrar tanto en el mundo laboral como en el hogar, entonces tiene la posibilidad de llevar ahí la norma personalista —esto para evaluar si una persona está siendo tratada como alguien digno de amor—. Este enfoque en el "genio femenino" es relativamente nuevo y puede encontrarse en *Mulieris dignitatem*, *Evangelium vitae*, y en las declaraciones recientes de los obispos estadounidenses incluyendo sus declaraciones sobre el papel de la tecnología en la vida. Uno también puede encontrar algo de esto en los ensayos de Edith Stein sobre la mujer. Quisiera hacer notar un pasaje de *Evangelium vitae* que es bastante sorprendente:

> En el cambio cultural en favor de la vida *las mujeres* tienen un campo de pensamiento y de acción singular y sin duda determinante: les corresponde ser promotoras de un "nuevo feminismo" que, sin caer en la tentación de seguir modelos "machistas", sepa reconocer y expresar el verdadero espíritu femenino en todas las manifestaciones de la convivencia ciudadana, trabajando por la superación de toda forma de discriminación, de violencia y de explotación [...].
> En efecto, la madre acoge y lleva consigo a otro ser, le permite crecer en su seno, le ofrece el espacio necesario, respetándolo en su alteridad. Así, la mujer percibe y enseña que las relaciones humanas son auténticas si se abren a la acogida de la otra persona, reconocida y amada por la dignidad que tiene por el hecho de ser persona y no de otros factores, como la utilidad, la fuerza, la inteligencia, la belleza o la salud. Ésta es la aportación fundamental que la Iglesia y la humanidad esperan de las mujeres. Y es la premisa insustituible para un auténtico cambio cultural (Juan Pablo II, 1995: n. 99).

Vemos a Wojtyla utilizando frases tales como "nuevo feminismo" y "dominación masculina" —algo muy diferente a lo que muchas personas esperan oír de él.

Esto muestra que algo está sucediendo —que hay una nueva norma personalista, con un nuevo feminismo y un nuevo humanismo, que se basa en una comprensión de lo que es verdaderamente humano, lo que son los lugares de las mujeres y los hombres dentro de éste.

Conclusiones

¿Puede el feminismo ser un humanismo? Si uno percibe a cualquier persona o tipo de persona fundamentalmente como un enemigo —si uno puede apartarlos de su vida (y, en un extremo, hasta matarlo)—, entonces esto no es un humanismo. El humanismo personalista requiere que uno debe siempre trabajar, hasta donde sea posible, por el pleno desarrollo de todos los seres humanos con quienes se entre en contacto. Si uno es un feminista personalista, uno está particularmente interesado en aquellos medios que puedan eliminar obstáculos para que las mujeres lleguen a ser plenamente personas humanas. Lo que uno específicamente haga, por supuesto, depende del contexto en el que se esté.

El feminismo original que sí fue humanista fue, como vimos, el humanismo renacentista —un humanismo que surgió dentro de un contexto cristiano, y estuvo situado dentro de una relación personal con Dios y con la relación de las personas entre sí. La primera forma de ilustración temprana todavía fue cristiana, y las feministas que se adhirieron a ésta estaban también interesadas en el desarrollo de todas las personas. Pero una vez que el feminismo explícitamente se separó de las relaciones con Dios, y cuando se estableció en un antagonismo con la religión organizada, comenzó a pensar en deshacerse de otras personas. Vio a ciertos grupos de personas como enemigos y no vio nada malo en eliminarlos.

El humanismo personalista, que fue restablecido a través de la tradición católica en Francia y Polonia, es una renovación del humanismo. El movimiento feminista dentro de éste también es una renovación del humanismo feminista. La cristiandad, entonces, tiene un papel importante que jugar en la articulación de un feminismo personalista y un humanismo. En la cristiandad uno puede hablar del comienzo, la caída y la redención como algo que de algún modo empieza a llegar, y hay un trabajo interesante y reciente que ha salido de la pregunta sobre si ¿las mujeres tienen un papel diferente que los hombres que desempeñar en esta actividad redentora? Y si es así, ¿cuál sería?, ¿cómo podría la identidad de las mujeres ser fundamentalmente diferente de la de los hombres y cómo sería similar? Y así, un punto que tanto Stein como Wojtyla han identificado se centra en la importancia de la actitud de uno hacia otros seres humanos.

Hay muchas áreas en las que un feminismo personalista puede ser capaz de cooperar con otras formas de feminismo en el mundo contemporáneo. Algunas de éstas incluyen: una crítica de las formas concretas en que la tecnología puede conducir a la discriminación de las mujeres; una crítica a las maneras en que el capitalismo abusa de las mujeres; una crítica a las maneras en que la educación no ayuda al pleno desarrollo de las mujeres; una crítica a los modos en que las estructuras sociales pueden inhibir las posibilidades de las mujeres de involucrarse en trabajos valiosos fuera de sus hogares; una crítica a las maneras en que la salud de las mujeres no ha sido adecuadamente atendida; una crítica a las maneras en que la familia —como el lugar originario en donde un ser humano es descubierto como un "quién" único e irrepetible, en relación con otros "quiénes"— podría fortalecerse, etcétera. Éstos fueron asuntos en los que la reciente conferencia de Beijing sobre la mujer comenzó a enfocarse en maneras de cooperación —y a través de las cuales muchas formas de feminismo buscan encontrar un fundamento común para las diferentes formas de humanismos.

Así podemos responder nuestra pregunta original de si el feminismo puede ser un humanismo por medio de lo siguiente. Si el feminismo es una ideología que coloca el valor del desarrollo de la mujer sobre el de los hombres, o del desarrollo de los seres humanos, entonces no, no puede ser un humanismo. Si, por otro lado, el feminismo es un modo organizado de pensamiento y acción que le da una atención especial a la remoción de los obstáculos para el pleno desarrollo de la mujer, pero al mismo tiempo trabaja por el pleno desarrollo de todos los seres humanos como personas, entonces puede ser un humanismo. De hecho, probablemente habría un argumento más fuerte, que solamente un feminismo personalista puede ser un humanismo en sentido pleno; éste reconoce que la persona es un "quién", que una mujer, un hombre, y un infante son formas análogas de ser una persona, y que las personas pueden realizarse sólo mediante la participación mutua en la construcción del bien común de otras personas. En efecto, la única manera de volverse pleno como una persona es por medio del hábito repetido de darse a sí mismo a otras personas.

Referencias

Allen, P. (2006), *The Concept of Woman, The Early Humanist Reformation*, 1250-1500, vol. 2, Wm. B. Eerdmans-Lightning Source.

Astell, M. (1970a), *A serious proposal to the ladies, for the advancement of their true and greatest interest*, Source Book Press.

_______ (1970b), *An Essay in Defence of the Female Sex*, Source Book Press.

Beauvoir, S. de (1956), *Para una moral de la ambigüedad*, Schapire.

_______ (2017), *El segundo sexo*, trad. A. Martorell, Cátedra.

_______ (2019), *Entrevistas*, trad. S. L. y M. Hincapié, Ennegativo Ediciones.

Bosmajian, H. y H. Bosmajian (1972), "National Organization for Women: Statement of Purpose (1966)", en *This Great Argument: The Rights of Women* (Addison-Wesley Series in Speech), 1 de enero, Addison Wesley Publishing Company.

Buber, M. (1982), *Yo y tú*, trad. H. Crespo, Ediciones Nueva Visión.

Concilio Vaticano II (1965), *Constitución Pastoral*, Gaudium et spes, La Santa Sede. Disponible en <https://www.vatican.va/archive/hist_councils/ii_vatican_council/documents/vat-ii_const_19651207_gaudium-et-spes_sp.html>.

Daly, M. (1984), *Pure Lust: Elemental Feminist Philosophy*, 2ª ed., Beacon Press.

De Condorcet, N. (1993), "Sobre la admisión de las mujeres al derecho de ciudadanía (3 de julio de 1790)", ed. A. H. Puleo, en *La Ilustración olvidada*, Anthropos, pp. 100-106.

De Gouges, O. (1990), "Declaración de los derechos de la mujer y ciudadana, en G. Cano, Declaración de los derechos de la mujer y ciudadana", *Revista de Ciencias Sociales y Humanidades*, vol. 10, núm. 19, pp. 77-83.

De Gournay, M. (2014), *Escritos sobre la igualdad y en defensa de las mujeres*, trad. C. M. I. Pairet, R. E. Herráez y T. E. Aránegui, Consejo Superior de Investigaciones Científicas.

De la Barre, F. P. (2007), *La igualdad de los sexos. Discurso físico y moral en el que se destaca la importancia de deshacerse de los prejuicios*, trad. D. Cazes, vol. 2, Universidad Nacional Autónoma de México.

De Pizan, C. (1990), "The Letter to the God of Love", trad. T. Fenster y M. Carpenter, en *Poems of Cupid, God of Love*, Brill, pp. 418-431.

Dewey, J. (1960), *Experience, Nature, and Freedom*, Liberal Arts.

______ (1993), *La reconstrucción de la filosofía*, trad. A. Ros, Planeta.

Dixon, M. (1980), *The Future of Women*, Synthesis Publications.

Engels, F. (1972), *El origen de la familia, la propiedad privada y el Estado*, Quimantu.

Firestone, S. (1976), *La dialéctica del sexo: en defensa de la revolución feminista*, trad. R. Ribé Queralt, Kairós.

Foucault, M. (1968), *Las palabras y las cosas, una arqueología de las ciencias humanas*, trad.E. C. Frost, Siglo XXI Editores.

Friedan, B. (2009), *La mística de la feminidad*, trad. M. Martínez, Cátedra.

Giustiniani, V. R. (1985), "Homo, Humanus, and the Meanings of 'Humanism'", *Journal of the History of Ideas*, vol. 46, núm. 2, pp. 167-195. Disponible en <https://doi.org/10.2307/2709633>.

Gottlieb, B. (1985), "The Problem of Feminism in the Fifteenth Century", en *Women of the Medieval World: Essays in Honor of John H. Mundy*, ed. J. Krishner y S. F. Wemple, Blackwell, pp. 337-364.

Guettel, C. (1974), *Marxism and Feminism*, Canadian Women's Educational Press.

Heidegger, M. (2006), *Carta sobre el humanismo*, trad. y ed. H. Cortés y A. Leyte, Alianza.

Herlihy, D. (1985), "'Did Women Have a Renaissance?': A Reconsideration", ed. P. Clogan, en *Medievalia et Humanistica*, vol. 13, Rowman & Littlefield Publishers, pp. 1-22.

Houghton, M., y D. Herlihy (1985), "'Did Women Have a Renaissance?': A Reconsideration", ed. P. Clogan, en *Medievalia et Humanistica*, vol. 13, Rowman & Littlefield Publishers, pp. 1-22.

James, S. *et al.* (1975), *Wages for Housework Notebook*, New York Collective.

James, W. (1957), "Humanismo y verdad", trad. L. Rodríguez, en *El significado de la verdad*, Aguilar.

_______ (2000), *Pragmatismo, un nuevo nombre para viejas formas de pensar*, trad. R. del Castillo, Alianza.

Juan Pablo II (1995), *Evangelium Vitae* [Carta encíclica]. Disponible en <https://www.vatican.va/content/john-paul-ii/es/encyclicals/documents/hf_jp-ii_enc_25031995_evangelium-vitae.html>.

Kant, I. (2004a), *Observaciones sobre el sentimiento de lo bello y lo sublime*, trad. D. M. G. Castro, Fondo de Cultura Económica.

________ (2004b), *¿Qué es la Ilustración?: y otros escritos de ética, política y filosofía de la historia*, trad. R. R. Aramayo, R. C. Panadero y F. P. M. López, Alianza, 12 de noviembre.

Kelly, J. (1977), "Did Women Have a Renaissance?", ed. R. Bridenthal y C. Koona, en *Becoming Visible: Women in European History*, Houghton Mifflin, pp. 137-164.

_______ (1984), "Early Feminist Theory and the Querelle des Femmes, 1400–1789", en *Women, History, and Theory*, University of Chicago Press, pp. 64-109.

Kristeller, P. O. (1964), *Eight Philosophers of the Italian Renaissance*, Stanford University Press.

Lamont, C. (1982), *The Philosophy of Humanism*, Ungar.

Lonergan, B. (2004), *Insight: Estudio sobre la comprensión humana*, trad. Francisco Quijano, Universidad Iberoamericana/Ediciones Sígueme.

Maritain, M. (1942), "Christian Humanism", en *The Range of Reason*, Nueva York, Scribner (1952), cap. 14, pp. 185-99.

Maritain, J. (1966), *Humanismo integral. Problemas temporales y espirituales de una nueva cristiandad*, trad. A. Mendizabal, Carlos Lohlé.

_______ (1968), *La persona y el bien común*, Club de Lectores.

Marx, K. (1980), *Manuscritos: economía y filosofía*, trad. F. Rubio Llorente, Alianza.

Mitchell, J. (1973), *Women's Estate*, Vintage.

Mounier, E. (1936), "La femme aussi est une personne", *Esprit*, junio, pp. 292-297.

_______ (1972), *El personalismo*, trad. A. Aisenson y B. Dorriots, Eudeba.

Offen, K. (1991), "Definir el feminismo: un análisis histórico comparativo", trad. M. F. Garrayo, en *Historia Social*, núm. 9, pp. 103-135.

Odajnyk, W. (1965), *Marxism and Existentialism*, Doubleday.

Pompei, G. (1972), *Wages for Housework*, Canadian Women's Educational Press.

Richards, E. J. (1993), "Seulette a part'–the Little Woman on the Sidelines Takes Up Her Pen: The Letters of Christine de Pizan", ed. H. Cherewatuk y U. Wiethaus, en *Dear Sister: Medieval Women and the Epistolary Genre*, University of Pennsylvania Press, pp. 139-170.

Rousseau, J. J. (1990), *Emilio o de la educación*, trad. M. Armiño, Alianza.

_______ (2007), *Contrato social*, trad. J. Gallego, 12ª ed., Alianza.

Rowbotham, S. (1972), *Women, Resistance, and Revolution*, Penguin Books.

_______ (1973), *Woman's Consciousness, Man's World*, Penguin Books.

Sartre, J.-P. (1993), *El ser y la nada*, trad. J. Valmar, Ediciones Altaya.

_______ (2001), *A puerta cerrada / La mujerzuela respetuosa*, trad. A. Bernández, 9ª ed., Losada.

_______ (2009), *El existencialismo es un humanismo*, ed. Elkaïm Sartre, trad. V. Praci de Fernández, Edhasa.

Schwarzer, A. (1984), *After The second sex: conversations with Simone de Beauvoir*, Pantheon Books.

Stein, E. (1999), *La mujer: su papel según la naturaleza y la gracia*, trad. C. Díaz, 2ª ed., Ediciones Palabra.

Stein, E. (2002), "Vida de una familia judía", trad. J. García, E. García, J. Sancho y C. Ruiz-Garrido, en *Obras completas. Escritos autobiográficos y cartas*, vol. I, Ediciones el Carmen, Editorial de Espiritualidad, Editorial Monte Carmelo.

Strauss, L. (1953), *Natural right and history*, University of Chicago Press.

Wittig, M. (2006a), "El pensamiento heterosexual", en *El pensamiento heterosexual y otros ensayos*, trad. J. Sáenz y P. Vidarte, Egales, pp. 44-57.

_______ (2006b), "La marca del género", en *El pensamiento heterosexual y otros ensayos*, trad. J. Sáenz y P. Vidarte, Egales, pp. 103-116.

Wollstonecraft, M. (2018), *Vindicación de los derechos de la mujer*, trad. C. Martínez, Cátedra.

Woznicki, A. (1980), *A Christian Humanism: Karol Wojtyla's Existential Personalism*, Mariel Productions.

Capítulo 2

Feminismo centrado en la persona: una primera aproximación

Diana Erika Ibarra Soto,[a] María José Gómez Ruiz,[b]
Lourdes Giannina Orejel Orejel[b]

La mujer sujeto de pensamiento abre otro escenario que producirá una realidad diferente.

Alessandra Bocchetti (1995: 108)

Abstract

Dentro de la diversidad de feminismos, entendidos como propuestas teórico-prácticas en favor de la reivindicación de la igualdad de las mujeres, hace falta uno que de manera fuerte y consistente se funde teóricamente en la realidad de la mujer en tanto persona, y que además extraiga las consecuencias prácticas de ello en función de los retos que enfrentan en la actualidad muchas mujeres. Un grupo de profesoras de la Universidad Panamericana nos hemos unido para formular este feminismo al que denominamos *feminismo centrado en la persona*. El presente capítulo justifica la necesidad y pertinencia de esta nueva propuesta y constituye su primer planteamiento general. Para ello, se toma como principio la dignidad personal y desde ella se plantean algunas características de este nuevo feminismo: como son la horizontalidad y relacionalidad no sólo entre mujeres y hombres, sino entre

a Universidad Panamericana, Instituto de Humanidades sede Ciudad de México.

b Universidad Panamericana, Instituto de Humanidades sede Guadalajara.

las mujeres mismas; la promoción de una agencia responsable en las mujeres, el reconocimiento de los diferentes contextos que afrontan y la apertura a la esperanza fincada en el hecho de que el ser humano es un ser perfectible, capaz de mejora y de progreso.

La necesidad de revisitar el feminismo

Es innegable que históricamente la mujer se ha encontrado en una gran diversidad de situaciones de desigualdad en comparación con las condiciones del varón. Para explicar, enfrentar y revertir estas situaciones, una gran cantidad de propuestas teórico-prácticas se han ido desarrollando a lo largo de los años. El conjunto de estas propuestas es lo que regularmente llamamos *feminismo*. El feminismo entendido así *en sentido amplio*, es un "grupo", una pluralidad de teorías, reivindicaciones y acciones del que la búsqueda de justicia para las mujeres es el denominador común. El feminismo entonces no es un monolito —como podría llegar a pensarse—. En cierto sentido resulta mejor hablar de *feminismos* con una gran "S" final. En efecto, las diferentes propuestas que se han hecho en distintos momentos y lugares responden a la diversidad existente de contextos, aproximaciones y grupos de mujeres en la lucha por la igualdad. Es en función de ello que se puede hablar de distintas olas y corrientes de feminismos.

Dada esta gran diversidad, no es poco frecuente que las propuestas feministas discrepen o incluso se contradigan entre sí en algunos postulados clave. Ante esta realidad cabe preguntarse si debería ser una meta para el feminismo, entendido en sentido amplio, el logro de una unificación entre dicha diversidad de posturas que lo conforman. Ello es, pasar de ser "conjunto" a ser "bloque". Nosotras sostenemos que no. Las diferentes propuestas en favor de la igualdad entre mujeres y hombres deben responder a la pluralidad de lo humano. Las mujeres *somos seres humanos* y, como tales, tenemos especificidades distintas. Ahora bien, el que haya una pluralidad de propuestas es una condición necesaria, mas no suficiente, del logro de su denominador común. Es, por ello, siempre conveniente revisar los pasos que hemos dado y las propuestas que hemos formulado para así recordar de dónde hemos partido, apreciar lo que hemos ganado, revisar si algo hemos perdido e investigar lo que nos queda pendiente.

Es frecuente que las propuestas más visibles o más radicales dentro de cualquier ámbito de reivindicación social no reflejen el sentir de algunas de las comunidades a las que presuntamente atienden o representan. Esto es particularmente notorio en el ámbito de los feminismos, y es lo que nos ha sucedido a nosotras, un grupo de profesoras de la Universidad Panamericana. Nos hemos encontrado con una notoria falta de representación en los feminismos más sonoros de nuestros tiempos: consideramos que sus aproximaciones y resultados no concuerdan del todo con las necesidades y reflexiones que, como intelectuales, hemos formulado sobre los retos que el mundo contemporáneo presenta a las mujeres.

Es muy probable que no seamos las únicas. Nos hemos percatado, por ejemplo, de que algunas mujeres incluso se llegan a sentir incómodas al escuchar o leer sobre feminismo,[1] o al asimilar sus manifestaciones, dado que no encuentran en él respuestas de fondo a muchas de las problemáticas que *de facto* enfrentan en sus vidas. Más aún, que encuentran incongruencias no sólo teóricas, sino también prácticas, en los diversos modelos de solución que ante dichas problemáticas se presentan y ello las desalienta.

Hemos observado, además, que muchos de los feminismos más populares carecen de una base consistente sobre la cual plantear los reclamos de igualdad. Así, desde esta perspectiva de revisitación, de volver a visitar el feminismo, concluimos que para atender dichas inquietudes es necesario el desarrollo de una nueva propuesta. Nos hemos dado a dicha tarea y concordamos que la nueva propuesta debe fundarse sobre el denominador común entre quienes pertenecemos a este grupo de profesoras: la convicción de que

1 En 1996 Mary Ann Glendon señaló, por ejemplo, que algunas mujeres rechazaban el término "feminista" como una etiqueta a la cual autoinscribirse (Glendon, 2013). A más de 20 años de ese artículo podemos decir que la situación parcialmente ha cambiado. Ciertamente, dentro de ambientes religiosos y conservadores hay mujeres que rechazan el término tajantemente. Hay muchas otras que no lo rechazan y lo incorporan de manera privada, mas no pública. Algo similar recoge Sue Ellen Browder, quien en sus conferencias habla del feminismo como la nueva "F-Word" debido al rechazo que éste llega a experimentar en algunos ambientes (Browder, 2020).

el fundamento básico de la propuesta ha de ser la dignidad personal del ser humano. A este proyecto le llamamos un *feminismo centrado en la persona*.

Para el desarrollo de este nuevo feminismo hemos partido de una labor revisionista del feminismo y de otra de recuperación de algunas voces alternas dentro de éste que, de un modo u otro, buscan responder a los retos inadecuadamente atendidos que enfrentan las mujeres hoy desde un fundamento en la dignidad personal de la mujer. Así, nuestra propuesta dista en un sentido de ser conceptualmente la primera en su tipo. Ciertamente, la dignidad personal de las mujeres es el fundamento del que parten, directa o indirectamente, distintos feminismos. Dentro de éstos, la conceptualización concreta tanto de lo que se entiende por "dignidad" como de lo que significa "ser persona" es diversa. El *feminismo centrado en la persona* que proponemos está abierto a las aportaciones de esas diversas tradiciones.

No obstante, nuestra propuesta tiene tal vez un eco particular en algunos feminismos fundados en la dignidad personal que se han desarrollado con base en la teología católica y el magisterio de la Iglesia (*e. g.* Allen, 1998; García, 2006; Lemmons, 2018). Sin embargo, la diferencia metodológica de nuestro trabajo es significativa. Nuestro grupo trabaja con un método interdisciplinario que, si bien no ignora los desarrollos feministas fundados en premisas teológicas sobre la dignidad personal de la mujer, tampoco los toma meramente como verdades demostradas. Dicho de otro modo, metodológicamente no partimos de presupuestos de fe. La interdisciplinariedad en la que trabajamos bebe de aportaciones de muy diversas ciencias, cosa imprescindible para dar una respuesta coherente y practicable a las necesidades complejas de la realidad humana. La coherencia transdisciplinar la buscamos desde un fundamento en una filosofía realista comprendida de modo amplio.

Estamos seguras de que esta labor puede mejorarse constantemente, por tanto, lo que aquí presentamos es una primera aproximación tanto de las características como de las temáticas que pensamos un *feminismo centrado en la persona* podría incluir para su futura revisión y complementación con otras propuestas que encontremos en el camino. Comencemos, así, definiendo exactamente a qué nos referimos con este feminismo.

Delimitaciones teórico-metodológicas del *feminismo centrado en la persona*

La terminología que hemos adoptado para referirnos a nuestra propuesta, *feminismo centrado en la persona*, tiene un paralelismo cercano con la del *feminismo personalista*. Esto puede prestarse a confusión y por ello consideramos importante clarificar estas diferencias. Por un lado, como hemos dicho, nuestra propuesta está abierta —y de hecho bebe de otros desarrollos que se fundan— a maneras diversas en el concepto de "dignidad personal". Si "personalista" se entiende, de modo amplio, como calificativo de una propuesta que se funda o se interesa de manera particular en la realidad y dignidad del "ser personal", entonces definitivamente cabe referirse a la nuestra como personalista. No obstante, no cabe hacerlo si "personalista" se entiende de modo estrecho como el calificativo de una propuesta que asume concreta y únicamente la corriente filosófica del *personalismo*.

La corriente personalista dentro de la filosofía surgió en el siglo XX y es conocida actualmente en algunos círculos académicos y en su marco de influencia social. Autores como Maritain, Mounier, Marcel, entre otros, brincan a la mente como representantes de dicha corriente. Hay que notar que el mismo *personalismo como corriente filosófica* tampoco es un monolito y que sus diferentes exponentes difieren entre sí en algunos puntos clave que no son relevantes para esta discusión. De modo general, lo que cabe decir es que el personalismo en tanto corriente filosófica se caracteriza por sus propuestas humanizadoras dentro de un mundo desencantado de sí mismo. También, de manera general, puede decirse que es una corriente que tiene un interés directo en la comprensión del ser personal del ser humano, y además que para el estudio de éste suele adoptar el método fenomenológico.[2]

Es evidente entonces que nuestra propuesta roza con dicha corriente filosófica en tanto lo primero (así como, según dijimos, roza con cualquier

2 Tal como señala Juan Manuel Burgos, "El método fenomenológico ha sido usado, de modo más o menos estricto, por la mayoría de los personalistas, si bien despojado de sus componentes idealistas [...] ya que proporciona un procedimiento de análisis muy cuidadoso y respetuoso de la realidad que permite al mismo tiempo captar la subjetividad" (2012: 37).

otra que tenga fundamento o interés particular en la dignidad del ser personal). No obstante, es importante clarificar que no somos ni de modo teórico, ni metodológico, necesariamente herederas de las propuestas feministas basadas directamente en esta corriente filosófica y que, en consecuencia, no tomamos como punto de partida el análisis de las obras de dichos autores. La terminología que hemos adoptado busca, entre otras cosas, evitar esa confusión, y por ello tratamos de implementarla de forma consistente. Sin embargo, en algunas partes de nuestros trabajos nos vemos forzadas a usar el término *feminismo personalista* como intercambiable con *feminismo centrado en la persona*, y es indispensable que se tenga la anterior distinción en mente.

El trabajo teórico en el que nos centramos parte de la simple y llana afirmación de que "todos los seres humanos somos personas", y que las personas tenemos un valor inalienable que se llama "dignidad". Esta última, defendemos, es el sustento de cualquier acción moral y, en consecuencia, exige respeto y coherencia en la acción. *Las mujeres somos personas y por lo tanto tenemos dignidad.* Esta dignidad no admite grados, asignaciones ni condicionantes; no se pierde, no se quita, no se atribuye por un Estado, ni depende de las acciones, gustos, preferencias o cualidades que tengamos. Ser consistentes con la dignidad personal es —y siempre ha sido— uno de los aspectos más demandantes y retadores de la vida social y política. El *feminismo centrado en la persona* que queremos construir busca ese reconocimiento a la dignidad de la persona en todas las estructuras sociales y políticas, tomando particularmente en cuenta las injusticias e inequidades que han padecido las mujeres.

Una vez clarificado lo anterior, cabe ahondar un poco en las similitudes teóricas y conceptuales con el feminismo personalista entendido en sentido estricto. Quizás el nombre que necesariamente sale al encuentro con referencia al feminismo personalista es el de Karol Wojtyla, el papa Juan Pablo II. Sin lugar a dudas, Wojtyla era personalista como Mounier, Maritain o Guardini, aunque con diferente metodología y puntos de partida. Sus escritos sobre la sexualidad humana, tal como *Amor y responsabilidad* o *El taller del orfebre*, están impregnados de este reconocimiento al ser personal como valioso y al mismo tiempo complejo. La conciencia sobre las problemáticas que viven las mujeres está vivamente presente en sus escritos apostólicos como la encíclica *Mulieris Dignitatem* de 1988, *La carta a la mujeres* de 1995, y la encíclica *Evangelium Vitae*, también de 1995. En dicha encíclica no sólo repite la preocupación hacia la problemática que viven las mujeres, sino que incorpora, de un modo novedoso en el ámbito eclesial, el término "feminismo":

> En el cambio cultural en favor de la vida las mujeres tienen un campo de pensamiento y de acción singular y sin duda determinante: les corresponde ser promotoras de un "nuevo feminismo" que, sin caer en la tentación de seguir modelos "machistas", sepa reconocer y expresar el verdadero espíritu femenino en todas las manifestaciones de la convivencia ciudadana, trabajando por la superación de toda forma de discriminación, de violencia y de explotación (Juan Pablo II, 1995: n. 99).

Esta incorporación es destacable pues entonces había, y podríamos decir que aún hay, personas dentro de la fe cristiana que miraban con recelo el uso o adscripción al término feminismo (Kassian, 2005).[3] Por otro lado, la llamada a crear un "nuevo feminismo" sí que fue atendida por algunos círculos de mujeres dentro de la Iglesia.[4] Entre ellas destaca Prudence

[3] Si bien Mary A. Kassian es un ejemplo de estas autoras que miran con recelo el feminismo en el mundo cristiano contemporáneo es justo decir que su crítica principalmente hace referencia a las influencias ideológicas del feminismo de los años sesentas y setentas en Estados Unidos. Tal vez lo paradójico en ello es que, tal como se puede comprobar en el análisis histórico que hace Gloria Solé, los movimientos católicos dentro de la lucha feminista han ocupado un lugar importante para el avance de los derechos de la mujer en cuanto a su participación laboral y política y en el reconocimiento de la importancia que han tenido las mujeres en la historia de la humanidad (Solé, 2011).

[4] Michele Shumacher en *Women in Christ, toward a new feminism* (2004) recaba textos de 13 académicas que son evidencia de ello. Entre estas destacan Prudence Allen, Jean Bethke Elshtain y Elizabeth Fox-Genovese. Este "nuevo feminismo" tiene muchos ecos con el personalista, incluso comparte autoras, pues asume la distinción sin discriminación entre los sexos, recalca la importancia de la familia y la relación con Dios, entre otras cosas (Alvaré, 1997). Es un feminismo que busca responder a las inconformidades teóricas y prácticas generadas en muchas mujeres por otros feminismos provenientes o fundados en el individualismo extremo y el utilitarismo o tendientes a la cosificación del cuerpo. Otra académica que ha abordado el tema del "nuevo feminismo" es Aneta Gawkowska, quien menciona como autoras importantes de ésta a Schumacher y Allen e incluye a Mary Ann Glendon, Helen Alvaré, Janne Haaland Matlary, Elizabeth Fox-Genovese, Mary Rousseau,

Allen, quien es considerada como la primera en utilizar el término "feminismo personalista" en su artículo "Can Feminism be a Humanism?" (1998 en Lemmons, 2018). Laura García, en su texto "Toward a personalist feminism" (2006), afirma que un grupo de mujeres que se reunieron en la Universidad de St. Thomas en St. Paul Minnesota, en el marco del Simposio de Siena en 2004, adoptaron el nombre de "feminismo personalista" a partir de la sugerencia de Mary Lemmons, cuya ponencia llevó el nombre de "The Universal Call to Personalist Feminism". Bajo la dirección de Lemmons, el grupo creó la revista electrónica de la Universidad de St. Thomas *eJournal of Personalist Feminism*.[5] Ésta a la fecha ha tenido dos emisiones: una en 2010 y otra en 2015.

Si bien resulta interesantísimo y pertinente retomar las reflexiones vertidas por este grupo de académicas, en nuestra propuesta nos es importante abrir el diálogo a otras posturas fuera de la argumentación teológica y cristiana. No porque vayamos en una dirección contraria a la de ellas, sino porque buscamos apegarnos a una aproximación basada sólo en la razón para propiciar un encuentro con y una apertura hacia diferentes credos y contextos. Nos parece importante, por ejemplo, recuperar posturas como las de la escritora africana Chimamanda Ngozi Adichie, quien en su escrito *Dear Ijeawele* propone en una primera sugerencia cómo criar a una niña feminista "sé una persona plena" (Adichie, 2017: 9) aduciendo la complejidad que ello supone, así como lo incorrecto que es el resumirlo sólo en una función de la mujer.

El diálogo abierto con cualquier postura que reconozca a la persona como centro será relevante para identificar sincronías y trabajar en respuestas globales y específicas frente a los retos del mundo contemporáneo. Esta tarea de apertura, análisis y crítica supone el poder hallar coincidencias sin por ello dejar de hacer distinciones con los detalles de otras posturas que consideremos problemáticos en función de la meta común.

Jennifer Ferrara, Beatriz Vollmer Coles. En común entre estas autoras está el que se suscriben al "nuevo feminismo" en tanto inspirado en la teología del cuerpo de Juan Pablo II (2017).

5 La revista se puede consultar en la siguiente dirección: <https://www.stthomas.edu/sienasymposium/publications/ejournal/>.

Un ejemplo de estas "coincidencias con distinciones" lo podemos encontrar en la autora americana bell hooks, quien a lo largo de sus obras, continuamente alude a términos como "person" o "personhood" como categorías fundamentales (hooks, 2000, 2001 y 2004). Lo que es más, sus argumentos se apoyan en el amor y el respeto, mismos que son respuestas fundamentalmente consonantes con la dignidad personal en la postura que suscribimos. No obstante, encontramos entre ella y nosotras algunos puntos en los que ciertamente habrá un fuerte disenso. Uno de estos temas es que, aunque en *Feminism is for Everybody* hooks propone una definición de feminismo abierta e incluyente,[6] líneas más tarde afirma su convicción de que alguien que se opone al aborto no puede ser feminista (hooks, 2000: 6).[7]

Esa postura de hooks colisiona de frente con la definición de feminismo personalista propuesta por Prudence Allen, para quien la dimensión humanista de dicho feminismo es fundamental. Esa dimensión humanista, explica Allen, supone la inclusión de todos los seres humanos y no sólo de los nacidos (1998: 133).[8] En este punto nos encontramos más cercanas a la postura de Allen que a la de hooks. Dentro de la articulación de un *feminismo centrado en la persona*, partimos de una defensa humanista del respeto a la vida de todos los seres humanos por el hecho de ser persona.

6 La definición de feminismo que propone bell hooks es: "el feminismo es un movimiento para acabar con el sexismo, la explotación sexista y la opresión" (2000: 1).

7 En palabras de hooks: "Una mujer puede declarar que ella nunca elegiría realizarse un aborto mientras afirma su apoyo al derecho de las mujeres a decidir y aun así ser una partidaria de la política feminista. Ella no puede ser antiaborto y una partidaria del feminismo" (2000: 6). En ese sentido cabría preguntarle a hooks qué pasa cuando el aborto es utilizado como una estrategia para controlar o manipular a la mujer, pues en ese sentido se podría estar en contra del aborto y ser feminista bajo sus propios términos.

8 Allen a la letra dice: "El mismo punto puede sostenerse si vemos la predominancia que el feminismo secular le ha dado al aborto. Si la 'felicidad, crecimiento y éxito' de una mujer dependen de la terminación de la vida de un ser humano en desarrollo no nacido, entonces este tipo de feminismo no es posible que sea considerado un humanismo, que supone defender los derechos de todos los seres humanos para su pleno crecimiento y desarrollo. Consecuentemente, cualquier feminismo que ya sea implícita o explícitamente promueva la primacía del desarrollo de la mujer por medio de la exclusión de los intereses de un gran número de seres humanos en desarrollo no nacidos, no puede ser considerado un humanismo" (Allen, 1998: 133). Concluye de ello que sólo un feminismo humanista es personalista: "De esto se seguiría que sólo un feminismo Personalista puede ser un humanismo Personalista" (Allen, 1998: 137).

Por otro lado, como ya hemos señalado, el recurrir al término "persona" para defender el feminismo de modo general definitivamente no es algo en sí nuevo. Es, por ejemplo, muy conocida la definición de feminismo como "la idea radical que afirma que las mujeres somos personas".[9] Esta idea radical se encuentra en el corazón de nuestras motivaciones. Tomamos su radicalidad en un doble sentido. Por un lado, hacer alusión a la "raíz" del problema, que no es otra cosa que la falta de reconocimiento de la dignidad de la mujer en los diferentes aspectos del desarrollo de la humanidad. Por otro, en el sentido de exigencia no negociable, es decir, si hay un punto en el que no puede haber negociación dentro del *feminismo centrado en la persona*, es precisamente en la afirmación de la categoría de "persona" como definitoria de la mujer. La radicalidad no la entendemos en términos de exclusión, ni hacia el hombre ni hacia quien no sostenga nuestros mismos puntos de vista, sino en términos de urgencia de un cambio en las concepciones y estructuras sociales.

El feminismo que buscamos crear no es "tradicionalista" o "conservador", sino lo contrario: busca una reconstrucción social profunda, exigente y auténtica. No plantea utopías o reimaginaciones de la socialización humana, no busca ser revolucionario por el sólo hecho de serlo, ni busca destruir para crear todo desde cero. Lo que busca es *lo que no se está dando* en las condiciones socioculturales y económicas actuales para el florecimiento de las mujeres, en tanto personas, y en una sociedad de personas (con todo lo que de ello se sigue).

En dicho sentido, seguimos la postura de Prudence Allen para quien: "[e]l feminismo es un modo organizado de pensamiento y acción que presta especial atención a la remoción de obstáculos para el pleno desarrollo de las mujeres, pero al mismo tiempo trabaja para el pleno desarrollo de todos

9 La frase tiene una autoría poco clara. Hay quien se la atribuye a Angela Davis, y hay quien sostiene que fue Cheris Kramarae la primera en utilizarla; sin embargo, fue Marie Shear quien la usó por primera vez en un artículo llamado "Celebrating Women's Words", publicado en la revista feminista *New Directions for Women*, en el fascículo de mayo-junio de 1986.

los seres humanos como personas" (Allen, 1998: 140).[10] Subrayamos que el centro está en la persona, no en la lucha misma, ni en alguna concepción de la superioridad femenina. Defendemos que el feminismo debe ser un movimiento para el mejoramiento del ser humano, y no un fin en sí mismo. El feminismo que proponemos no busca sólo reformar el orden jerárquico masculino, sino lograr un mejor entorno para *toda persona*.

Defendemos también que debe ser un movimiento abierto a la capacidad de la razón humana para conocer la verdad. No puede ser un movimiento que parta de una actitud de sospecha ante dicha capacidad. No puede partir de una postura para la que absolutamente todo uso de la razón es ideológico, para el que todo uso de ésta no sea sino una expresión de dominio masculino. La derrocación del patriarcado no puede terminar entendiéndose como derrocación de la razón humana misma. En otras palabras, tal como Ana Marta González afirma en su artículo "Éticas sin moral" (2009a),[11] el feminismo no puede ser "una extensión del ideal moderno de igualdad, cuya realización constituiría el único objetivo al que habría que subordinar todo lo demás, incluida la misma actividad racional" (2009a: 310). En un escenario así, continúa la autora, la razón humana "abandonada toda pretensión teórica y convertida plenamente en razón revolucionaria, no tendría por fin descubrir verdad alguna anterior a su propia actividad, sino directamente realizar el ideal igualitario hasta sus últimas consecuencias" (González, 2009a: 311).

Nuestro *feminismo centrado en la persona* no implica emancipación sin más. Implica *dignificación* de las condiciones en que se desenvuelve la persona, y en concreto las de las mujeres como personas. Plantea los derechos desde esta perspectiva, y no desde un liberalismo individualista (androcéntrico en buena medida). No buscamos poner en el centro a los

10 Los textos que no están traducidos al español en una publicación formal fueron traducidos por las autoras de este artículo para incluirlos en la misma lengua en el cuerpo del texto.

11 A. M. González a la letra dice: "haciendo suyo el perspectivismo nietzscheano, éticas ecológicas y feministas, al menos en sus versiones más radicales, al tiempo que retienen, inercial pero conscientemente, la moderna deriva secularista, tienen en común la voluntad de romper amarras con el universalismo de la razón moderna, para afrontar los problemas éticos desde una perspectiva particular: ya sea la preocupación por el medio ambiente (*environmental ethics*) o la superación de la subordinación de la mujer" (2009a: 306).

hombres para volvernos como ellos, buscamos romper la premisa dialógica de tesis y antítesis, partiendo de una igualdad diferenciada.

Planteamos la necesidad de un nuevo feminismo en el dintel de una época de desencanto. Porque lo que la mujer merece, *qua* persona, para su desarrollo pleno *no lo está teniendo*. Existen las injusticias con sus denuncias e incomodidades, las paradojas que quiebran vidas sin dar respuestas. Frente a estas desigualdades y violencias es comprensible el enojo y la indignación de tantísimas mujeres alrededor del mundo. Antes bien, es la única actitud posible. Lo que nos motiva es transformar ese enojo e indignación en propuesta, en una propuesta alejada del odio y del resentimiento.

Más aún, buscamos un feminismo en el que la reconstrucción de cimientos retome ideales que han sido señalados y practicados en épocas anteriores.[12] Que cuente con bases teóricas distintas del marxismo o del posestructuralismo al encontrarlas como posturas que no han sabido dar respuesta a las exigencias contemporáneas o a la integralidad de lo humano; que busque la coherencia interna para que no sostenga al mismo tiempo dos ideas contrapunteadas. Pero que, además, adopte de fondo una mirada antropológica optimista y una afirmación de la accesibilidad a la realidad. Es decir, un feminismo que persiga la verdad en la conciencia de la inconmensurabilidad de la tarea, en la conciencia de que de la verdad sólo lograremos atisbos, pero que afirme que la verdad existe y es accesible, aunque sea parcialmente. Y en cuanto a la actitud, buscamos un feminismo que tenga en la mira la virtud, el amor y la esperanza.

12 Erica Bachiochi nos resulta una inspiración a este respecto en su obra *The Rights of Women Reclaiming a Lost Vision* (2021). Bachiochi realiza propuestas en pro del logro de la igualdad entre mujeres y hombres tanto dentro de la familia como en el ámbito socioeconómico recuperando intuiciones valiosas de los trabajos de Mary Wollstonecraft, quien vivió nada menos que en el siglo XVIII, y de otras feministas como Susan B. Anthony y Elizabeth Cady Stanton, quienes desarrollaron dichas propuestas en el siglo posterior.

La mujer como persona, antes que algo más

Independientemente de cómo se articulen de manera más concreta las metas de los diferentes feminismos —sea en términos de emancipación, de inclusión, de logro de igualdad, de justicia, etcétera—, el sujeto meta es "la mujer". De otro modo se hablaría de reivindicaciones sociales genéricas, no de *feminismo*. Hemos dicho, no obstante, que nuestro feminismo no parte de una premisa según la cual sea necesario luchar en favor de las mujeres en tanto que, como mujeres, posean alguna especie de superioridad que sea necesario reivindicar. Hemos dicho que nuestra premisa es que las mujeres son personas y que, en tanto tales, poseen una dignidad por la cual merecen tener las condiciones necesarias para su pleno desarrollo.

Definitivamente es relevante explicitar lo que un feminismo, particularmente en el nivel teórico, entiende por "mujer". Tal como afirma Alessandra Bocchetti, preguntar qué es una mujer podría resultar paradójico o extraño, sin embargo, aclara:

> Es una pregunta inaugural. Inaugura una economía de distancia de los sentidos que hasta ahora nos han definido, de lo obvio que ha construido nuestra figura. De este modo venimos a afirmar que en lo que en nuestro estar en el mundo parece evidente, lo que suele definirse como nuestra "dimensión natural", hay sentidos ocultos que se deben descubrir (Bocchetti y Sarasini, 1995: 108).

En nuestro caso, no obstante, lo indispensable es fijar qué entendemos no por "mujer" sin más, sino por "mujer como persona". Sólo así quedará zanjado qué es una mujer desde la única concepción que consideramos que puede fungir como fundamento de la respuesta a los problemas reales que queremos afrontar.

Comenzaremos, pues, especificando qué es una persona, para después decir qué tiene de particular (y radical) decir que una mujer lo sea. La dignidad humana, como hemos dicho, se predica del "ser persona", no del "ser mujer". Prudence Allen, siguiendo a Maritain, reconoce que "la persona es un 'quién', una mujer, un hombre y un niño son formas análogas de ser persona, y que las personas sólo pueden realizarse participando unas con otras en la construcción del bien común de otras personas" (Allen, 1998: 140). Si buscamos un mundo más justo para las mujeres, es precisamente porque son personas, y personas que en muy diversos ámbitos enfrentan hoy situaciones de injusticia, mismas que en algunos casos suponen importantes violaciones a su *dignidad personal*. Si las mujeres no fueran personas, dichas situaciones no constituirían un problema en absoluto.

Pero ¿qué significa entonces *ser persona*? Como bien ha detectado Sue Ellen Browder: "la verdadera batalla que enfrentan las mujeres hoy no es contra ellas. La batalla de fondo está en qué es lo que significa que sean personas" (2020). En efecto, el término *persona* dista mucho de ser unívoco, no sólo en tanto la distinción general entre el uso coloquial que se le pueda dar y los significados técnicos específicos que adopta en disciplinas como el derecho o la teología. La misma metafísica, la disciplina filosófica indicada para abordar el problema que se nos presenta, contiene respuestas variadas. Este escrito no busca presentar en sí una argumentación metafísica. Lo que haremos simplemente es delinear el concepto metafísico de persona que estamos utilizando como fundamento de la dignidad y lo distinguiremos de manera muy esquemática de otras concepciones. Posteriormente profundizaremos en las características y las implicaciones que tiene para el feminismo la conceptualización que abordamos.

En la actualidad, *grosso modo* podríamos distinguir tres posturas generales sobre lo que es, metafísicamente, una persona. La primera, y probablemente la más usada de modo consciente o inconsciente por gran parte de los feminismos de hoy, es la concepción de *persona como una realidad psíquica con autonomía pura*. Dentro de ésta caben diferentes corrientes que de una u otra forma defienden o apuntan hacia dicha concepción de persona. En líneas muy generales puede decirse que esta concepción es la herencia que el liberalismo político de nuestros días recibió de los trabajos (probablemente desdibujados) de John Locke,[13] Emmanuel Kant[14] o John Stuart Mill,[15] así como de las corrientes feministas que devienen de la Ilustración, como serían el de Mary Astell y Mary Wollstonecraft.

La segunda es la idea de persona como un ser biológico y únicamente biológico. La persona como un cierto tipo de animal con funcionamientos particularmente complejos. Esta postura, llevada a sus últimas consecuencias, implicaría que la persona es una realidad biológicamente determinada. Las feministas de corte socialista, como Shulamith Firestone (1970), han tenido que discutir esta cuestión, pues si bien asumen una realidad material, tampoco aceptan un determinismo biológico de tipo sexual. Otras, como María Mies (1998) o Lola Olufemi (2020), sin tampoco aceptar ese determinismo, más bien se concentran en la necesidad de una redistribución de los recursos naturales como único camino para la liberación de la mujer. Es curioso que estas últimas, aunque utilizan el término "persona", no lo definen.

Finalmente, encontramos la noción de persona heredada de la filosofía medieval, cuya definición debemos primariamente a Boecio, pero cuya exploración conceptual más profunda dentro del medievo probablemente sea la

---

13 La definición de persona de Locke es paradigmática e influyente, aunque altamente debatida por sus mismos contemporáneos, en tanto que pone el énfasis de la persona en la capacidad de pensar en el acto. Efectivamente, según Locke la persona es "un ser pensante e inteligente, provista de razón y de reflexión, y que puede considerarse a sí mismo como una cosa pensante en diferentes tiempos y lugares" (1980: 492). Independientemente de cómo se interprete, es claro que para Locke los términos de las relaciones sociopolíticas deben darse fundados en una concepción de personas entendidas en tanto racionales y libres. Para una colección de interpretaciones feministas de Locke, véanse Hirschmann y McClure (2007).

14 La autonomía para Kant se refiere ante todo a la capacidad de la voluntad de la persona en tanto ser racional de ser una ley para sí misma de modo independiente a las propiedades de aquello que es deseado y de otras facultades de la persona como los apetitos. Es decir, la voluntad es autónoma en tanto que opera de modo independiente de las influencias "externas" a ella misma (Kant, 1785: 440). Es curioso que, aunque es innegable la influencia de Kant en feministas como Martha Nussbaum o Christine Korsgaard, precisamente por su énfasis en la autonomía de la voluntad procedente de la racionalidad, Kant ha recibido fuertes críticas feministas, precisamente porque, además de decir cosas detestables sobre las mujeres, no pone atención a nuestra naturaleza encarnada, dependiente y social, que necesita un entorno como la familia para crecer bien, etc. Autoras como Nussbaum han tenido precisamente que moderar la adopción de la antropología kantiana con otras posturas o precisiones, en el caso de Nussbaum la aristotélica (2001b). Carlo Hay (2013) cubre estas tensiones y posibles salidas para las relaciones entre Kant y el feminismo.

15 El texto de John Stuart Mill, *The subjection of Women* (2002), ha sido uno de los primeros escritos en favor de los derechos de la mujer. Es cierto que su autoría polemiza, pues muy probablemente fue escrito en buena medida por Harriet Taylor, aunque publicado por Mill (Valcárcel, 2013).

de Tomás de Aquino. Esta herencia fue recuperada y retrabajada en el siglo XX precisamente por la filosofía personalista como respuesta a las carencias que encontraban en las conceptualizaciones de persona heredadas de la filosofía moderna. Esta postura puede ser identificada en el feminismo de Edith Stein y Prudence Allen. Sobre la naturaleza de la mujer Stein afirma:

> Toda mujer participa de la naturaleza humana genérica, del mismo modo es una persona individual con su carácter y sus cualidades. La naturaleza genérica del hombre y la individualidad no aparecen como componentes separados en la persona humana, sino que cada uno muestra la naturaleza humana con su sello individual (Stein, 2003 [1931]: 247-248).

Trabajaremos con esta última noción de persona, entendida en el sentido amplio de dicha tradición. Reconocemos que esta noción tampoco es monolítica. No obstante, como hemos señalado, nuestro trabajo no es una investigación metafísica, por ello meramente hablaremos de las características del ser personal que consideramos pertinentes.

Para esta tradición, la persona humana es antes que nada una "unidad sustancial". Ello implica que la persona humana no puede partirse ni dividirse. Es así que se distingue radicalmente de la concepción psicologista de persona de la modernidad, según la cual la persona es fundamentalmente sus procesos psíquicos. Se distancia así también de las concepciones materialistas o biologicistas según las cuales la realidad humana puede reducirse a sus aspectos materiales y/o explicaciones biológicas. Este posicionamiento conlleva consecuencias importantes para el feminismo basado *así* en la persona. Decir que la mujer es persona, en este primer sentido, implica que una mujer no es su pura realidad psíquica (deseos, pensamientos, emociones, etcétera) y tampoco es fundamentalmente una realidad puramente biológica y/o material.

Por otro lado, la persona en esta tradición es un ser que se caracteriza por ser racional y, en consecuencia, por ser libre. La persona, por un lado, en tanto libre, es capaz de ir más allá de sus determinaciones biológicas, e incluso elegir ir contra éstas hasta cierto punto. Por otro, la persona es libre, pero no es autonomía pura. Como todo ser natural, entra a la existencia siendo ya algo determinado, y ese algo precede así el ámbito de su autonomía. Podríamos decir que es una *esencia dinámica* (Ibarra, 2020).

Asimismo, esta tradición reconoce en la persona humana la importancia de su materialidad y su corporeidad. No como aquella dimensión que agota su ser, pero sí como parte fundamental de lo que es y, más aún, de *quién* es. La pura racionalidad, separada del cuerpo, no sería la persona humana. Un famoso adagio latino de Tomás de Aquino captura esta idea, *anima mea non est ego* ("mi alma no soy yo" [Aquino, 1983]). La persona humana es, así, racionalidad y libertad "encarnadas". El cuerpo, así, en sentido estricto no es algo que la persona humana "tiene" como posesión externa, sino constituyente fundamental de lo que *es*.

Esta materialización de los cuerpos implica una delimitación sexuada. Las funciones, necesidades y características de las mujeres y los hombres se distinguen a lo largo de su vida. Esta diferenciación se hace presente desde la fecundación y tiene implicaciones constantes a través de la operatividad del cuerpo. A lo largo de su conocida teoría de la diferencia sexual, Luce Irigaray hace interesantes reflexiones sobre lo que esto implica no sólo en cuanto a la fisiología, sino en cuanto al encuentro de la persona consigo misma. La mujer tiene una relación distinta con su cuerpo como lo evidencia en su obra *Este sexo que no es uno* (Irigaray, 2009). Sin embargo, la interpretación que hemos hecho de la reproducción como algo mecánico la ha ligado a la preservación de la especie provocando que se le vea como un territorio de conquista.

Los hombres han buscado controlar, según la opinión de Irigaray, la reproducción, y al perseguir este objetivo han controlado a las mujeres creando una serie de normas que han desdibujado la relación que tienen las mujeres con su descendencia para volverlas patrilineales (Irigaray, 1992). Edith Stein (2003 [1932]) llama "brutal" la posición de aquellos que sólo valoran a la mujer biológicamente, refiriéndose al grupo de poder político más fuerte de su época: el Partido Nacionalsocialista Obrero Alemán. De esta manera la sexualidad de las mujeres, su cuerpo diferenciado, se ha percibido como un impedimento para la participación del poder público. De ahí que haya quien busque la negación de la fisiología femenina para su liberación, llegando a la identidad neutra o por lo menos desdibujando su feminidad en sus modos y actitudes.[16]

Tal como afirma Ana Marta González (2009b), la diferenciación sexual no tiene por qué ser intrínsecamente opresiva de suyo, sino que son más bien las interpretaciones que hacemos de la diferenciación sexual, es decir, la construcción del género lo que puede derivar en una jerarquización. Se trata, por tanto, de buscar una igualdad en la diferencia (Elósegui, 2005), pues no se necesita la homologación hombre-mujer para lograr un mismo reconocimiento que genere igualdad de oportunidades y respeto a sus derechos. Mucho menos tendríamos que asumir como parámetro de igualación un ideal masculino perdiendo así la identidad de la mujer.

Esta afirmación del cuerpo sexuado tiene mucho que ver con la interpretación de la maternidad, la cual es una nota específica de las mujeres en cuanto a las posibilidades que le otorga, no en cuanto a un destino petrificado, necesario o validante de la propia existencia. Contrario a lo que propone de Beauvoir,[17] la maternidad como realidad biológica no tiene por qué percibirse como un impedimento para la realización de la mujer. Más bien es la falta de flexibilidad de organización cultural la que ha hecho que se le perciba como una limitante. Tanto el Estado moderno como la sociedad de mercado han visto la maternidad como un obstáculo para la incorporación de la mujer en la esfera pública. Esta falta de flexibilidad en la estructura es

---

16 Irigaray afirma: "La mujer niega su sexo y su género, pues así la ha educado la cultura. Para cambiar su comportamiento deberá cumplir un itinerario doloroso y complicado, una auténtica conversión al género femenino. Tal itinerario constituye la única forma de superar la pérdida de una identidad subjetivamente sexuada. La mayor parte de las mujeres viven por principio como asexuadas o neutras en el plano de la cultura, además de sometidas a las normas del marco sexual en sentido estricto y a los estereotipos familiares" (1992: 18).

17 Son significativas las palabras de Beauvoir en este sentido: "Pero el embarazo es, sobre todo, un drama que se representa en el interior de la mujer; ella lo percibe a la vez como un enriquecimiento y una mutilación; el feto es una parte de su cuerpo y es también un parásito que la explota; ella lo posee y también es poseída por él; ese feto resume todo el porvenir, y, al llevarlo en su seno, la mujer se siente vasta como el mundo; pero esa misma riqueza la aniquila, tiene la impresión de no ser ya nada. Una existencia nueva va a manifestarse y a justificar su propia existencia, por lo cual se siente orgullosa; pero también se siente juguete de fuerzas oscuras, es zarandeada, violentada" (1981, § 572).

lo que ha ocasionado que, cada vez más, las mujeres no vean conciliable la maternidad y su vida profesional, o bien, que perciban que es su capacidad de gestación la causa por la que se les ha mantenido oprimidas.[18] Es por ello que desde 1984, Germaine Greer afirma que las y los infantes del mundo actual, quizá sean los menos queridos de toda la historia.[19] Podríamos decir que en la época contemporánea esta actitud parece haber incrementado.

Junto al rescate de la corporeidad como parte fundamental de lo que es la persona humana se da también, dentro de la tradición que estamos siguiendo, una reivindicación de la esfera emocional no como una realidad separada o imperante, sino como parte constitutiva del ser humano en general. Así, la esfera de lo emocional merece ser dignificada en cuanto a que su operación no desdice la humanidad, sino que la enriquece.

Ahora bien, es pertinente aclarar que nada de lo dicho anteriormente presupone que para que alguien pueda ser considerado como persona tenga que estar ejerciendo en todo momento alguna o todas las funciones nombradas. El ser persona se predica del ser que, *dado lo que es*, tiene estas capacidades. No obstante, éstas pueden encontrarse en distintos niveles de desarrollo. Así, una bebé de seis meses es persona, aunque su capacidad de elección libre esté en proceso de maduración. Una persona con alguna discapacidad emocional severa no es menos persona, ni deja de serlo, y mucho menos puede decirse que nunca lo fue.

La persona para esta tradición es, además, un ser individual: el ser material más individual que hay. Ello se debe, precisamente, a su capacidad de autodeterminarse, no de forma absoluta, pero sí de manera profundamente significativa. Fruto de ello *cada persona* es un sujeto, una subjetividad única, un *quién* y no sólo un *qué*. Así, cada persona entra en relación

---

18 En un excelente estudio sobre la maternidad en Occidente Yvonne Knibiehler declara: "El control de la fecundidad femenina es el lugar por excelencia de la dominación de un sexo sobre el otro" (2001: 7). Notemos, no obstante, que esto no nos debe llevar a pensar que es la maternidad el problema, son los abusos, los intereses y la falta de estructura lo que hace que la maternidad sea percibida como perjudicial; el objetivo no debería ser anular la maternidad, sino modificar el orden social.

19 A la letra Greer afirma: "Los infantes del Occidente Moderno son queridos por menos personas que cualquier otro infante a lo largo de nuestra historia, no sólo por menos padres sino por grupos más pequeños de personas" (1984: 2).

con el mundo y con otras personas y entabla relación con éstos a partir de quién es. Es subjetividad, pero no subjetividad radical; cada persona es única dentro de la unicidad que le es posible a partir de la comunidad de características que comparte con el resto de las personas humanas. Esta realidad nos da como corolario que la persona, cada persona, es en última instancia un misterio. Un misterio no como algo irresoluble, sino como algo en parte velado a los ojos externos. Algo de lo que podemos decir muchísimo, pero que nunca lograremos agotar.

No obstante, la persona no sólo es individualísima, sino que es radicalmente social. La persona se desarrolla plenamente como tal al vivir entre personas. No solamente soy persona para mí, sino que lo soy frente a las otras personas, lo cual exige un reconocimiento, tanto de la comunalidad de características que tenemos entre personas como de las subjetividades específicas que nos vuelven únicas. En este sentido podríamos suscribir las palabras de Luce Irigaray al hablar de la misión del feminismo.

> En todo caso, nuestra necesidad es más urgente, o al menos igualmente imperiosa: el derecho a la dignidad humana para todos. Y ello quiere decir un derecho que valore las diferencias. Los sujetos no son idénticos ni iguales, y no conviene que lo sean. Particularmente, en el caso de los sexos. Se impone, por tanto, comprender y modificar los instrumentos socio-culturales que regulan los derechos subjetivos y objetivos (Irigaray, 1992: 19).

Una sociedad configura en buena medida a las personas que la integran, pero siendo éstas libres ni las configura por completo, y mucho menos las determina. El bien para cada persona se da así en fundamental sincronía con el bien de las otras personas. El bien de la persona no se da al margen de su sociedad y, por ello, al buscar transformaciones sociales no queremos otra cosa que condiciones que permitan que la sociedad, y con esto que cada persona dentro de ella, pueda vivir según la dignidad que le es propia.

Finalmente hemos de decir que la persona se caracteriza de modo único por su capacidad de amar y de ser amada. El amar a una persona implica que uno es capaz de reconocerla como tal y, por tanto, reconocer que aquel que se tiene delante es un ser igualmente digno que yo, al que no puedo usar como medio, porque, como señala Karol Wojtyla, "el papel de un instrumento ciego o de medio que sirve para fines que otro sujeto se propone alcanzar es contrario a su naturaleza" (Wojtyla, 1969: 22).

Wojtyla propone que el único modo de evitar el usar a la persona como medio o instrumento para otros fines es el amor, pues éste permite la creación de un vínculo particular entre dos personas unidas por un fin común.[20] Por ello la norma personalista sostiene que la persona "es un bien respecto del cual sólo el amor constituye la actitud apropiada y valedera" (Wojtyla, 1969: 38). Así, si frente a la persona, y en este caso frente a la mujer, se quiere ser justo, la justicia exige que la mujer sea amada y el servirse de ella como un medio será, por tanto, contrario a la justicia.

Esta conciencia sobre la importancia del amor debería ser promovida de manera general entre todo el género humano. Tal como lo afirma Adichie, en su manual para feministas (2017), el amor o, como bien podríamos llamarlo, la donación personal, es algo que deberíamos promover constantemente entre mujeres y hombres. Sin embargo, en ocasiones suele entenderse por amor el deseo, inclinación o atracción al otro; de tal modo que la otra persona queda reducida a un objeto en la medida en que se le considera únicamente como un medio para satisfacer ese deseo. Éste no es un verdadero amor.[21] El amor erótico supone la atracción sexual de una persona por otra, pero no su cosificación.

El amor erótico no es el único tipo de amor. Desde Grecia hasta nuestros días, el amor ha sido entendido también como *filia*, en referencia al

20 Como ejemplo, el autor hace referencia a la relación patrón-empleado en la que el segundo corre el peligro de ser tratado como un medio. Sin embargo, si la relación patrón-empleado se establece en orden a un bien común al que ambos sirven, entonces el peligro de usar al otro como un medio disminuirá (Wojtyla, 1969). De este modo se superan las relaciones basadas en el bien subjetivo, que nos lleva a usar a otros como medios para alcanzar dicho bien, y dirige la mirada hacia un orden de valores distinto: el valor de la persona en sí misma.

21 Como afirma Byung-Chul Han: "El amor se positiva hoy para convertirse en una fórmula de disfrute. De ahí que deba engendrar ante todo sentimientos agradables. No es una acción ni una narración, ni ningún drama, sino una emoción y una excitación sin consecuencias" (2014: 14).

amor de amistad; como *storge*, que refiere al amor de familia, y como *ágape*, siendo éste el amor que implica el desarrollo de la virtud. Para hooks (2001) el centrarse en un ejercicio del *eros* con tintes consumistas es lo que ha llevado (en algunos ambientes o en nuestra sociedad) a una visión cínica del amor como fracaso. Por todo ello, el *feminismo centrado en la persona* considera que la educación en el ejercicio del amor no debería centrarse exclusivamente en la educación de la capacidad para el amor erótico, sino que ha de invertir esfuerzos en el desarrollo de todos los tipos de amor que le dan sentido a la vida y permiten a la persona alcanzar su plenitud.

Con lo anterior podemos ya decir que al hablar de un *feminismo centrado en la persona* lo hacemos de un feminismo que no concibe a la mujer como algo distinto de su corporeidad, pero tampoco la reduce a ella. Un feminismo que no concibe a la mujer como autonomía pura, pero que tampoco la conceptualiza como radicalmente determinada por su corporeidad. Un feminismo que entiende a cada mujer como subjetividad única, sin olvidarse que esa subjetividad se da en un marco de características compartidas con los demás. Un feminismo que no contrapone la esfera racional a la emocional, sino que considera que debe buscarse para cada mujer el desarrollo pleno de ambas. Un feminismo que no entiende el bien de la mujer al margen del bien de la sociedad, pero que tampoco lo percibe como un bien subsumido a las metas meramente sociales. Un feminismo que entiende que, en última instancia, la dignidad de la mujer en tanto persona implica que la justicia más profunda se le hace cuando se le ama por lo que es.

Lo anterior, entendemos, presupone compaginar muchas realidades que tal vez de entrada nos puedan resultar antagónicas. Lo que es más, en muchos casos tal vez sea imposible agotar con absoluta precisión discursiva los límites y la interrelación entre las distintas realidades de la persona.

¿Hasta dónde la persona es autodeterminación y hasta dónde parte fundamental de lo que es le viene dada por su realidad corpórea? ¿Hay algún punto de equilibrio perfecto que permita compaginar la búsqueda de bienes sociales e individuales? ¿En qué consiste exactamente un sano desarrollo tanto de la esfera racional como de la emotiva? Las dificultades para responder a estas cuestiones de modo puntual y decisivo provienen precisamente de la diversidad dentro de la unidad de lo que significa ser una persona humana, y, en consecuencia, de la complejidad que implica ser agentes activos en una sociedad de personas humanas. Consideramos por ello que en esto no hay una única sección áurea. El justo medio entre estas realidades se especificará de modo diferente para diversas personas y para distintas sociedades, dentro de ese marco común de lo que significa ser persona.

Implicaciones de un *feminismo centrado en la persona*

Normativamente, la justificación de la lucha por la justicia social para las mujeres se funda en la igual dignidad que comparten todas las personas. No obstante, la manera en que se *concretan* las condiciones de justicia buscada por nuestra propuesta debe responder no sólo a las necesidades generales de su ser personal, sino a estas necesidades específicas de acuerdo con las interseccionalidades que cruzan cada identidad. Dicho esto, es necesario notar que es extremadamente difícil, debido a la diversidad que nuestro ser personal presupone en tanto mujeres, hacer un listado de características que no caiga en el riesgo de dejar fuera algunas y caer en el "eterno femenino". Es igualmente difícil proponer metas que respondan a necesidades que de hecho experimentan todas las mujeres. En este sentido, concordamos totalmente con Ana Marta González cuando afirma:

> Entiendo bien que la referencia al "antes", para caracterizar "lo masculino" y "lo femenino", podría causar cierta inquietud a quienes desearían fijar de una vez por todas el contenido de lo "femenino" y lo "masculino", y medir la mayor o menor masculinidad o feminidad conforme a esos criterios fijos enumerados en una tabla. Me temo, sin embargo, que eso es tanto como desear fijar lo que constituye la naturaleza humana, más allá de la abstracta referencia a la racionalidad —en la que va, por cierto, implícita, la referencia al cuerpo (González, 2009b: 334).

Como consecuencia de lo anterior, no pretendemos que ninguno de nuestros esfuerzos, y mucho menos las siguientes líneas, abarquen todos los ámbitos que el feminismo en sentido amplio (según lo definimos al inicio de este artículo) habrá de atender. Aun así, podemos profundizar en algunas de las características y las implicaciones que tiene para el feminismo el hecho de estar fundado en la conceptualización de la persona que hemos adoptado.

En primer lugar, un *feminismo centrado en la persona* será horizontal. Ello es, un feminismo que quiere oponerse a la verticalidad de una jerarquía en la que unos son superiores a otros. Así, ni la mujer es mejor que el hombre ni el hombre tiene mejores capacidades que la mujer. En tanto el valor de mujeres y hombres está cimentado sobre su dignidad inalienable, hombres y mujeres somos iguales *en dignidad.* Esta horizontalidad además presupone un llamado a una corresponsabilidad en el cuidado del mundo y en el florecimiento digno de la humanidad. Una corresponsabilidad en la lucha por la justicia y la igualdad, y una corresponsabilidad en la lucha por esas mismas condiciones para las siguientes generaciones.

Es una falla grave a la integridad personal el que se imponga a las personas elegir entre una plenitud personal, laboral o familiar, o bien, que se mermen sus fuerzas o su salud por falta de estructuras que potencien la armonización entre estas esferas. La mujer ha sido cargada con un doble jornal y en una gran cantidad de ocasiones no cuenta con el reconocimiento social por la labor que hace dentro de la familia y la sociedad. Esto nos ha llevado a tener mujeres agotadas, sobreexigidas, o bien, limitadas en cuanto al campo de acción de sus decisiones. El mercado y el Estado se han configurado desde una lógica masculina, y la mujer ha intentado sacrificar su modo de existir en el mundo para caber dentro de estos espacios. Pero ésa es una injusticia profunda, pues se le ha exigido no sólo negar su propio modo de existir con tal de pertenecer, sino que no se le han cumplido las promesas de éxito y felicidad.[22]

22 "Pero ahora, por supuesto, podemos ver plenamente que la prescripción de la felicidad femenina no ha creado la gloriosa utopía en la tierra que Betty [Friedan] prometió. Todo sonaba bien en papel para mi generación

Por ello no sólo basta con exigir una participación de la mujer en el mundo público, en paridad y con fuerza de decisión, sino que hace falta introducir al hombre en el ámbito privado, haciéndole partícipe igualitario de las labores de cuidado. Por tanto, María Elósegui afirma que el modelo de igualdad de corresponsabilidad entre mujeres y hombres es el más equitativo conforme a los criterios de justicia. (Elósegui, 2011).

El *feminismo centrado en la persona* es horizontal en otro sentido: ninguna mujer es más o mejor que otra, ninguna mujer posee un valor intrínseco que sea mayor que el de las demás. Esto es así porque dada esta dignidad inalienable el valor de la mujer no depende de condiciones sociales, económicas o políticas, de puestos de poder, de la cantidad de ingresos, de determinadas decisiones o acciones, de su edad o de sus capacidades. Aún más, así como no existe un modo único de ser persona, tampoco existe un modo único de ser mujer:

> Mas, cuando se habla de la "situación de la mujer", se mienta en todo caso no la especie misma, sino todo aquello que cae bajo la especie universal, y eso abarca una diversidad tan grande de tipos e individuos, que difícilmente puede hablarse de una situación común a todas ellas. La situación es en todo caso distinta según generación, estado, concepto del mundo (y eso si prescindimos de la inabarcable pluralidad de los caracteres individuales), y estas diferencias no podrían ser ignoradas en el tratamiento del tema (Stein, 2003 [1932]: 458-459).

Así, este feminismo reconoce el valor de toda persona y de cada mujer: el de aquella que se desarrolla a través de una profesión, el de la que trabaja en el hogar, el de la mujer que se desvive por la educación de sus hijos;

boomer (particularmente para aquellas que entrábamos a la fuerza laboral) pero en la vida real las teorías no resistieron. Al contrario, aquí estamos cincuenta años más tarde sufriendo de los efectos resultantes de una forma de feminismo sobresexualizado, enfocado al trabajo que ha llevado a que la mujer sea tratada como objeto sexual, a los niños no nacidos a ser desechados como conos para agua y madres trabajadoras sintiéndose tan estresadas y con escasez de tiempo que la noción de volverse 'completamente desarrollada en todos los sentidos' suena como un cuento de hadas" (Browder, 2020: 23-24).

el de la mujer que abraza su maternidad, el de la que decide no ejercerla; el valor de las mujeres que son víctimas de abusos, que sufren manipulación y son explotadas; el valor de la mujer en sus primeras etapas de desarrollo embrionario; el de las niñas, las jóvenes, las mujeres adultas y las ancianas; también el valor de quienes padecen una enfermedad y están disminuidas física o mentalmente. Para el *feminismo centrado en la persona* todas y cada una de estas mujeres son igualmente dignas, independientemente de fobias y filias, posturas ideológicas o estilos de vida. Lo que para nosotras es la resignificación de la *sororidad* en su máxima expresión.

Por otro lado, así como hablamos de horizontalidad en relación con hombres y mujeres, y de las mujeres entre ellas, creemos que esta horizontalidad vale también en relación con las distintas posturas feministas. No en pocas ocasiones el mismo feminismo ha tratado de entorpecer el avance de las mujeres,[23] e incluso algunas se atribuyen la autoridad de validar o no la postura de otras, sus luchas y sus causas, tendiendo a una lógica vertical de desacreditación que mide el resto de feminismos a partir del propio. Desde el olvido sistemático de las sufragistas a sus compañeras de color una vez conseguido el voto, la mirada reticente del feminismo académico frente al activista, o el institucional frente al disidente. Feminismos de la igualdad frente a los de la diferencia, el liberal contra el marxista, el ecofeminismo opuesto al ciberfeminismo. Tal como lo afirman Grewal y Kaplan (2000): "De hecho, no hay algo así como el feminismo libre de relaciones de poder asimétricas".

Los feminismos pueden cuestionarse entre sí cuando ello está motivado por un afán que involucra una actitud crítica, argumentativa y dialógica; y no desde una posición de poder que, sin argumentos, desacredita a otro feminismo sólo porque no es el suyo. Lo cierto es que en todas estas luchas hay una búsqueda de liberación, y si bien puede haber causas con las cuales una feminista no se identifica y posturas que desde su feminismo no

23 Nos parece increíble lo que se recoge en Solé (2011) sobre la oposición por parte del feminismo de izquierda en Francia para que se le otorgara el voto a las mujeres, por encontrar peligroso que ganara el voto católico, situación que resultó en una postergación de la lucha legítima de representación de mujeres en el espacio público.

sostiene, siempre habrá puntos de encuentro. No para que desista de sus ideas (aunque siempre cabe la posibilidad de cambiarlas), sino para intentar entablar un diálogo sincero y respetuoso.

Un *feminismo centrado en la persona* es revisionista y valientemente autocrítico, sin monolitos ideológicos intocables, que reconoce el avance de la historia, los diferentes contextos e inercias que mueven el posicionamiento de las ideas, "el feminismo es crítico, en el sentido que ofrece una crítica a aquellas condiciones dentro de la sociedad que son un obstáculo para el pleno desarrollo de las mujeres" (Allen, 1998: 110). Criticar los feminismos no es antónimo de sororidad, es un afán de justicia y búsqueda de la verdad (Nussbaum, 2001a).

En segundo lugar, el *feminismo centrado en la persona* es aquel que reivindica la capacidad de agencia responsable de la mujer. Como hemos explicado, en la tradición a la que nos suscribimos la persona es considerada libre. Esta libertad, aunque no es pura autodeterminación, al tratarse de un ser racional sí implica que "toda persona es, por su misma naturaleza, capaz de definir sus propios fines" (Wojtyla, 1969: 20). De tal modo que el ser humano, y en este caso la mujer, es un agente libre para dirigir su vida del modo y hacia los fines que como agente racional le resulten más convenientes y adecuados. Este ejercicio de la libertad no es sólo una acción *ad extra* en el sentido de que sus implicaciones tengan una repercusión únicamente fuera de la persona misma, sino que es precisamente en este uso de su libertad como la persona decide sobre sí misma.

Una mujer puede entonces orientar su vida hacia fines distintos: la familia, la maternidad, el matrimonio, el ejercicio de una profesión, la vida entregada a Dios en celibato, la defensa de una causa social y todo el inmenso panorama de acciones a las que la mujer como ser humano puede dirigir sus esfuerzos y capacidades. Ahora bien, para que esta autodeterminación sea verdaderamente libre, la mujer debe contar con las condiciones que le permitan el pleno desarrollo de sus capacidades y, al mismo tiempo, garantizar que aquellos fines que se propone alcanzar sean realmente una posibilidad para ellas y no un camino truncado *ab initio*. Es en este sentido que denunciamos cualquier tipo de violencia de género y hablamos de promover el empoderamiento de las mujeres.

Dentro del empoderamiento, de acuerdo con Naila Kabeer, se abarcan tres dimensiones: agencia, recursos y logros (2005). Este ejercicio de la agencia implica desafiar las relaciones de poder. Para ello será necesario darse cuenta de las mismas y tener la confianza para detonar un cambio. Sin embargo, no sólo se trata de lograr una conciencia del poder propio, un cambio interno, sino que es imperante una redistribución de los recursos, una visibilización de las necesidades específicas y la creación de oportunidades para que las mujeres realmente vivan la vida que han decido tener.

Cuando existe una fuerza que impide este desarrollo, que coacciona las decisiones, que menoscaba el reconocimiento, estamos frente a un ejercicio de violencia. Las mujeres a lo largo de la historia han sufrido esta falta de reconocimiento a su dignidad personal, siendo tratadas como medios para la satisfacción de las necesidades de otros. Objetos que hay que tener, usar, aprovechar... destruir. La falta de reconocimiento de esta dignidad y agencia es lo que valida que, en el imaginario patriarcal, la mujer sea vista como un *algo* y no como un *alguien*, y frente a las "cosas" lo que hay es una relación de verticalidad, de negación a la propia agencia. Esta sumisión de la mujer debido a la interpretación que se le da por su condición sexuada es lo que llamamos violencia de género. Sin embargo, ésta no puede ser separada de una violencia estructural general, tal como lo afirma Marcela Lagarde:

> Es impensable abatir la violencia contra las mujeres en una sociedad en la que la violencia es estructural a las relaciones sociales, económicas y políticas. En ellas la violencia caracteriza y define la acción de grupos de interés legalmente constituidos y delincuenciales, la violencia es contenido definitorio de la condición masculina supremacista. De manera velada o visible, es constitutiva de diversas corrientes y manifestaciones culturales desde las hegemónicas hasta corrientes tangenciales y emergentes y, desde luego, permea las culturas populares (2012: 223).

Es por tanto que el *feminismo centrado en la persona*, al igual que el feminismo personalista —en términos de Allen—, "está interesado particularmente en aquellos modos que pueden remover los obstáculos a las mujeres para que se conviertan en personas humanas plenas. Lo que uno hace específicamente, por supuesto, depende del contexto en el que esté" (1998: 139).

Al darse estas condiciones que permiten a la mujer el pleno uso de su libertad, cabe recuperar la comparación que hace Edith Stein entre el ser humano y los animales, explicando que cuando un animal no ha podido desarrollar sus capacidades hacemos responsables de ello a las condiciones externas desfavorables; sin embargo, al hablar del hombre y de la mujer "hacemos responsable al hombre mismo de lo que él ha llegado a ser, o de lo que no ha llegado a ser" (Stein, 2003 [1932]: 648). En este sentido, al hablar de la mujer como un ser libre, capaz de definir sus propios fines, estamos diciendo que ella es también responsable de su actuar, es decir, que al elegir libremente es también responsable de las consecuencias que se derivan de la elección de sus propios fines. Es a esto a lo que nos referimos con *agencia responsable*.

Por otro lado, al ser la mujer un ser profundamente social que se construye no sólo a partir de su libre autodeterminación, sino también a partir de sus relaciones sociales, el *feminismo centrado en la persona* no puede sino tener una mirada profundamente crítica ante las estructuras sociales opresivas o limitantes para el desarrollo pleno de las mujeres. Junto con ello, este feminismo necesariamente supondrá un llamado fuerte y constante a la reforma de dichas estructuras. Nuestra base en la persona implica que, tan falaz es pensar que la mujer por sí sola puede encontrar su plenitud a base de golpes decididos de voluntad, como pensar que su plenitud puede lograrse únicamente a base de reformas sociales. La una no excluye a la otra, sino que ambas se implican necesariamente. La mujer debe fortalecerse en su agencia responsable, y las estructuras sociales deben reformarse para, en los casos más urgentes, terminar con situaciones opresivas, y en muchos otros reformarse para permitir más posibilidades de crecimiento a las mujeres.

Así, la sociedad dentro de la que una mujer se desenvuelve no es neutra frente a su desarrollo. La mujer se conoce a sí misma y se percibe a sí misma y su potencial en una medida significativa a partir de los datos que obtiene de su sociedad. No está determinada, pero sí profundamente influida por ella. Así, mientras que no sostenemos que la mujer, como nuestro sujeto de preocupación, sea un puro constructo social, sí sostenemos que una medida importante de *cómo* se desenvuelve el ser de cada mujer en lo individual es resultado de las estructuras sociales dentro de las que se ha ido desarrollando a lo largo de su vida.[24] De muchas de éstas es posible que ni siquiera se sea consciente, o que no se sea consciente de lo profundo que calan en el propio modo de ejercer el ser mujer.[25]

Un feminismo verdaderamente centrado en la persona no puede ignorar los contextos, tanto culturales, sociales o económicos, cuando éstos son barreras creadas que han potenciado una vulnerabilidad en grupos específicos de personas. Tristemente, de todas las condiciones de vulnerabilidad que existen, éstas resultan agravadas cuando se incorpora el elemento de género. La feminización de la pobreza es un problema mundial y prácticamente no hay lugar en el mundo en el que no se evidencie esta brecha. Ya lo decía Martha Nussbaum en *Women and Human Development*,[26] en el año

24 Tal como dice Ana Marta González: "En última instancia, lo que los argumentos de género subrayan es que esas apelaciones a 'lo natural' con frecuencia no son sino un modo de pasar por alto que hay estructuras y prácticas muy arraigadas que, en distintas esferas de la vida social y en la mentalidad esclerótica de muchas personas (tanto hombres como mujeres), siguen favoreciendo la adjudicación de responsabilidades a los varones, impidiendo la entrada de las mujeres, al menos en la proporción que se corresponde con su tantas veces destacada preparación y competencia académica" (González, 2009b: 333).

25 Para un estudio profundo de este fenómeno en la vida de las mujeres, véase Nussbaum (2001b).

26 "A las mujeres en gran parte del mundo les falta el apoyo para realizar las funciones fundamentales de una vida humana. Están menos nutridas que los hombres, menos saludables, más vulnerables a la violencia física y al abuso sexual. Es mucho menos probable que sean alfabetizadas que un hombre y aún menos de tener acceso a una educación profesional o técnica. Si intentan salir al mundo laboral, enfrentarán grandes obstáculos, incluida la intimidación por parte de su familia o esposo, discriminación sexual al ser contratadas y acoso sexual en su lugar de trabajo —todas, frecuentemente, sin un recurso legal eficiente—. Obstáculos similares con frecuencia impiden su participación en la vida política. En muchas naciones las mujeres no son completamente iguales ante la ley: no tienen los mismos derechos de propiedad que los hombres, los mismos derechos de realizar un contrato, los mismos derechos de asociación, movilidad y libertad religiosa. Cargadas a menudo con un 'jornal doble' de un empleo demandante y toda la responsabilidad del trabajo doméstico y el cuidado de los niños, les faltan oportunidades para el juego y para el ejercicio de su imaginación y de sus

2001. Por desgracia, las cosas no han cambiado mucho pues si lo comparamos con el último Reporte de Desarrollo Humano (2021), nos podemos dar cuenta de que no hay un solo país en todo el mundo que pueda afirmar que hay una igualdad de circunstancias entre mujeres y hombres. Tal como lo afirma González:

> Si, en estas condiciones una parte de la población se encuentra sistemáticamente confinada al ejercicio de estas actividades [las domésticas] puede, con razón, considerarse oprimida, sobre todo si, entretanto, ha ido asimilando, como parte de su cultura ambiental, la idea, por lo demás verdadera, de que somos iguales en dignidad y derechos (González, 2009b: 32).

Pero haríamos mal en solamente reconocer como variable de las condiciones de vulnerabilidad el sexo o el género. Características como la condición civil, migratoria, étnica, la preferencia sexual, la edad y la religión intervienen en la adjudicación de valía que una cultura atribuye a una persona. Si verdaderamente queremos crear mejores condiciones de vida para todas las personas por el hecho de ser personas y respetar su dignidad en todo momento y lugar, tenemos que admitir esta disparidad de circunstancias. En este sentido, un enfoque interseccional es mandatorio. Dicho término, propuesto por Kimberly Crenshaw (1990), nos ayuda a ver que las personas nos vemos atravesadas por un conglomerado de condiciones que afectan nuestra identidad. Fallar en reconocer estas condiciones, es hacerlo al admitir la condición de persona, pues los seres humanos actuamos dentro de determinadas circunstancias y nos concebimos dentro de ellas.

---

facultades cognitivas. Todos estos factores cobran un desgaste en su bienestar emocional: las mujeres tienen menos oportunidades de los hombres de vivir libres de miedo y de disfrutar tipos de amor satisfactorios —especialmente cuando, como seguido pasa, están casadas sin haber participado de esta decisión desde la infancia y no tienen escapatoria a un mal matrimonio. En todas estas situaciones, las circunstancias sociales y políticas desiguales proveen a las mujeres de capacidades inequitativas" (Nussbaum, 2001b: 1). Éste es el inicio del libro de Nussbaum, y a lo largo de todas sus páginas se puede apreciar el innegable deber que tenemos de cerrar las brechas de desarrollo entre mujeres y hombres.

Finalmente, la propuesta de un *feminismo centrado en la persona* es también esperanzadora. Una esperanza fincada en el hecho de que el ser humano es un ser perfectible, un ser que es capaz de mejora y de progreso, y un ser en continuo descubrimiento de quién es. Se trata de una esperanza en y para la mujer y de una esperanza en la humanidad. Esperanza en que las mujeres puedan alcanzar su pleno desarrollo personal, social, familiar y económico porque existan las estructuras necesarias que le den acceso a las oportunidades que hasta ahora se le han negado.

El ser humano es un ser dotado de inteligencia, así esta esperanza es confianza en la capacidad humana para encontrar soluciones y realizar propuestas creativas a problemáticas complejas como el erradicar la cultura machista o el encontrar para las mujeres el equilibrio entre vida profesional y familiar.

No debe considerarse, sin embargo, que la propuesta de un *feminismo centrado en la persona* se basa en una esperanza pasiva o inactiva como si se esperara que el cambio ocurra por el simple transcurrir del tiempo. Sabemos que "lo que este proceso pone en claro, en todo caso, es que la justicia no se impone por sí sola, si no hay agentes que la hagan suya y la promuevan con sus palabras y sus obras" (González, 2009b: 333).

Ahora bien, como se había adelantado, el *feminismo centrado en la persona* no contempla que en estas palabras y obras que incidan positivamente en el pleno desarrollo de la mujer participen únicamente las mujeres. Nos parece que esta tarea incluye e implica tanto a hombres como a mujeres,[27] teniendo en cuenta que

> masculinidad y feminidad imprimen una modalidad peculiar a las contribuciones sustantivas que hombres y mujeres realizan conjuntamente

[27] Al respecto puede consultarse la propuesta de Chimamanda Ngozi Adichie en "Todos deberíamos ser feministas", misma que concluye con las siguientes palabras: "La definición que doy yo es que feminista es todo aquel hombre o mujer que dice: 'sí, hay un problema con la situación de género hoy en día y tenemos que solucionarlo, tenemos que mejorar las cosas'. Y tenemos que mejorarlas entre todos, hombres y mujeres" (Adichie, 2015: 55). En la misma línea, Ángela Aparisi-Millares sostiene que "tanto el varón como la mujer están llamados a ser protagonistas de un progreso equilibrado y justo que promueva la armonía y la felicidad" (2012: 371).

> a la familia, al trabajo y a la cultura en general. Todos y cada uno estamos llamados a invertir la riqueza personal, la creatividad y la iniciativa en la transformación del entorno, para construir un mundo habitable para nuestra generación y las siguientes. Y muchas cosas dependen de que demos lo mejor de nosotros mismos, apoyándonos a la vez en la riqueza de otros. Para esto hemos de pasar de una lógica individualista y antagónica, a una lógica de comunión y proyecto conjunto (Sánchez, 2020: 103).

El feminismo propuesto es ante todo relacional, confiando en la naturaleza social humana que busca un bien común y dotado de esperanza con miras a un futuro conjunto. Pero no puede haber futuro si no se integra a esta ecuación un respeto por el mundo en el que vivimos. De ahí que, incorporando las exigencias de justicia del ecofeminismo, también suscribimos un combate al espíritu de consumo, al individualismo y a una lógica de mercado que no toma en consideración la sustentabilidad. De alguna manera tenemos que dejar de lado una dinámica de explotación tanto entre las personas como con la naturaleza que nos rodea. María Mies (1998) ha destacado cómo el patriarcado ha propuesto, como medidor de fuerza, la depredación que hacemos de los otros. Esta lógica de relación tiene que cambiar, pues no se debería buscar la validación por el dominio, sino por el respeto y la armonía.

Sin embargo, haríamos mal en asumir que éstas son sólo propuestas teóricas. Estas propuestas exigen el más profundo compromiso tanto individual como comunitario para generar un cambio. El nuestro es un feminismo exigente y comprometido con la modificación de estructuras sociales. No en un afán de destruirlo todo, sino de revisarlo todo y conservar aquello que respete la dignidad en consonancia con una libertad creadora. Un afán que busque resolver los problemas tanto en el nivel macro proponiendo respuestas, si se requiere temerarias para cambiar la lógica del mercado individualista y consumista, como que también se enfoque en las problemáticas cotidianas de las mujeres. De alguna manera el feminismo popular se ha desentendido de las complejidades del día a día de millones de mujeres, lo que ha provocado que no encuentren dentro de sus propuestas un asidero para vencer la frustración y la injusticia. Dicho por Allen, "el feminismo no emerge de un vacío, sino más bien de la respuesta a la percepción de limitación de la libertad de la mujer para desarrollar su pleno crecimiento personal y su perfección" (1998: 10).

En conclusión, el *feminismo centrado en la persona* tiene tanto una vertiente teórica que busca profundizar en problemas metafísicos, antropológicos, éticos y sociopolíticos, como un enfoque dirigido a la política de facto y al derecho.[28] Un enfoque comprometido con reformar las prácticas que, dentro de las instituciones básicas, se requieran para la organización social. Entre éstas, como menciona Elósegui, estarían el Estado, el mercado y la familia.[29] En este sentido nuestro feminismo es eminentemente político, pues exige la creación de estructuras, programas y legislaciones que faciliten la interacción entre las instituciones para que promuevan la dignidad y el desarrollo de las personas por encima de los intereses económicos, partidistas o ideológicos.

En síntesis, un *feminismo centrado en la persona* es aquel que surge de dos principios al buscar entender y solucionar las situaciones de injusticia que enfrentan las mujeres:

> Principio 1. La mujer es persona y toda persona tiene un valor inalienable por el hecho de ser persona. Este valor no se pierde, no se quita y no depende de ninguna condicionante.
> Principio 2. Toda acción humana, individual o social, deberá de corresponder con el principio 1.

---

28 Tal como dice Lemmons: "El feminismo personalista necesita revertir aquellas leyes que permiten la objetivación de la mujer, que inhiban la habilidad de las familias de cuidar de sus seres queridos y que deshumanice a los no queridos, los pobres, los subempleados, los ancianos, los adictos, los enfermos y los moribundos, y el embrión, por ejemplo, a través de la extracción de las células madre embrionarias, la fecundación *in vitro* y el aborto" (2018: 131).

29 "Además de ello, es imprescindible en la trilogía Estado, mercado, familia introducir la perspectiva de género como una dimensión transversal, en el sentido de que el modo de organizar la sociedad, el mercado y la familia establece una estructura que será la causa de una mayor o menor igualdad con respecto al papel y funciones que desempeñan hombres y mujeres en esos tres ámbitos" (Elósegui, 2011: 66).

Referencias

Adichie, C. N. (2017), *Dear Ijeawele, or a feminist manifesto in fifteen suggestions*, Anchor.

Adichie, C. (2015), *Todos deberíamos ser feministas*, trad. J. Calvo, Random House. [Obra original publicada en 2012.]

Allen, P. (1998), "Can Feminism Be a Humanism?", *Maritain Studies/Etudes Maritainiennes*, vol. 14.

Alvaré, H. (1997), "A New Feminism", *Liguorian Magazine*.

Aparisi-Millares, A. (2012), "Modelos de relación sexo-género: de la 'ideología de género' al modelo de la complementariedad varón-mujer", *Díkaion*, vol. 21, núm. 2, pp. 357-384.

Aquino, T. (1983), *Comentario a la primera epístola de san Pablo a los Corintios*, Tradición.

Bachiochi, E. (2021), *The Rights of Women: Reclaiming a Lost Vision*, University of Notre Dame Press.

Beauvoir, S. de (1981), *El segundo sexo* (1949), Buenos Aires, Siglo XX.

Bocchetti, A. y B. Sarasini (1995), "El sujeto inaudito. Breve diálogo sobre la diferencia sexual", *Debate Feminista*, vol. 12, pp. 106-121.

Browder, S. E. (2020), *Sex and the Catholic Feminist: New Choices for a New Generation*, Ignatius Press.

Burgos, J. (2012), *Introducción al personalismo*, Palabra.

Crenshaw, K. (1990), "Mapping the margins: Intersectionality, identity politics, and violence against women of color", *Stanford Law Review*, vol. 43, p. 1241.

Elósegui, M. (2005), "¿En qué, por qué y para qué somos diferentes varones y mujeres?", *Thémata*, vol. 35, pp. 125-136.

_______ (2011), "Por un nuevo Estado social innovador en equidad de género", en *Anales de la Cátedra Francisco Suárez*, vol. 45, pp. 65-87.

Firestone, S. (1970), *The Dialectic of Sex: The Case for Feminist Revolution*, Apple Books.

García, L. (2006), "Toward a personalist feminism", (eds.) C. Hund y M. Monahand, en *Teaching, Faith and Service: the Foundation of Freedom*, Graventa Conferences 10, p. 135.

Glendon, M. A. (2013), "A Glimpse of the New Feminism: From July 6, 1996", *America Magazine*, 13 de mayo. Disponible en <https://www.americamagazine.org/issue/100/glimpse-new-feminism>.

González, A. M. (2009a), "Éticas sin moral", *Pensamiento y Cultura*, vol. 12, núm. 2, pp. 303-320.

_______ (2009b), "Género sin ideología", *Nueva Revista de Política y Cultura y Arte*, núm. 124, pp. 33-47

Greer, G. (1984), *Sex and destiny: The politics of human fertility*, Nueva York, Harper & Row.

Grewal, I. y C. Kaplan (2000), "Postcolonial studies and transnational feminist practices. Jouvert", *A Journal of Postcolonial Studies*, vol. 5, núm. 1. Disponible en <https://legacy.chass.ncsu.edu/jouvert/v5i1/grewal.htm#:~:text=It%20would%20be%20impossible%20for,of%20international%20or%20global%20feminism.&text=Rather%2C%20transnatio nal%20feminist%20practices%2C%20as,and%20inequalities%20can%20be%20critiqued>.

Han, B. C. (2014), *No cosas. La agonía del eros*, Herder.

Hay, C. (2013), *Kantianism, Liberalism, and Feminism: Resisting Oppression*, Palgrave Macmillan.

Hirschmann, N. y K. M. McClure (eds.) (2007), *Feminist Interpretations of John Locke*, Pennsylvania State University Press.

Hooks, B. (2000), *Feminism is for everybody: Passionate politics*, Pluto Press

_______ (2001), *All about love: New visions*, Harper Perennial.

_______ (2004), *The will to change: Men, masculinity, and love*, Beyond Words/Atria Books.

Ibarra, D. (2020), *La esencia dinámica de las mujeres*, NUM:

Irigaray, L. (1992), *Yo, tú, nosotras*, vol. 7, Universitat de València.

_______ (2009), *Ese sexo que no es uno*, vol. 57, Akal.

Juan Pablo II (1995), *Evangelium Vitae*. [Carta Encíclica.] Disponible en <https://www.vatican.va/content/john-paul-ii/es/encyclicals/documents/hf_jp-ii_enc_25031995_evangelium-vitae.html>.

Kabeer, N. (2005), "Gender equality and women's empowerment: A critical analysis of the third millennium development goal 1", *Gender & Development*, vol. 13, núm. 1, pp. 13-24.

Kant, I. (1785), *Grundlegung zur Metaphysik der Sitten*. Disponible en <https://korpora.zim.uni-duisburg-essen.de/kant/aa04/385.html>.

Kassian, M. A. (2005), *The feminist mistake: The radical impact of feminism on church and culture*, Crossway.

Knibiehler, Y. (2001), *Historia de las madres y de las maternidades en Occidente*, Nueva Visión.

Lagarde y De los Ríos, M. (2012), *El feminismo en mi vida: hitos, claves y utopías*, Instituto de la Mujeres de la Ciudad de México.

Lemmons, R. M. H. (2018), "Life and Love: Combatting the Culture of Death through Personalist Feminism", en *Life and Learning XXVIII: Proceedings of the 2018 Conference of the University Faculty for Life*. Disponible en< https://www.uffl.org/pdfs/vol28/UFL_2018_Lemmons.pdf>.

Locke, J. (1980), *Ensayo sobre el entendimiento humano*, Editora Nacional.

Mies, M. (1998), *Patriarchy and accumulation on a world scale: Women in the international division of labour*, Palgrave Macmillan.

Mill, J. S. (2002), *The basic writings of John Stuart Mill: On liberty, the subjection of women and utilitarianism*, Modern Library.

Nussbaum, M. C. (2001a), "How Should Feminists Criticize One Another?", *American Philosohical Association Newsletter on Feminism and Philosophy*, pp. 89-92.

_______ (2001b), *Women and human development: The capabilities approach*, vol. 3, Cambridge University Press.

Olufemi, L. (2020), *Feminism, interrupted: disrupting power*, Pluto Press.

Schumacher, M. M. (ed.) (2004), *Women in Christ: Toward a new feminism*, Wm. B. Eerdmans Publishing.

Sánchez, I. (2020), *Mujeres brújula en un bosque de retos*, Espasa.

Solé, G. (2011), *Historia del feminismo* (siglos XIX y XX), EUNSA.

Stein, E. (2003 [1932-1933]), *La estructura de la persona humana*, trads. F. Saracho, J. Mardomingo, C. Ruiz, C. Díaz, A. Pérez y G. Follrich, en *Obras completas: escritos antropológicos y pedagógicos*, vol. IV, Monte Carmelo. [Curso original impartido en 1932-1933.]

_______ (2003 [1932]), *Panorama sobre la problemática desde el punto de vista de la situación actual de la mujer. Intentos de solución de los últimos decenios*, trads. F. Saracho, J. Mardomingo, C. Ruiz, C. Díaz, A. Pérez y G. Follrich, en *Obras completas: escritos antropológicos y pedagógicos*, vol. IV, Monte Carmelo. [Trabajo original publicado en 1932.]

_______ (2003 [1931]), *La misión de la mujer*, trads. F. Saracho, J. Mardomingo, C. Ruiz, C. Díaz, A. Pérez y G. Follrich, en *Obras completas: escritos antropológicos y pedagógicos*, vol. IV, Monte Carmelo. [Trabajo original publicado en 1931].

Valcárcel, A. (2013), *Feminismo en el mundo global*, Ediciones Cátedra.

Wojtyla, K. (1969), *Amor y responsabilidad*, Razón y Fe.

Segunda parte

Capítulo 3

La paradoja de la invisibilidad Perspectivas críticas en torno al género, el trabajo y las técnicas reproductivas

Fernanda Crespo Arriola,[a] Susana A. Ochoa Torres,[b] Cecilia Gallardo Macip[c]

Después de las grandes aportaciones del activismo en favor de la visibilidad, el respeto y los derechos... un nuevo activismo parece estar destruyendo logros alcanzados... Un ejemplo de destrucción es el borrado de la mujer como sujeto político.

Errasti y Pérez (1995: 108)

Abstract

El presente trabajo inicia un diálogo abierto y crítico sobre las paradojas que enfrenta la realidad femenina en tres aspectos retadores para el desarrollo humano, pues contribuyen a la invisibilidad a la que están sujetas las mujeres en los campos de la sexualidad, el trabajo y la reproducción. En primer lugar se abordará la disputa contemporánea en torno al uso y manejo político del concepto de género, mostrando los enormes retos que presenta para las vidas de las mujeres, su transformación en un concepto identitario que anula la idea de sexo. En segundo lugar se analizará la inclusión de las mujeres en el ámbito laboral

a Universidad Panamericana, Instituto de Humanidades sede Ciudad de México.

b Universidad Panamericana, Instituto de Humanidades sede Guadalajara.

c Universidad Panamericana, Universidad de los Andes, Chile.

y se mostrará con datos que, mientras no se tome en cuenta el ámbito doméstico, ésta se encuentra lejos de lograr un mejor escenario para las mujeres. En el tercero se discutirá la tecnificación de la reproducción y, sin dejar de lado las enormes desventajas y desigualdades que ésta acarrea para la vida de las mujeres, se mostrará la enorme fuerza enajenante que representa. Cada uno de estos ámbitos se analiza desde, en última instancia, el dejar de ver a las mujeres en sí mismas, sus problemas y contradicciones, sin pretender agotar con ello toda la complejidad y riqueza teórica de cada una de estas controversias, sino con el único objetivo de pensarlas y repensarlas desde un feminismo centrado en la persona.

Introducción

Hoy, quizá más que nunca, podríamos decir que el feminismo ha cobrado una enorme fuerza. La fuerza de una ola que trastoca todo lo que encuentra a su paso y que, en su movimiento incesante, anuncia la prometida calma: la quietud de la igualdad y la justicia; del reconocimiento y del respeto para todas las mujeres.

En efecto, detrás de cada ola del feminismo se ha suscitado otra más crítica, más amplia, más capaz de adaptarse a los retos de su tiempo, marcando así un ritmo sin ruptura ni discontinuidad. Pero no todo movimiento es siempre un avance. El oleaje también tiene sus momentos de retroceso, de contradicción; de paradojas que sólo el pensamiento crítico puede convertir en oportunidades de caminar hacia adelante en beneficio de las vidas de las mujeres.

Algunas interpretaciones del feminismo individualista o libertario, bajo el fulgor de la moda, el régimen emocional, el influjo de las redes sociales y, tal vez, una cierta nostalgia de absoluto,[1] han adoptado una nueva

1 "En este momento del siglo XX, tenemos hambre de mitos, de explicaciones totales, y anhelamos profundamente una profecía con garantías" (Steiner, 2020).

forma de dogmatismo y, por consiguiente, han renunciado al análisis crítico de las relaciones sexo-género para decantarse por aspectos emocionales y vivenciales. Este fenómeno logra una de dos cosas: o invisibilizar a las mujeres bajo una política de la identidad y un régimen de los deseos, o bien subyugar sus cuerpos y alienarlas bajo la lógica del imperativo técnico y su supuesta consecución de la autonomía. En cualquier escenario la tan prometida emancipación de la mujer sigue siendo una tarea pendiente. Ni las teorías más progresistas, las políticas laborales más vanguardistas o las técnicas más refinadas han logrado aminorar la invisibilización de sus labores, la explotación de su función reproductiva o su aprisionamiento dentro de estereotipos acartonados y subyugantes.

A partir de la segunda ola del feminismo —que separa a la mujer de su naturaleza—, las luchas se han enfocado en terrenos privados de las vidas de las mujeres: en sus cuerpos, su sexualidad, su maternidad y sus aspiraciones profesionales y económicas. Y aunque es claro que estas luchas han conseguido conquistas importantes para las mujeres, sus ganancias han generado también múltiples paradojas; esto es, beneficios por un lado y pérdidas y costos por el otro. De hecho, cuando los logros del feminismo han sido más fruto de ideologías que de injusticias reales, se ha perdido la objetividad para tocar la raíz de los problemas, y no ha quedado del todo claro si buscamos posicionar a las mujeres en general o sólo a aquellas que se adhieren a alguna agenda política determinada[2] (o cuya lucha sirve, económica o socialmente, a ese mismo programa).

La realidad, por consiguiente, nos obliga a hacer un replanteamiento: ¿qué es exactamente el feminismo?[3] Y, en el fondo, ¿puede un feminis-

2 Esto puede notarse al observar que hay grupos no defendidos por todos los feminismos. Con todo, es necesario destacar que existen algunos feminismos que sí buscan hacerse cargo de minorías y de reconciliar al individuo con la naturaleza, destacar el cuidado y romper con el estigma en torno a la discapacidad. Para más sobre este tema, véase Barnes y Mercer, 2006; Barnes, 2016; Kittay, 2020; Mies, 1985; Shiva y Mies, 1998.

3 O, como bien cuestiona Paglia: "¿Es una teoría, una ideología o una praxis, es decir, un método práctico? [...] ¿Quién es o no es feminista y quién lo define? ¿Quién le confiere legitimidad o autenticidad al feminismo? ¿Una feminista debe formar parte de un grupo o debe asimilar la ideología abanderada por alguno de sus subgrupos? ¿Quién decide, y con qué autoridad, lo que está o no está permitido pensar o decir sobre políticas de género? Y, por último, ¿el feminismo es un movimiento intrínsecamente de izquierdas o puede haber un feminismo basado en principios conservadores o religiosos?" (Paglia, 2018: 46).

mo no ser crítico, no sólo respecto de la realidad práctica y sus problemas, sino sobre sus constructos teóricos y las soluciones que ofrece?

En efecto, sabemos que el feminismo no es, ni puede ser, concebido como un monolito teórico, pero tampoco debe convertirse en una práctica meramente emocional, vivencial y acrítica respecto de sí misma. La consecuencia de ello es sólo la afirmación de una experiencia íntima, acomodaticia y autocomplaciente que, para desgracia de las mujeres, produce un activismo irreflexivo, que desestima cualquier análisis crítico de las consecuencias sociales, políticas y jurídicas de sus creencias autorreferenciales (Paglia, 2018: 115-116).

Como se mencionó en el capítulo anterior, partimos de la premisa de que los "feminismos pueden cuestionarse entre sí cuando ello está motivado por un afán que involucra una actitud crítica, argumentativa y dialógica" (Paglia, 2018: 55) y, dado que también hemos sostenido que nuestro *feminismo centrado en la persona* es revisionista y hemos afirmado, junto con Allen, que "el feminismo es crítico, en el sentido que ofrece una crítica a aquellas condiciones dentro de la sociedad que son un obstáculo para el pleno desarrollo de las mujeres" (Allen, 1998: 110), nos ha resultado fundamental señalar algunas de las ideas y prácticas de los feminismos que, a nuestro parecer, expresan cierta contradicción, e incluso minan el desarrollo de su ser personal.

Hemos de advertir, sin embargo, que no pretendemos enfrentarnos a estos temas desde una óptica de sospecha que, ya de antemano, sostenga que todo lo que defienden los feminismos y los estudios de género son producto exclusivo de la ideología. Como bien afirma Ana Marta González, el resultado de esta lectura "sospechosista"[4] es que

> nos impide advertir los aspectos de la realidad social y cultural acerca de los cuales la perspectiva de género nos ha hecho particularmente

[4] "Todos aquellos que califican la perspectiva de género como un producto meramente ideológico se hacen ellos mismos sospechosos de la acusación de ideología" (González, 2009: 331).

> conscientes, así como apreciar, en su justa medida, las transformaciones políticas y sociales que han puesto en marcha (González, 2009: 330).

En este sentido, reivindicamos que el movimiento feminista, en su vasta diversidad conceptual e histórica, nos ha dejado un inmenso legado del que todas las mujeres y niñas nos hemos beneficiado. Han sido años de reflexión que nos han permitido colocar una mirada diferente (con perspectiva crítica) sobre realidades injustas en las que aún queda mucho por hacer; décadas de lucha en las que los feminismos nos han permitido ver, y hacer ver, las grietas que invaden a nuestras sociedades. Sin embargo, nos hemos cuidado de pensar que se han tapado todas las fisuras, que las teorías feministas son absolutas o que sus prácticas son imperfectibles.

Desde nuestro feminismo, pensamos que es momento de ir a las hendiduras del discurso y de convertirlas en espacios para la reflexión y la crítica; de tomar algunas de sus paradojas y analizar, sin miedo, sus huecos de sentido, pues todas ellas son una provocación para el pensamiento, una oportunidad para cuestionar el *statu quo* —por más absoluto (o políticamente correcto) que parezca— porque, en definitiva, sabemos que no nos encontramos frente a lo incuestionable.

En este artículo, por tanto, se partirá de la convicción de que existen tres ámbitos en los que el feminismo ha tenido evolución, pero en los que también se han presentado invisibilizaciones, contradicciones y retrocesos graves que aún requieren análisis: la teoría feminista, el trabajo y la reproducción. Nos preguntaremos, ¿será que tenemos ahora una sexualidad sin sexo y un feminismo sin mujeres?, ¿se ha logrado la pretendida igualdad laboral? y, mientras tanto, ¿cómo va la igualdad en el ámbito doméstico? ¿Es lícito proponer una similitud entre la reproducción y la producción?, ¿cuáles son las controversias no resueltas en las actuales prácticas reproductivas?, ¿se ha logrado visualizar realmente a la mujer o se le ha encorsetado en nuevos paradigmas?

Cada una de estas preguntas amerita una amplia investigación; sin embargo, el presente capítulo se limitará a ofrecer una breve introducción de cada tema, con la esperanza de que ello conduzca a las lectoras y lectores a reflexiones y discusiones mucho más profundas. Así, en el primer apartado se abordará la más reciente disputa en torno a los conceptos de sexualidad, género y feminismo, problematizando las consecuencias políticas y sociales que parecen desprenderse del llamado "generismo *queer*". En el segundo apartado se abordará el desarrollo profesional de las mujeres, refiriéndose concretamente a los avances en su inserción en el ámbito laboral formal y la pendiente igualdad en el ámbito doméstico. Y, finalmente, en el tercer apartado se harán visibles las controversias hacia las cuales nos dirige la tecnificación de la reproducción y la tan prometida emancipación de la mujer, a través de éstas. Todo ello, bajo la óptica del *feminismo centrado en la persona*, descrito en el capítulo anterior, y de su propuesta teórica centrada en la defensa de la dignidad de la mujer en tanto que persona.

¿Una sexualidad sin sexo y un feminismo sin mujeres?

En noviembre de 2020 apareció, por primera vez en la historia de México, una mujer trans en la portada de la revista *Playboy* demostrando, según afirmaba la propia revista, que "nuestra marca apuesta por la libertad sexual en toda su dimensión" (Gallardo, 2020). Sin duda resultaba extraño que una revista que durante décadas se había caracterizado por cosificar a la mujer y utilizar sus cuerpos para construir un emporio millonario (dirigido por hombres) hiciera gran alarde de la libertad e, incluso, pregonara su lucha por la igualdad mostrando, nuevamente, un cuerpo desnudo, típicamente femenino. Con todo, una forma de "igualdad" era clara: la de la mujer (*trans* o no) colocada como objeto de consumo. Nada nuevo, en efecto.

Lo verdaderamente interesante radicaba en que esta llamada "libertad sexual", impregnada de toda una deconstrucción del género y pasada, incluso, por la destrucción del sexo como hecho biológico, nos volviera a colocar en el mismo sitio de siempre. Es decir, que la transexualidad reafirmara, libre y autónomamente, los estereotipos que los feminismos han luchado por señalar y erradicar durante décadas.[5]

De pronto, un mundo de paradojas se hacía extrañamente visible, incluso tangible... Y nos colocaba nuevamente, frente a viejas preguntas que, en todo caso, parecían ya saldadas por los feminismos. Y es que, si bien la mencionada revista celebraba mostrar "las diferentes formas de ser mujer". (Shapovalova *et al.*, 2017), aún parece posible preguntar: ¿qué significa, entonces, "ser mujer"? ¿Es *construirse* un cuerpo que pueda ser cosificado y explotado? ¿Es *asumir un rol* determinado y, por consiguiente, vestirse (des-vestirse), maquillarse y hablar de cierta manera? ¿Es la *experiencia subjetiva* de "sentirse mujer"? ¿Es un tema de deseo, de construcción social? ¿De biología? ¿De ambas?... O, citando a la icónica Simone de Beauvoir (2013), ¿es un tema de ser o de llegar a ser?[6]

Entre las respuestas, la construcción de un neofeminismo que, no contento con la crítica feminista a la idea de que el sexo biológico implica "naturalmente" determinados mandatos de género, afirma que el sexo es también una construcción discursiva. De manera que, bajo esta lógica, ya no ha de existir más el hombre "natural" o la mujer "natural", ni siquiera el sexo como dato natural y objetivo, puesto que ambos —sexo y género— son asignados[7] o atribuidos —arbitrariamente— por la cultura.

Así, sostiene una de sus principales teóricas, Judith Butler:

> El género no es a la cultura lo que el sexo es a la naturaleza; el género también es el medio discursivo/cultural a través del cual la "naturaleza

---

[5] Para una revisión histórica aséptica y útil sobre los estereotipos, cfr. Martínez-Oña y Muñoz-Muñoz, 2015: 369-384. Contrario a esta reafirmación de los estereotipos que se suscitan en el fenómeno transexual, recientemente la preocupación por la reiterada cosificación de las mujeres y la necesidad de erradicar estereotipos de género que erotizan el cuerpo femenino ha evolucionado de manera interesante hacia un fenómeno nombrado *femvertising*, que promueve un activismo en torno a una mejor representación de las mujeres en la publicidad (Neema y Navin, 2022).

[6] El documental dirigido por Justin Folk y protagonizado por Matt Walsh, titulado *What is a Woman* (2022), intenta responder estos cuestionamientos. Disponible en <https://www.dailywire.com/videos/what-is-a-woman>.

[7] Actualmente se habla de que el sexo es "asignado al nacer". Dicha afirmación sugiere que el sexo no es un hecho biológico innato, sino que, más bien, a las personas se les asigna socialmente un sexo al nacer (o incluso antes, desde el ultrasonido) con base en la percepción que otras personas tienen sobre sus genitales (CNDH, 2018).

> sexuada" o "un sexo natural" se forma y establece como "prediscursivo", anterior a la cultura, una superficie políticamente neutral *sobre la cual* actúa la cultura (Butler, 2007: 55-56).

En efecto, sería una quimera pensar que el cuerpo es una "superficie políticamente neutral", sobre todo cuando gracias a los feminismos sabemos que la asimetría o desigualdad entre hombres y mujeres se ha fundamentado en la diferencia sexual. Sin embargo, una cosa es que la categoría de género nos permita analizar y criticar la construcción de significado que hemos depositado sobre los cuerpos sexuados, y otra muy diferente es que sostengamos que el género —como práctica performativa— *forma y establece el sexo*. Una cosa es, pues, que cuestionemos la práctica social por la cual las mujeres usan vestidos y se pintan las uñas, impidiendo su participación en actividades más físicas, y otra muy diferente es que llamemos mujer a cualquier persona que se pone vestidos y se pinta las uñas.[8]

Que la biología haya sido cancelada o, mejor dicho, disuelta en un mar de "dispositivos" (políticos, económicos, culturales, educativos...) que anuncian la preeminencia del género por encima del sexo, ha conducido a algunas feministas, como Marta Lamas (1994), a proclamar el triunfo de una "postura antiesencialista" que, a decir de la autora, nos permitirá "desechar la supuesta 'superioridad' de un sexo sobre otro" (Lamas, 1994: 11).[9]

---

8 De hecho, llama la atención descubrir que un manual clínico tan importante para el diagnóstico de la disforia de género, como el DSM-5, se encuentre permeado por los típicos clichés del binarismo tradicional, como el hecho de que los niños jueguen a las muñecas o a las "madres" y el que las niñas jueguen a los coches o prefieran deportes de contacto (American Psychiatric Association, 2016). En este mismo sentido, apuntan Mayer y McHugh: "¿Qué pasa con las niñas 'marimacho' o los niños que no se decantan por la violencia y las pistolas y prefieren juegos más tranquilos? ¿Acaso los padres deben preocuparse de que su hija marimacho sea, en realidad, un niño atrapado en un cuerpo de niña? No hay base científica para creer que jugar con juguetes típicos de niño defina a un niño como tal, o que hacerlo con juguetes típicos de niña defina a una niña como tal" (Mayer y McHugh, 2016: 91).

9 Vale la pena señalar la acotación crítica que hace Ana Marta González a esta perspectiva: "Lo importante es advertir que el problema con la 'ideología de género', no lo constituye tanto la diferencia de género como la diferencia sin más. Y por ello, lo que se impone, mucho antes que una crítica a la ideología de género, es una crítica a la ideología igualitarista. Lo que se impone, mucho antes que preocuparse por refundir los conceptos de sexo y género, que podría significar perder de vista la complejidad social implícita en esta ecuación, es una reflexión sobre la diferencia sin más, con la vista puesta en el papel que ésta desempeña en la constitución misma de la sociedad

Ahora bien, una cosa es que se pretendan abolir los estereotipos de género bajo los cuales se enmarca el cuerpo de las mujeres, y otra muy diferente es pensar que todas estas prácticas y discursos desaparecerán —mágicamente— con la subversión del sexo. De hecho, muchas de las conductas de las *mujeres trans* nos confirman justo lo contrario: que los estereotipos persisten, aunque sea desde una lógica subversiva, y que, contrario a lo que podría pretenderse, su repetición paródica no supone necesariamente una quiebra de los mandatos de género. Por el contrario, esta performatividad[10] "tiende a reforzar en clave histriónica tanto la definición de 'mujer' como la atribución de 'feminidad'" (Miyares, 2021: 135) que tanto se pretende subvertir.

Sin embargo, quizá el punto teórico más frágil de esta argumentación radica en su conclusión; es decir, en la idea de que la anulación del binarismo sexual nos permitirá superar y erradicar las estructuras de dominación pues, a decir verdad, esta supuesta panacea no se sostiene más que contradiciendo su tesis fundamental. Esto es: que la dominación no emana inevitable y naturalmente de la diferencia biológica, sino del significado que se le otorga. O, dicho en otras palabras, si el problema no era el sexo ni la biología, sino los discursos, las prácticas, los valores y los simbolismos que construimos en torno a ellos, ¿por qué tanto empeño en anularlos o librar una batalla cultural en contra de ellos?[11]

---

humana. Concretamente, se impone preguntar dos cosas: ¿es posible la sociedad humana sin diferencias de alguna clase? ¿Entraña la diferencia necesariamente alguna forma de superioridad?" (González, 2009: 331).

10 Según Butler, "el género resulta ser performativo, es decir, que conforma la identidad que se supone que es. En este sentido, el género siempre es un hacer, aunque no un hacer por parte de un sujeto que se pueda considerar preexistente a la acción" (Butler, 2007: 84).

11 No podemos perder de vista que el mayor argumento contra el sexo se dirige hacia su binarismo y, en ese sentido, apunta a las personas intersexuales, "pertenecientes a un supuesto continuo o espectro situado entre los varones y las mujeres". Sin embargo, como bien nos aclaran Errasti y Pérez: "Una mujer que presente el síndrome de Turner no es un 90 por ciento mujer y un 10 por ciento varón. Es tan mujer como cualquier otra. Un varón que presente el síndrome de Klinefelter no es un 90 por ciento varón y un 10 por ciento mujer. Es tan varón como cualquier otro. Lo que determina el sexo de un individuo es la función que cumple en la reproducción sexual anisogámica, es decir, el tipo de gameto que aporta a la reproducción. Intersexual es un término que puede dar lugar a equívocos, porque no existen los intergametos, células que estén a medio camino entre los espermatozoides y los óvulos. No hay situaciones intermedias entre fecundar y gestar. En rigor, la intersexualidad sólo tiene de 'inter' el nombre. Hay un equívoco en igualar la complejidad de procesos y mecanismos que intervienen en la determinación del sexo con una supuesta complejidad de los sexos resultantes de dichos procesos y mecanismos. Las distintas vicisitudes del desarrollo sexual no implican distintos sexos" (Errasti y Pérez, 2022: 36).

Como bien sostiene Alicia Miyares, "la injusticia sexual no se combate ignorando que el 'sexo' sea un dato biológico, se combate *no* otorgando a datos biológicos disposiciones naturales de carácter o función social diferenciada" (2021: 204). Se combate, pues, visibilizando que las mujeres somos capaces de gestar, que parimos con dolor, que menstruamos durante largos años de nuestra vida, padecemos cáncer de mama o de útero, menopausia, entre tantos padecimientos específicos, y que para todo ello necesitamos de acciones políticas, sociales y jurídicas específicas. Hablar del útero como si fuera un artefacto cultural, considerar la capacidad de gestar como una modalidad más de la producción y hablar de "personas gestantes" o "menstruantes" es sólo reafirmar que el cuerpo existe y que el sexo es un dato relevante para la acción política, pero que sólo *no* se quiere nombrar a las mujeres, generando así una invisibilización de las mismas. Como si dejar de nombrar a las mujeres tuviera algún efecto en las infraestructuras injustas de dominación. La lógica establecería más bien que se debería nombrarlas más, no menos.

Con todo, esta reinterpretación de la relación sexo-género ha servido para la reivindicación de voces tan distintas como las de los y las homosexuales, bisexuales y, más recientemente, también para los transexuales; pues, en efecto, pareciera que sólo a través de la disolución de una "naturaleza sexual", indudablemente binaria, es posible dar cabida a tal diversidad de constructos identitarios y de orientaciones sexuales sin apelar a la desviación o a la patología. No obstante, para algunas feministas, como Miyares, las consecuencias teóricas y políticas de esta postura, aunque fructíferas para todas estas disidencias sexuales, acarrean consecuencias poco banales para las vidas de las mujeres; pues, a juicio de la autora, desvirtúan el uso del término género (como categoría de análisis) y lo reducen a un mero eslogan identitario que, por si esto fuera poco, termina literalmente borrando a las mujeres del discurso público e invisibilizando sus luchas y sus desigualdades.[12]

---

12 Para más detalles sobre aquello a lo que refiere el llamado "borrado de las mujeres" y las implicaciones que éste conlleva, cfr. <https://contraelborradodelasmujeres.org/>.

De hecho, para Alicia Miyares estos nuevos *transfeminismos* o *feminismos queer* introducen una fisura en el movimiento feminista; no porque introduzcan el concepto de género o de constructo sociocultural en su análisis de los sexos, sino por la nueva función que juega dicho concepto en la construcción teórico-práctica de la diferencia sexual. En este sentido, sostiene la autora: "La perspectiva sexo/género le ha permitido al feminismo *analizar críticamente* tanto el determinismo biológico como las relaciones sociales y de poder, así como revisar los conceptos tradicionales sobre el conocimiento y el saber". Al punto que, "la toma de conciencia de las 'relaciones sexo-género' *es* feminismo", pues, "considerar el género como *categoría analítica* sirve, a todos los efectos, para enjuiciar críticamente la práctica social" (Miyares, 2021: 56) y, por consiguiente, para crear y diseñar políticas con perspectiva de género.

El "generismo" contemporáneo, sin embargo, opera desde una óptica muy distinta, pues transforma un concepto que permite visibilizar estructuras y dinámicas socioculturales del sexo en un constructo meramente subjetivo; es decir, en una característica de orden psicológico que, al referirse a la convicción íntima de una persona (de pertenecer a un género determinado), pierde naturalmente su capacidad analítica y se convierte, más bien, en "una *fuerza causal* que explica la diferencia y divergencia entre los sexos" (Miyares, 2021: 59).

La diferencia conceptual no es menor, pues toma un término (en este caso el "género") que permite integrar nuevas categorías de análisis en el estudio de la diferencia sexual y lo transforma en el elemento definitorio de ésta. Es decir, pasa del género como *categoría crítica* al género *como identidad* y, a través de ello, termina por convertir en "esencia" lo que era principalmente constructo y contingencia: "esencialismo-constructivista"[13] nos dice con justa razón Miyares; pasando así —con una buena cuota de contradicción— del determinismo biológico al psicológico.

13 "Tanto el sexismo como el generismo al determinar por medio de un único factor lo que las personas son y lo que les cabe esperar se encuadran en posicionamientos esencialistas: esencialismo biológico, sexismo; esencialismo constructivista, generismo" (Miyares, 2021: 165).

La novedad de esta metafísica reinterpretada es que todo el peso de la verdad sobre la esencia de la sexualidad recae sobre el sujeto que vive y experimenta su cuerpo y su identidad sexual como una verdad absoluta; es decir, sobre el género entendido como una experiencia íntima e individual[14] que nadie —ni el médico ni el Estado, ni el psicólogo— podrá cuestionar jamás. De modo que, "si en el pensamiento sexista tradicional un niño varón que se pinta las uñas deberá adaptar su género a su sexo, en el pensamiento generista *queer* el mismo niño deberá adaptar su sexo a su género" (Errasti y Pérez, 2022: 106), y tendrá que lograr que todo el andamiaje legal y clínico se adapte también a sus exigencias.[15]

Este individuo aislado, cierto de sí mismo, absolutamente libre e indiferente frente a los mecanismos de poder que lo sujetan (incluso desde dentro) hace pensar en una especie de utopía posmoderna, por lo demás inexistente; pues, si la pretensión última es des-sujetar al individuo de todas sus ataduras biológicas, políticas, ideológicas y culturales, lo cierto es que esta idea romántica y sentimentalista de la autonomía pierde de vista el desconocimiento del yo respecto de sí mismo y, bajo el estandarte de las nuevas políticas de identidad de género, se olvida de las estructuras desiguales,

---

14 Tal como lo expresa el Panel Internacional de Especialistas en Legislación Internacional de Derechos Humanos y en Orientación Sexual e Identidad de Género, en su preámbulo a los Principios de Yogakarta (2006): "La 'identidad de género' se refiere a la *vivencia interna e individual* del género tal como cada persona la siente profundamente, la cual podría corresponder o no con el sexo asignado al momento del nacimiento, incluyendo la *vivencia personal* del cuerpo (que podría involucrar la modificación de la apariencia o la función corporal a través de medios médicos, quirúrgicos o de otra índole, siempre que la misma sea libremente escogida) y otras expresiones de género, incluyendo la vestimenta, el modo de hablar y los modales". [Las cursivas son propias.]

15 Esta lógica posmoderna, enarbolada por Judith Butler y por la mayoría de los movimientos trans (independientemente de si están a favor o no de la reasignación de sexo), "implica establecer la primacía de protección del deseo que se ofrece respondiendo con reconocimiento a la solicitud". De manera que, continúa Butler, "si alguien pone en tus manos su deseo, y si está en tu poder facilitar su realización, entonces estás siempre obligado a responder con respeto y reconocimiento, incluso si tu poder es limitado. Sólo entonces puede la escena del 'tratamiento' convertirse en 'buen tratamiento' y la transformación transexual puede facilitarse así de un modo ético" (Butler, 2010: 5). Como puede verse, incluso en el ámbito clínico, nos encontramos ante la primacía del deseo o, en términos bioéticos, en la era de la autonomía a ultranza, de la idealización de la autonomía; en la que la "postura ética" implica la obligación personal de transformarse a uno mismo a favor de los deseos del paciente (sin importar cuáles sean éstos o lo que indique la ciencia respecto de ellos), y de no negar nunca una acción solicitada por éste, ya que, de otra manera, no se estaría respondiendo con respeto y reconocimiento.

las jerarquías de poder y los mecanismos violentos a los que se ven enfrentados, día con día, las mujeres.

Desde ahí, quizá, pueda esgrimirse una primera explicación frente al hecho, no poco controvertido, de que la performatividad del género, expresada por el movimiento *queer*, continuamente acentúe (aunque descolocados) estereotipos de mujer o de hombre que creíamos ya abandonados. Lo cierto es que, de momento, la tarea de pensar la articulación entre la teoría *queer* y el feminismo, y sus efectos sobre las vidas de las mujeres, se vuelve cada vez más urgente.

Las paradojas teóricas, desde luego, tampoco son menores, ya que este cambio conceptual no sólo pone en entredicho el binarismo sexual y los atributos desde los cuales se ha construido la crítica feminista, sino también subjetiviza e individualiza a tal punto la sexualidad que termina convirtiéndola en un constructo identitario caprichoso y solipsista, el cual se acomoda con toda facilidad a las lógicas del mercado, del imperativo tecnológico y de la explotación capitalista del deseo; mientras oculta, con completa ingenuidad, los mecanismos por los que transita la desigualdad.

Así, enfatiza Miyares, "[l]a 'identidad de género', como 'vivencia íntima' carece de significado social, es vacía. Es mera producción cultural o estética para regocijo o solaz de quienes disfrutan de antemano de ciertas ventajas sociales de clase" (Miyares, 2021: 229); pero también de quienes creen (hay que insistir: ingenuamente) que el "yo soy" o "yo siento" se encuentra libre de reproducir pautas patriarcales.

> Si despojamos al deseo de todo análisis contextual, quién lo encarna preferentemente y por qué, *fetichizamos* el deseo o, peor aún, puede parecernos muy oportuno elevarlo a norma jurídica [hasta confundir deseos con derechos] (Miyares, 2021: 231).[16]

[16] [Las cursivas son propias.] Continúa Miyares: "Se pretende que la mera formulación del 'yo deseo' no tiene por qué significar coacción, apropiación o poder, pero sería tanto como admitir que, por ejemplo, en el espacio íntimo de pareja no hay relaciones abusivas de poder o que el mero deseo liquida relaciones abusivas en el marco contractual [...] o que el deseo no se debe a 'preferencias adaptativas': miles y miles de mujeres desean o 'prefieren' aquello que culturalmente están obligadas a escoger" (Miyares, 2021: 231-232).

La paradoja, entonces, reside en creer que la desigualdad se puede combatir negando la diferencia sexual y construyendo castillos de cristal que reflejen, a modo de esencia, el sentir individual de las personas. La paradoja está en la ilusión de creer que el deseo, sólo por ser deseo, se encuentra libre de mecanismos alienantes y patriarcales; sobre todo, cuando tiene por resultado el borrado de las mujeres en la lucha por la justicia y la igualdad.

Este romanticismo de la autonomía, además de opuesto al tradicional concepto de género (pues si algo nos enseñaba el concepto es que estamos atravesados por la cultura), conduce a la utopía de pensar que la semilla del cambio reside en el individuo y no en la estructura que lo sostiene; y nos orienta a pensar, equivocadamente, que las decisiones personales (como las tareas productivas —profesionales— y reproductivas) son absolutamente autónomas y no se ven influidas por el Estado, el mercado y la familia; es decir, por otros actores involucrados, además del yo.

Como puede verse, el lenguaje no es inocente.[17] Esta tergiversación o manejo de términos ha dejado muchos cuestionamientos abiertos que es preciso replantear y frente a los cuales es urgente colocar la mirada crítico-analítica que nos ofrecía el tradicional concepto de género. Es necesario que planteemos más preguntas y que apuntemos hacia un feminismo que se atreva a desentrañar las lógicas patriarcales que anidan, subrepticiamente, en nuestra realidad. Por ello, el análisis continúa con dos contrasentidos fundamentales en la vida de las mujeres: su inclusión en el ámbito laboral y el dilema de los vientres subrogados y la reproducción asistida.

---

[17] Frase acuñada por Juan Goytisolo, en una entrevista realizada por Julio Ortega y publicada por la revista *The Review of Contemporary Fiction* en 1984, cuando refiriéndose a las obras más significativas del siglo XX sobre el género acuña: "El escritor no puede abandonarse a la inspiración, y fingir inocencia respecto al lenguaje, porque el lenguaje, nunca es inocente".

¿Qué tan inclusiva ha sido la inserción de las mujeres en el ámbito laboral?

El borrado de las mujeres no es completamente nuevo. La reivindicación de la independencia de la mujer respecto del hombre, entendiendo que ambos son absolutamente iguales y que sus diferencias carecen de una base biológica, es una idea cultivada desde los feminismos de los sesentas. Desde entonces, "ser iguales" significaba imitar al hombre en todos los sentidos: ocupar los lugares que sólo ellos ocupaban, liberarse de lo femenino (y con ello también de la maternidad), huir del mundo privado (y que parecía la causa de su esclavitud)... y poner la esperanza de liberación en el mundo laboral. Las ventajas pronto se hicieron ver; sin embargo, como bien apunta Elósegui (2002), junto a estas indudables ganancias va entreviéndose al menos un inconveniente, el borrado de lo considerado como femenino, de las labores de cuidado y del valor de lo privado.[18]

Lograr la inclusión laboral de las mujeres, con la hipótesis de la igualdad radical, sin considerar que tiene diferencias biológicas, ha sido un gran error. Esa anhelada homogeneidad no sólo es errónea, sino que sigue subsumiendo a la mujer en un esquema (completamente patriarcal) de imitación de lo masculino y de renuncia a su propio ser. En efecto, la mujer se ha insertado en el mundo público, pero el varón no ha ingresado en el privado y es precisamente ella, la mujer, quien es el muelle que soporta la economía de los pueblos (Ochoa, 2019: 232).

La evidencia demuestra que la promesa del feminismo de los sesentas, sobre el hecho de que la inserción de la mujer en el ámbito laboral sería liberadora, ha sido incumplida, o por lo menos incompleta. En este sentido los datos estadísticos son cruciales para mostrar la invisibilidad a la que sigue expuesta la mujer, pues sobre todo en un ámbito en el que todo es

[18] "El resultado [nos dice la autora] es que en realidad las mujeres no alcanzaron su identidad sino que se asimilaron a un modelo masculino, que era inicialmente su blanco de críticas, cayendo en un círculo vicioso" (Elósegui, 2002: 52).

cuantificable —como son los recursos, participaciones y distribución— claramente sigue estando en desventaja.[19]

Es innegable que la situación de las mujeres ha mejorado sustancialmente, pero sigue habiendo una enorme brecha en todo el mundo.[20] El Instituto Nacional de Estadística y Geografía (Inegi), por ejemplo, a través de la Encuesta Nacional de Ocupación y Empleo, al segundo trimestre de 2022, reporta una significativa participación de las mujeres en la economía mexicana (el 44.94% de la población económicamente activa) (Inegi, 2022). Eso significa, en definitiva, un logro; no obstante, la persistencia de barreras estructurales, como las diferencias salariales y la discriminación (Lobato *et al.*, 2022),[21] hace preciso una disección que amplíe la perspectiva.

La realidad es que, a pesar del buen resultado en el empeño por incrementar la tasa de empleabilidad, subsisten diferencias latentes entre los

---

19 Es en ese sentido, por lo que en la siguiente sección nos apoyaremos profundamente en las cifras, pues consideramos que para el caso concreto de la invisibilización de la mujer en el ámbito laboral son un argumento contundente. Por el contrario, en las otras paradojas de invisibilización los datos no son ni tan accesibles ni tan estudiados.

20 Según datos del Fondo Monetario Internacional (FMI), las mujeres representan el 40% de la fuerza laboral en el mundo; no obstante, en casi el 90% de los países existe todavía alguna restricción basada en el género, sea de índole legal o estructural. Algunos de los estudios más representativos y vigentes continúan denunciando brechas de género e impedimentos para la adecuada inclusión laboral del género femenino en distintas áreas, por ejemplo, en los altos cargos directivos en Latinoamérica y Europa (Christiansen *et al.*, 2016; Viáfara, 2021). Otros estudios siguen denunciando la inequidad de género en la fuerza laboral, específicamente enlistando los países con "trabas" legales para su inclusión, y mostrando que, tanto las dificultades para integrar a las mujeres a la fuerza laboral como el techo de cristal aún existen (Jovanovic, 2017; Salazar-Castrillón, 2022). De hecho, aunque la pobreza es multidimensional, sus rasgos más representativos (vulnerabilidad, desigualdad, exclusión y discriminación) se relacionan con el género femenino, y las formas de abatirla sólo pueden lograrse con una perspectiva adecuada (Arriagada, 2005). En otros estudios queda esclarecido que las brechas de género han disminuido, pero de manera insuficiente (CEPAL/OIT 2019; CEPAL/OIT, 2021), o se pone en evidencia el proceso de exclusión que significa la carga doméstica extra (de Oliveira y Araiza, 2000), o se hace una comparación entre la brechas de género con respecto a la calidad del empleo para poder cuantificar desde nuevas ópticas los grados de desigualdad a iguales condiciones laborales (Rochabrun Hidalgo *et al.*, 2021; Ocaña, 2022).

21 Knaul, Arreola-Ornelas, Rosado y Méndez (2017), basados en el Informe de Indicadores Clave del Mercado de Trabajo de la (OIT, 2015) sostienen que el 66.9% de las mujeres mexicanas mayores de 15 años, incorporadas al mercado laboral, son subordinadas y remuneradas; no obstante, el 37% no cuenta con servicios de salud como prestación, el 41.9% labora sin tener un contrato escrito. Sólo el 55.2% goza de vacaciones pagadas; el 62.6% percibe aguinaldo y únicamente el 16.9% recibe reparto de utilidades (Knaul *et al.*, 2017). Aunque esas condiciones de precariedad no son muy diferentes a las de los hombres en países en desarrollo, existen informes más recientes que evidencian la continuidad del patrón de desigualdad (Mejía, 2022).

hombres y las mujeres; no sólo en el acceso a oportunidades laborales e igualdad salarial, sino también en las condiciones familiares y en la carga de trabajo que a cada uno se le impone.[22]

La evidencia muestra que los significativos esfuerzos por incluir de manera equitativa a las mujeres en el ámbito laboral han dejado asignaturas pendientes.[23] De hecho, si nos remontamos a la revolución industrial, encontramos que desde entonces se ha fraguado un proceso de "reconstrucción de la intimidad" que, supuestamente, pretende lograr la democratización de las relaciones personales en la vida diaria (dentro de la esfera privada) y, por consiguiente, busca movilizar a hombres y a mujeres a trabajar y criar en condiciones de igualdad. Sin embargo, aunque lo reservado para el hombre —más público— se ha "permitido" a las mujeres, lo reservado para la mujer —más privado— no se ha visto igualmente intervenido por los hombres (Rojas, 2016).

La idea era que las mujeres más proclives a la sumisión y contención migraran a un espacio más público y de proveeduría y, en respuesta, los hombres se involucraran más en la crianza y el cuidado de los hijos; pero esto no se ha llevado a cabo de forma equitativa. A fin de insertarse en

---

22 El Banco Mundial (BM) reportó en la década de 1990 una participación en la fuerza laboral femenina en América Latina del 44%, y para 2019 se incrementó al 52%, no muy distante de los mercados de Estados Unidos (56%) y los mercados de Asia Oriental y el Pacífico (59%). Mundialmente se reporta un porcentaje de participación del 47% (BM, 2021). De hecho, existe una diferencia porcentual del 26.5 entre la participación de la mujer en el ámbito laboral (PMAL) y la participación del hombre en el ámbito laboral (C) (OIT, 2018: 5). La PMAL en México ha tenido un aumento considerable en los últimos 45 años: la tasa de participación femenina en 1970 era del 17% (CIMAD, 2013), y a mediados de 2018 el número se incrementó a 43.7 de cada 100 (Inmujeres, 2018), para el primer trimestre de 2019 alcanzó el 44.9% (Inmujeres, 2019 y 2021). Una diferencia positiva, nada despreciable, de casi el 28% en 49 años.

23 El informe 2013 del FMI "Women, Work and the Economy: Macroeconomic Gains from Gender Equity", basado en la investigación del mundo académico y de instituciones financieras internacionales, demuestra con bastante claridad cómo, a pesar de los avances significativos en últimas décadas, los mercados siguen arrojando un estancamiento en el progreso en cuanto a la incorporación eficaz del género femenino (Elborgh-Woytek *et al.*, 2013; Louzao, 2022). A estas diferencias habría que sumar que los ingresos que reciben las mujeres muchas veces no cubren sus expectativas y no ayudan a un cambio real en sus vidas. Por ejemplo, no todas tienen oportunidad de estudiar (lo que resulta en la mayoría de los casos en un menor ingreso); los hombres ganan hasta un 17.5% más que las mujeres en mandos medios y altos, por suponer que tienen necesidades mayores por cubrir que las mujeres (Moreno *et al.*, 2017; Ocaña, 2022), incluso, aún hoy en día, por condiciones propias de la maternidad a las mujeres se les impide el acceso a oportunidades de tener ingresos superiores o puestos de mayor relevancia.

la esfera pública, las mujeres han tenido que "adaptarse" pagando un precio personal, familiar y social muy alto, tal como se puede apreciar en la siguiente figura:

Figura 3.1. Mujeres atrapadas en un muelle gris.

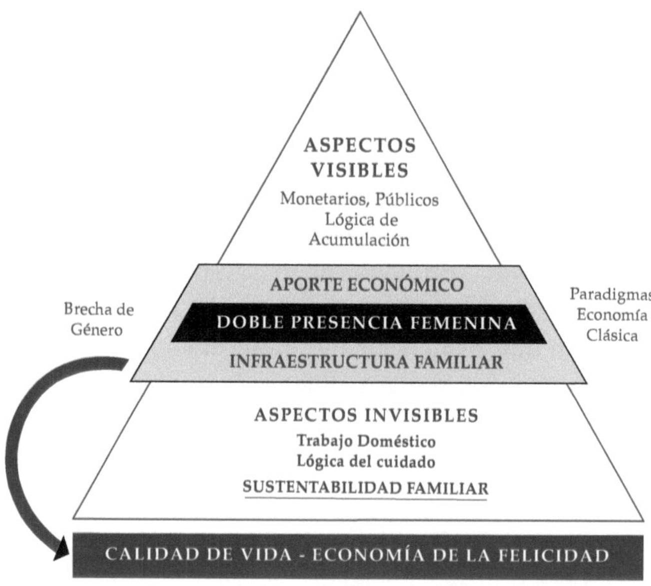

Fuente: Pérez (2006), Rojas (2009) y Pena-Trapero (2009).

En efecto, las mujeres nos hemos insertado en el ámbito laboral formal y ello ha tenido un costo para nuestras vidas: un nivel de tensión constante e injusto que se perpetúa a través del "muelle gris". Un muelle de doble presencia femenina en el que, sola y atrapada entre el mercado y la familia, la mujer no puede funcionar cabalmente ni en su trabajo ni en su hogar.

Al negar la diferencia sexual y, por consiguiente, la relación que existe entre el sexo y el género, hemos ideologizado la igualdad laboral y la hemos convertido en una guerra entre los sexos, sin darnos cuenta de que el "principio de igualdad" requiere de un análisis de la relación entre los sexos y no de su negación. Hemos, pues, nublado el origen del problema y hemos preferido insertarnos en el mundo laboral, emulando conductas típicamente masculinas, a realizar una revolución social que permita, a hombres y mujeres, ser insertados en el ámbito laboral y familiar con sus condiciones y no a pesar de ellas.

¿Hasta cuándo resistirá la mujer en esa postura de tirantez? ¿En qué momento consideramos que no era importante la presencia de los hombres en los asuntos domésticos y en la educación de los hijos? ¿Por qué nos dejamos vencer por los aspectos visibles de la economía y permitimos la invisibilización de lo más nuclear de la sociedad que es la familia? Mientras no hagamos más amplio el análisis, los informes seguirán denunciando inequidad (Global Gender Gap, 2022) y augurando que, al paso que vamos, necesitaremos 132 años para cerrar la brecha de género.

Este avance paradójico, en el que parece que subyacen anclas que impiden el avance nos conmina a ampliar la perspectiva del análisis; a cuestionarnos si hemos dado con el problema central. ¿Se añadió la población femenina al trabajo formal sin considerar su realidad? ¿Será necesario añadir, para hombres y mujeres, una variable que refleje si la realidad familiar es posibilitadora o restrictiva del desarrollo laboral?

Vale la pena analizar por qué no hemos avanzado lo esperado y retomar rumbo. La realidad es que persiste un vacío importante en el abordaje de los estudios sobre la participación de la mujer en el ámbito laboral (PMAL) y, más aún, llama la atención que en estos estudios no se considera a la familia como un elemento de protección, seguridad y sustento psicológico y económico. Es decir, se evalúa la inserción de la mujer en el trabajo,[24] pero no se estudia el sostén estructural que soporta su ausencia (y la del hombre) en el hogar.

---

[24] Japón es una potencia mundial que, siguiendo las sugerencias de McKinsey, ha hecho promesas a la inclusión de género desde 1999 por medio de un sistema que mide los esfuerzos de este país por incluir cada vez más y mejor a las mujeres en el trabajo (Crespín, 2019). Sólo que el problema de inserción efectiva del género femenino no sólo se aboca al cuotismo o proporción que cubran, y esta afirmación se sostiene en la inconsistencia de sus propios informes. Cuando se hizo el primer informe Womenomics, la tasa de participación femenina era del 56%, hoy es del 71%; pero ello no ha erradicado la escasez de mujeres líderes, brechas salariales de género, contratos laborales inflexibles, desincentivos fiscales y sobre todo una insuficiente capacidad de cuidado y sesgos inconscientes (Matsui *et al.*, 2019; Rodríguez Asién, 2020) ¿Será la solución seguir

Para la economía clásica esa cifra es borrosa, y muchas veces invisible: tanto porque no se estudia, como porque se considera irrelevante. Y así, paradójicamente, no es tomada en cuenta la comunidad más importante: en la que cohabitan un conjunto de individuos unidos por lazos legales y/o consanguíneos, que constituye una plataforma estable que les permite concentrarse, aportar a su entorno, reproducirse y generar una infraestructura favorable (o desfavorable) para el crecimiento y desarrollo económico y social (Pliego, 2017).

La inclusión femenina en el ámbito laboral se calcula con un índice porcentual simple que considera el número de mujeres con respecto al total de personas laborando; sin embargo, esta medida no contempla el ámbito consuetudinario del que emerge la mujer y la familia llamado la "infraestructura familiar favorable". No se puede ignorar la enorme desventaja que representa tener un mismo sueldo, un mismo puesto e idénticas responsabilidades, y no contar con la infraestructura necesaria para soportar su ejercicio. Quien padezca violencia, sea jefa o jefe monoparental, tenga una vivienda indigna y no tenga la certeza de dónde dejar a sus hijos, inevitablemente rendirá menos a la economía, al desarrollo de su familia, de su comunidad y de su país. Es por eso, quizá, que a pesar de tanto avance se siguen denunciando desigualdades, incluso en países muy proclives al desarrollo femenino.

Es importante notar que la desigualdad persiste no sólo por su condición de género, como afirman algunos estudios (Velázquez Narváez y Díaz Cabrera, 2020), sino porque no se puede pretender que las labores de cuidado correspondientes a la familia desaparezcan o no sean responsabilidad de nadie. En efecto, es mucho más práctico medir las condiciones ideales para que cualquier persona pueda insertarse en el ámbito laboral, que asumir las condiciones reales y existenciales en las que se insertan las dinámicas de trabajo. Resulta sencillo asumir, como hasta este momento se ha hecho,

sus orientales pasos aspirando a una igualdad proporcional simple, asumiendo que esa será la solución de un mundo más justo?

que una especie de entelequia cultural indefinida,[25] responsable de todas nuestras injusticias, irá disminuyendo en la medida en que ésta se vaya denunciando; pero la realidad es que, hasta el momento, esa migración tan esperada no ha tenido lugar.

La realidad mundial muestra la vulnerabilidad de las mujeres que trabajan con respecto a que cuenten o no con servicio de guardería, padezcan violencia, tengan una vivienda precaria o un doble jornal que atender (Brito, 2022: 5-7; Peralta, 2022: 52-53). Aunque esa realidad es mucho más grave en países en vías de desarrollo, en aquellos muy avanzados en economía y esquemas de igualdad también es parecida, dado que el problema de su total integración laboral no tiene entre los elementos de su análisis la infraestructura familiar.

Resulta fundamental materializar la minusvalía que representa para hombres y mujeres una infraestructura familiar frágil que imposibilita o impacta en la integración de quienes padecen estas condiciones y que, hoy por hoy, son en su mayoría mujeres. Una mujer está plenamente inserta en el ámbito laboral si tiene las condiciones que le faciliten esa incorporación de forma integral, dado que le ayudan a llevar a cabo de una manera constante y armónica su trabajo. Una mujer ha de tener acceso a la salud y a guarderías, pues el cuidado de su familia requiere de ello, como también de la inserción de los hombres en la dinámica de los cuidados (Giddens, 1998). Ha de vivir en un ambiente armónico, debe contar con el ingreso suficiente, habitar en una vivienda digna y no llevar sola, sobre sus hombros, el doble jornal que el trabajo doméstico le requiere (pues sucede ahora que los hombres no son los únicos proveedores; pero las mujeres, en la mayoría de los casos, sí son las únicas cuidadoras). En definitiva, considerar la incorporación de la mujer al ámbito laboral formal, desvinculada de esa realidad, es adherir al sistema laboral a una persona trunca.[26]

---

25 "Patriarcado público" lo ha llamado Walby (1990), "Neopatriarcado" lo define Webb (2010), o "Patriarcado blando" lo enmarca Martínez García (2013). Incluso, se ha llegado hasta el nivel de asumir que la incorporación de las mujeres al ámbito laboral será siempre desigual (Alcañiz, 2015).

26 Lo cual, sin duda, nos debería conducir a reflexionar y a cuestionar la manera en la que también hemos normalizado y "naturalizado" la desvinculación de los hombres respecto de la familia, la educación y el cuidado.

Como se ha mostrado hasta ahora, en los últimos cien años se han producido avances significativos en este tema, no obstante, salvo algunas excepciones, la mujer en general sigue jugando un papel secundario en lo relacionado con el poder y la toma de decisiones (Varela, 2012; Aduna Mondragón y Medina Salgado, 2021). Pareciera que "se le permitió" salir del hogar para insertarse en un mundo de hombres donde se le exigió entrar en igualdad de condiciones, cuando éstas no son iguales. Salió de su hogar, pero su salida no sólo fue parcial, sino que implicó llevar a cuestas la carga emocional de su familia; la cual no es mala, pero debe ser compartida. Ni el espacio público ni el doméstico están en igualdad de condiciones, aunque hay que seguir trabajando mucho en ello. Es imprescindible medir el impacto que representa para su incorporación el hecho de emerger de una infraestructura familiar favorable o desfavorable.

El hecho de añadir al cálculo el enfoque de incluir la variable de que hombres y mujeres provenimos de un entorno familiar, y que dependemos de alguna forma de la realidad que allí se viva para desarrollarnos plenamente, podría aportar una nueva mirada a los tan denunciados hechos que no han acabado de desaparecer, como la desigualdad laboral y el techo de cristal. No obstante, mientras sigamos únicamente preocupadas por la inclusión de la mujer en el ámbito laboral y no en el mejoramiento de su situación integral y relacional, seguiremos ofreciendo promesas de libertad e igualdad que quedarán incumplidas.

Desde la lógica de un feminismo centrado en la persona, es claro que necesitamos comprometernos más seriamente con la idea de que lo familiar y lo laboral son cosas de hombres y de mujeres, en tanto seres personales capaces de donación y de transformación del mundo y de sí mismos. Necesitamos, pues, asumir con mayor seriedad el problema que implica escindir la vida humana en dos realidades inconexas (una realidad personal, doméstica

Habría que insistir, pues, que la división sexual del trabajo también lo ha dejado trunco con respecto a su ser personal y, por consiguiente, que aún tenemos pendiente medir el costo que esto ha tenido sobre su propia vida, la de su familia y la de la sociedad en su conjunto.

y privada y otra social, laboral y pública) y dejar de presuponer que cada una de ellas pertenece, natural y necesariamente, a uno u otro sexo.

El mundo del mercado y del trabajo se ha construido desde una mentalidad eficientista y utilitarista que, en su afán por los números, ha terminado por perder de vista a la persona y, paradójicamente, más que liberarla la ha alienado respecto de su vida afectiva, personal y familiar. De ahí que la incorporación de la mujer al trabajo se haya hecho muchas de las veces desde este carácter antinómico: a costa de su maternidad, de su familia y de sus deseos, y que, por consiguiente, los índices de su inserción al mundo laboral reflejen poco o nada de su emancipación y su autorrealización.

Sin duda, la solución para superar esta artificial antinomia entre la familia y el trabajo, o entre la inserción laboral y la reproducción, no está en negar todos los avances que se han hecho hasta ahora, mucho menos en que la mujer regrese a casa. La solución está en una readaptación de la sociedad, del mercado laboral y de la legislación, a un cambio cultural y sociológico en el que la igualdad conlleve diferencia, corresponsabilidad e interdependencia (Elósegui, 2002: 88), y en el que se asuma el valor social y personal de la familia.

Pero ¿qué sucede cuando, en lugar de apostar por una reconfiguración social, lo hacemos por una reconfiguración de la biología y del cuerpo femenino? ¿Será que la solución está en el uso de una técnica que permita a las mujeres aplazar o subrogar su maternidad? ¿Es posible que, al fin liberadas de nuestra condición femenina, las mujeres alcanzaremos la igualdad y la libertad tan esperadas?

¿La reproducción asistida opera en favor de las mujeres?

Desde los anticonceptivos para evitar un embarazo no deseado hasta las clínicas de fecundación *in vitro* y los vientres de alquiler, millones de mujeres en las últimas décadas se han beneficiado a causa de diversos avances tecnológicos que promueven no sólo el sueño de tener descendencia, sino que también ofrecen la posibilidad de elegir con mayor precisión el momento y la opción de tener hijos (León Correa, 2007). Así, a partir del momento en que fue posible iniciar la vida artificialmente, las Técnicas de Reproducción Asistida (TRA) se venden en el mercado como la mejor opción para aquellos individuos que desean convertirse en padres. Se presentan, en especial, como la cura para aliviar el dolor de una mujer por ser infértil o simplemente para romper con el estigma bajo el cual una mujer debe cumplir con su reloj biológico a toda costa (Bartlett, 1999). Sin embargo, ahora que la vida puede comenzar en el laboratorio, ¿qué implica realmente este cambio para las mujeres? Sobre todo, ¿qué tanto promueve y respeta la dignidad de su persona? ¿Están sus necesidades realmente atendidas, o de hecho se vuelven invisibles ante una industria que demanda sus capacidades reproductivas?

La mayoría de las técnicas (si no es que todas) tienen efectos adversos que recaen física y psicológicamente[27] sobre el sexo femenino. En los casos de fecundación *in vitro*, donación de óvulos y maternidad subrogada, por ejemplo, se somete el cuerpo de las mujeres a intervenciones hormonales y quirúrgicas que pueden afectar gravemente su salud y la de su futuro hijo/a (García *et al.*, 2020).[28] No obstante, la confusión existente entre las futuras madres sobre sus propias expectativas al respecto y los medios de comunicación presionando con la romantización de este periodo han construido una narrativa unívoca en torno a lo que una mujer debe ser y hacer con su fertilidad (Berend, 2012; Golombok *et al.*, 2013; Tieu, 2009).

Lo interesante es que esta narrativa también aplica para mujeres solteras que desean tener un hijo fuera de cualquier convención institucional o matrimonial. Incluso resulta necesario destacar que las técnicas de reproducción aparecen, de igual manera, como una posibilidad incluyente de personas no binarias y pertenecientes a la comunidad LGBTQ+ (Carone *et*

---

[27] Para más información sobre este tema véanse: Aznar y Cuenca, 2019; Deech y Smajdor, 2007a; García *et al.*, 2020; Kamm, 2013; Kawwass y Badell, 2018.

[28] Cfr. "En cuanto a la posibilidad de que sufran patologías adquiridas, algunos estudios detectan que los niños nacidos por fecundación *in vitro* tienen mayor riesgo de sufrir alteraciones del desarrollo psicomotor, parálisis cerebral, autismo, asma y, en general, peor estado de salud en la primera infancia. A más largo plazo se detecta un envejecimiento vascular prematuro, con mayor riesgo de hipertensión arterial" (García *et al.*, 2020).

al., 2018). Por ello, como bien afirma María Mies, resulta sumamente importante cuestionar si las herramientas tecnológicas y la ciencia promueven la emancipación de la mujer o si éstas, más bien, incentivan el olvido (o invisibilización) de su dignidad al instrumentalizarla y cosificarla (Mies, 1985: 571).

Con esa misma línea crítica, autoras tales como Kajsa Ekis Ekman, Renate Klein y Amrita Pande afirman que las TRA promueven, disfrazadas de bondad y generosidad, la explotación reproductiva de miles de mujeres (Deech y Smajdor, 2007a; Ekman, 2013; Klein, 2017; Pande, 2014). Para ellas resulta paradójico que, si bien es cierto que durante siglos la reproducción humana se ha visto con la mirada del sexo masculino, las feministas no revisen exhaustivamente cómo las TRA son promovidas y defendidas por los intereses de un mercado que lucra con la reproducción humana, a costa de la instrumentalización de las mujeres y la cosificación del vínculo entre madre-hijo (Waldby, 2019: 9-10).

Lo anterior no es un mito, las clínicas de reproducción asistida cada vez encuentran más anormalidades para someter a las mujeres a diagnósticos prenatales a fin de prevenir deficiencias en el embarazo. De ese modo, se aconseja a las mujeres recurrir a la artificialidad cuando el problema, en muchas ocasiones, se puede resolver por vías naturales. Es más, en caso de que el embrión presente "defectos", el aborto es promovido como una de las mejores soluciones (Mellis *et al.*, 2018). Así también, el alquiler de vientres y la donación de óvulos han sido promovidos ampliamente por las industrias de fecundación *in vitro* (FIV), que buscan nuevos mercados y compradores (Klein, 2017; Pérez, 2018).

Lo que hace a los óvulos tener un valor tan especial está asociado con su capacidad de crear y continuar el linaje de una familia y, al mismo tiempo, su rareza se encuentra en la pérdida de su vida fuera del cuerpo de una mujer. Esta dualidad ha generado un mercado[29] que capitaliza con la fertilidad

[29] El mercado de la fecundación *in vitro* (FIV) fue valuado en 617.5 millones de dólares mundialmente en el año 2020; se espera que llegue a los 1,024.2 millones en 2028. Este crecimiento en el mercado se prevé debido al incremento en casos de infertilidad en las parejas, madres solteras y por la comunidad LGBTQ+, que busca tener hijos por medio de las TRA. Ahora bien, el mercado de la FIV está compuesto por las siguientes

de mujeres jóvenes que ven en la opción de vender sus óvulos la oportunidad de ayudar a miles de parejas que desean tener hijos (Waldby, 2019: 8).

De este modo, las industrias de reproducción asistida han desarrollado un mercado que se caracteriza por vender a estas jóvenes la idea según la cual, al "donar" sus óvulos ellas son reconocidas como mujeres generosas y buenas (Kawwass y Badell, 2018). Sin embargo, es la romantización de estas industrias lo que tergiversa el lenguaje y lo que provoca que miles de mujeres vean en la denominada "donación de ovocitos", una manera de obtener dinero relativamente fácil y, a la vez, la oportunidad de ser reconocidas como mujeres altruistas que buscan el bien del prójimo (Steinbock, 2004). Es decir, estas industrias retroalimentan un discurso que reduce a las mujeres a su capacidad de donación y gentileza para obtener de ellas elementos fundamentales de sus cuerpos.

En un documental titulado *Eggsploitation*, producido por la activista canadiense Jennifer Lahl y Evan Rosa (2009), se expone el criterio de selección de las mujeres para la donación de óvulos. Éstas, en general, tienden a ser jóvenes (entre los 19-30 años) que se encuentran endeudadas, algunas por sus estudios, otras por complejos contextos sociales. Sin embargo, ¿qué tanto podemos hablar de libertad y autonomía si desde un inicio existe una coacción económica en la elección? Ofrecen un contrato en el cual, conscientemente, todas estas jóvenes acceden a vender sus óvulos; empero, es preocupante la falta de información. Existen diversos casos en los cuales no se les dio seguimiento médico y padecieron: cáncer de ovario, derrames cerebrales, infertilidad, perforación de algún órgano en la extracción de óvulos y en el peor de los casos la muerte (Lahl y Rosa, 2009; Kawwass y Badell, 2018).

En el caso de la maternidad subrogada ocurre lo mismo. Debido a los grandes fracasos de la FIV, que comúnmente tienden a ser traumatizantes para las mujeres (con 70 u 80% en casos de mujeres por encima de los 35 años), la renta de vientres se ofrece como la posibilidad de comprar/alquilar

intervenciones: clínicas de fertilidad, criobancos, institutos de investigación, hospitales y centros quirúrgicos (Research, 2022).

el útero de una mujer que se convertirá en la reproductora/recipiente de un hijo (Klein, 2017). Esto cada vez se ha normalizado e inmiscuido en el discurso popular como una posibilidad viable solamente para aquellas parejas que tienen acceso a la renta de un vientre y compra de un hijo. Pero el lenguaje es claro: únicamente es accesible para *algunas* mujeres (Ekman, 2013; Klein, 2017).

En efecto, cuando distintas celebridades aparecen en las portadas de revistas populares dando noticia del nacimiento de sus hijos por medio de vientres de alquiler, se habla de estas felices parejas (Ekman, 2013). Sin embargo, no se menciona siquiera a las mujeres que "cargaron" con estos bebés. Se les invisibiliza por completo. Es más, se retroalimenta una lógica donde el uso y la preocupación por el "recipiente" que da luz al niño puede ser ignorado, porque va a recibir una remuneración o, por lo menos, un reconocimiento por su bondad y generosidad; empero, no por su dignidad (Ekman, 2013). En otras palabras, suplimos el cuento de la cigüeña por una dulce mujer india, ucraniana o mexicana que puede hacer realidad el sueño de alguien más por unos cuantos dólares. Son engañadas por múltiples empresas que buscan alquileres baratos para mostrar que las nuevas técnicas de reproducción son capaces de cumplir el sueño de las pocas parejas que tienen acceso a la renta de un vientre y compra de un hijo (Ekman, 2013; Klein, 2017).

La maternidad subrogada también es defendida porque alude a la plena autonomía y libertad de las mujeres que acceden a rentar sus vientres. Según este discurso, dichas mujeres consienten esta técnica y, al recurrir a ella, afirman también el derecho a tener control sobre su propio cuerpo. Pero ¿qué tan cierto es esto? La mayoría de las gestantes, si no es que todas, consienten convertirse en vientres de alquiler bajo su propia "elección"; empero, lo interesante de dicho uso de su autonomía es que el consentimiento está dado, ante todo, por la falta de otras alternativas para solventar económicamente su vida.

Más aún, ¿por qué, por ejemplo, no se habla de cómo estas mujeres provenientes, en su mayoría, de Camboya, la India, Ucrania o México son coaccionadas a firmar dichos contratos cuyos términos no han decidido? La pobreza extrema de estos lugares obliga a mujeres a convertirse en vientres de alquiler por necesidades económicas, y las orilla a aceptar sus condiciones por falta de información (Chesler, 1988; Arneson, 1992). Esto muestra cómo la maternidad subrogada implica la explotación de mujeres de escasos recursos,[30] y nos muestra crudamente la falta de reconocimiento y de justicia ante todas las mujeres; puesto que no sólo se aprovecha de la vulnerabilidad económica y social de estas mujeres, además, bajo la bandera de la autonomía y la libertad las cosifica y utiliza como un medio de producción (o re-producción) más.

En la India —afirma la socióloga Amrita Pande— nos encontramos con tres escenarios distintos que determinan el proceso en la industria de la maternidad subrogada: *1*) elección simple sin ningún tipo de coacción; *2*) elección coaccionada por el marido o algún familiar para conseguir dinero; *3*) elección coaccionada por algún agente comercial que le miente para ganar dinero (Pande, 2014). Aunque en principio estos tres tipos de historias parecen no tener mucho en común, el punto de encuentro radica en que detrás de todas ellas existen mujeres que se encuentran en pobreza extrema.[31] Por tanto, más que hablar de una libre elección, ¿no se trata de un tipo de coacción indirecta por falta de opciones?, ¿dónde queda la tan defendida autonomía? La verdad es que son mujeres que se encuentran sujetas a un contrato escrito para que sean las menos beneficiadas con un "trabajo" de 24 horas, del cual no descansan por meses. En otras palabras: por el capricho de un tercero, escondido detrás de un consentimiento por contrato, se pasa por alto la explotación de estas mujeres (Tieu, 2009).

No olvidemos los incontables casos en los que obligan a las mujeres —que se usan para gestar—, por medio de un contrato, a someterse a intervenciones riesgosas, toma de medicamentos y, en algunas ocasiones,

30 Según datos del Banco Mundial de 2016, la India fue el destino turístico reproductivo mundial por excelencia. Se reportaron ganancias de hasta 400 millones de dólares. Esto porque en Estados Unidos el costo de rentar un vientre ronda en 150 000 dólares, mientras que en la India el pago que recibían las mujeres correspondía al salario que una familia ganaría en cinco años (2 000 y 10 000 dólares) (Pérez Hernández, 2018).

31 En un estudio realizado por Amrita Pande en la India, reportó que 34 de 42 mujeres que arrendaron su vientre tenían un ingreso familiar por debajo de la línea de la pobreza ganando aproximadamente 31.25 dólares mensuales (Pande, 2009).

procedimientos quirúrgicos. En la India, por ejemplo, existen situaciones en las que se les prohíben salidas y visitas de determinados lugares donde ellas deben residir durante los nueve meses que dura la transacción (Pande, 2014; Tieu, 2009; Berend, 2012). Tampoco ignoremos que, si la calidad genética de los donadores es inferior o si los padres deciden que los rasgos presentados por el embrión son indeseables, éstos tienen el derecho de ordenar a la mujer embarazada que aborte, aun si va en contra de sus propias creencias (Klein, 2017; Tieu, 2009:172-173). En definitiva, la dignidad de estas mujeres se ve violentada por completo cuando es vista únicamente como un medio para la obtención de un fin individualista. No se diga la dignidad "del producto" que, si presenta fallas congénitas, es simplemente desechado (Pande, 2014).[32]

Ahora bien, es importante destacar el trato psicológico al cual se someten estas mujeres. Se les dice que el bebé que darán a luz no es su hijo, puesto que no tiene sus genes, y por otro lado deben convencerlas para que ellas se sientan únicamente como "contenedores", "hornos" u "hoteles" que tuvieron un visitante por unos cuantos meses (Berkhout, 2008). En otras palabras, debido a que la mujer que alquila su vientre funciona como un contenedor del embrión, no se espera de ella que forme un vínculo con el bebé y, por tanto, los sentimientos tras la separación son vistos como una aflicción pasajera (Ekman, 2013: 170).

De nuevo estamos hablando de una noción trunca de la mujer en la que se le reduce a mera corporalidad y se descuida reconocer el valor que posee como persona. Se invisibiliza a la mujer que lleva durante nueve meses al bebé de otras personas y se deja en el olvido su identidad. Sus cuerpos son vistos como máquinas de las cuales ellas mismas hacen uso y sus mentes, escindidas del cuerpo, son utilizadas como herramientas para garantizar la eficiencia del proceso. Nada más contrario a la unidad sustancial que la que apunta al feminismo centrado en la persona y, por consiguiente, nada

---

32 No olvidemos el caso de *Baby Gammy*, quien fue abandonada por sus padres en Tailandia al saber que tenía síndrome de Down y falla cardiaca. La madre gestante, al no querer abortarla, se quedó con la pequeña Gammy para hacer lo posible por salvarla; mientras que sus padres se quedaron con su hermana gemela que no presentaba ningún tipo de trisomía (BBC, 2015).

más alejado de lo que podría concebirse como condiciones de posibilidad para la autodeterminación (Pande, 2014; Allen 1998).

Las industrias promueven un discurso que deben asimilar las mujeres que "por amor, generosidad y bondad" alquilaron su vientre, y cuya narrativa requiere que se conciban a sí mismas como una cosa. De hecho, sin esta autocosificación resulta imposible explicar racionalmente la ruptura de un vínculo tan íntimo como es la maternidad (Tieu, 2009). Y no sólo eso, el discurso autocosificante que deben concientizar genera una paradoja en sí misma, ya que por un lado tienen que pensarse a sí mismas como una cosa, pero al mismo tiempo deben cuidarse y cuidar al bebé que se encuentra creciendo en su vientre. El problema es que esta dualidad plantea la siguiente interrogante: ¿qué se hace en una situación en la que una mujer debe distanciarse de una parte de sí misma (e incluso de su ser), y al mismo tiempo preocuparse y cuidar de ella? (Ekman, 2013).

Un estudio exhaustivo realizado por la socióloga estadounidense Zsusza Berend reveló que las mujeres que rentaron su vientre —en casos altruistas y comerciales— presentaban rasgos depresivos, los cuales eran escondidos por las industrias TRA, promoviendo un discurso cosificante por el bien de la pareja. Ellas eran borradas de la familia feliz, descartadas y obligadas a disociarse de sus emociones (creando una distancia mental y suprimiendo sus emociones), para pensarse a sí mismas, únicamente, como la "cargadoras" de un producto mandado a hacer por padres caprichosos (Berend, 2012).

Ante estas circunstancias resulta necesario repensar el feminismo que aboga por una "autonomía pura" como la esencia última de la mujer. Porque la mujer no es su mera corporeidad ni lo que decide o no con ella. Estamos hablando de mujeres que son una subjetividad individual con un valor inalienable e inviolable, y cuya dignidad no puede quedar invisibilizada por una burda ilusión de autonomía, que no es más que manipulación, explotación y mercantilización de su cuerpo y su función reproductiva.

A través de las TRA se ha logrado postergar la maternidad, prescindir de las relaciones sexuales, y se ha logrado instalar un discurso en el que el pleno uso de la autonomía justifica cualquier fin. Sin embargo, toda esta aparente liberación por medio de la técnica termina por atarnos a un sistema lucrativo y capitalista, en el que el imperativo tecnológico está sometido a los deseos reproductivos de los más privilegiados. El problema es que vivimos una época de máxima mercantilización y pareciera que no nos damos cuenta de que la misma tecnología propicia una visión reduccionista de la mujer, pues ya no nos interesa ésta en su totalidad, sino sólo en lo que sirve y puede capitalizarse: su útero (Ekman, 2013).

En este sentido, entonces, ¿qué tanto las nuevas tecnologías resuelven los problemas estructurales de explotación e instrumentalización del cuerpo femenino? Lo que hay detrás es una aparente libertad que se vende a las mujeres. Disfrazado de un altruismo compasivo y solidario, se conduce a miles de mujeres a poner toda su esperanza en manos de las nuevas tecnologías reproductivas. Esto no sólo termina por justificar cualquier medio para alcanzar el fin de la maternidad, sino que además cosifica el vínculo maternal. La paradoja es clara: las mujeres se ven reducidas a responder a sus cadenas biológicas siendo madres a cualquier costo, mientras que miles de mujeres se ven coaccionadas a "ayudar y a donarse" para el cumplimiento de caprichos individualistas. La maternidad subrogada muestra cómo la instrumentalización y cosificación justifican la "aparente" liberación de la mujer. El problema es que no nos damos cuenta de que dicho uso de la autonomía no es universal. Es un hecho que sólo unas cuantas pueden liberarse de las cadenas de la biología.

Por ello, es necesario cuestionar y defender un tipo de feminismo que reconozca el valor absoluto de todas las mujeres y no solamente de unas cuantas. En especial, hace falta un feminismo que luche por una autonomía, pero que no promueva el uso del cuerpo de la mujer a costa del derecho de otros. Debemos, pues, defender un feminismo que busque la justicia y la igualdad de las mujeres, sin tener que pasar por encima de nadie.

Conclusiones

Tal como se menciona al principio del capítulo, avanzar no siempre es ir hacia un mejor lugar. Cabe a estas alturas cuestionarse, ¿realmente estamos mejor?, ¿las mujeres hemos alcanzado ya la autonomía, la justicia y la igualdad tan deseadas? Hay algunos aspectos en los que sí, pero es preciso dimensionar el verdadero costo de ese avance y si es necesario atreverse a reenfocar el rumbo.

Hemos elaborado estas páginas con la convicción fundante del *feminismo centrado en la persona* de que la crítica puede ser una herramienta de cooperación con otras formas de feminismo en el mundo contemporáneo y, en ese sentido, hemos tratado de destacar cómo la aparente emancipación de las mujeres, tan defendida como uno de los pilares del feminismo, en muchas ocasiones puede ser tramposa. Así, nos encontramos con paradojas que en apariencia nos hablan de libertad e igualdad, pero que, tal como hemos intentado mostrar, en realidad nos atan a una dinámica en la que sólo algunas (o algunos) ganan y el resto (generalmente mujeres) pierde.

A todas luces se ve que le debemos muchas cosas a la conquista feminista hegemónica; sin embargo, y quizá justo por eso, estamos en el mejor momento para replantearnos si sus logros han sido, en términos verdaderos, en contra de la instrumentalización y cosificación de las mujeres (y, por consiguiente, si la han conducido a una auténtica liberación y dignificación), o si, por el contrario, han perpetuado su invisibilización.

Hemos de trabajar en un mundo que admita la diferencia sexual sin miedo y en el que podamos ser integradas plenamente y no adicionadas a un mundo de reglas "masculinas". Mujeres y hombres debemos ir a un segundo nivel de análisis crítico que acorte la brecha de género dentro del marco de un abierto encuentro con lo diferente. Llevemos la teoría relacional de Pierpaolo Donatti a su máxima expresión (Donatti, 2006), reforzando el vínculo que como seres humanos tenemos en esta casa común.

Uno de los mitos que ha construido la narrativa según la cual la tecnología fue creada para emanciparnos de las cadenas biológicas, aún sigue, en realidad, promoviendo la justificación del uso del cuerpo de una mujer para el beneficio de unos cuantos. Así, la aparente emancipación de las mujeres se ve sesgada por una realidad que muestra todo lo contrario.

Es necesario atrevernos a pensar fuera del *statu quo* y adentrarnos en los problemas que permean el día a día de las mujeres. De todas ellas.

Referencias

Abramo, L. (2004), "¿Inserción laboral de las mujeres en América Latina: una fuerza de trabajo secundaria?", OIT, *Estudios Feministas*, vol. 12, núm. 2, pp. 224-235. Disponible en <https://www.scielo.br/pdf/ref/v12n2/23969.pdf>.

Aduna Mondragón, A. P. y C. Medina Salgado (2021), "Las mujeres ejecutivas desde el suelo pegajoso hasta el techo de cristal. En la búsqueda permanente de un horizonte quebradizo", *GénEroos. Revista de Investigación y Divulgación sobre los Estudios de Género*, vol. 28, núm. 30, pp. 305-332. Disponible en<https://ojs.ucol.mx/index.php/generos/article/view/24>.

Alcañiz, M. (2015), "Género con clase: la conciliación desigual de la vida laboral y familiar", *Revista Española de Sociología*, núm. 23.

Allen, P. (1998), "Can Feminism Be a Humanism?", *Maritain Studies/Etudes Maritainiennes*, vol. 14.

American Psychiatric Association (2016), *DSM-5. Manual de diagnóstico y estadístico de los trastornos mentales*, Editorial Médica Panamericana.

Arneson, R. J. (1992), "Commodification and Commercial Surrogacy", *Philosophy and Public Affairs*, vol. 21, núm. 2, p. 132.

Ariño, I., F. Capella, S. Calvo, C. Casado y M. de la Torre (2021), *Desmontando el feminismo hegemónico*, I Ariño (coord.), Unión Editorial.

Arriagada, I. (2005), "Dimensiones de la pobreza y políticas desde una perspectiva de género", *Revista CEPAL*, abril. Disponible en

<https://www.cepal.org/es/publicaciones/11002-dimensiones-la-pobreza-politicas-perspectiva-genero>.

Aznar, J., y J. T. Cuenca (2019), "Social Freezing: Analysis of an Ethical Dilemma", *Ethics & Medicine: An International Journal of Bioethics*, vol. 35, núm. 3, pp. 161-170.

Barnes, E. (2016), *The Minority Body*, Oxford University Press.

Barnes, C. y G. Mercer (2006), *Independent Futures. Creating user-led disability services in a disabling society*, Polity Press.

Bartlett, K. T. (1999), "Feminism and Family Law", *Family Law Quarterly*, vol. 33, núm. 3, pp. 475-500.

BBC (2015), "Baby Gammy granted Australian citizenship", BBC News, 20 de enero. Disponible en <https://www.bbc.com/news/world-australia-30892258>.

Beauvoir, S. de (2013), *El segundo sexo*, Nueva York, Penguin Random House (Colección de Bolsillo), 728 pp.

Berend, Z. (2012), "The Romance of Surrogacy", *Sociological Forum*, vol. 27, núm. 4, pp. 913-936.

Berkhout, S. G. (2008), "Buns in the Oven: Objectification, Surrogacy, and Women's Autonomy", *Social Theory and Practice*, vol. 34, núm. 1, pp. 95-117.

Bloch, A. H. (2013), "Betty Friedan: women's work, post WWII liberalism, and the origins of women's liberation in the United States", *Signos Históricos*, vol. 15, núm. 30, pp. 64-106.

BM (2021), *Tasa de población activa, mujeres (% de la población femenina mayor de 15 años) (estimación modelada OIT)*, Banco Mundial. Disponible en <https://datos.bancomundial.org/indicator/SL.TLF.CACT.FE.ZS>.

Bolla, L., F. Parra y C. Torno (2020), "Trabajo doméstico y opresión de las mujeres desde la teoría de Federici", en E. Asprella, S. Liaudat y F. Parra (coords), *Filosofar desde nuestra América: liberación, alteridad y situacionalidad*, La Plata, EDULP. Disponible en <http://sedici.unlp.edu.ar/handle/10915/112699>.

Brito, L. J. (2022), "Maternidad y seguridad social en México", Conferencia Interamericana de Seguridad Social. Congreso de los 80 años de existencia. Disponible en <https://ciss-bienestar.org/wp-content/uploads/2022/12/NT18-maternidad-y-seguridad-social-en-meico.pdf>.

Browder, S. E. (2020), *Sex and the Catholic Feminist: New Choices for a New Generation*, Ignatius Press.

Butler, J. (2007), *El género en disputa. El feminismo y la subversión de la identidad*, Paidós.

_______ (2010), "Prólogo. Transexualidad, transformaciones", en Gerard Coll-Planas y Miquel Missé (eds.), *Género desordenado. Críticas en torno a la patologización de la transexualidad*, Egales, pp. 2-5.

Carone, N., R. Baiocco, D. Manzi, C. Antoniucci, V. Caricato, E. Pagliarulo y V. Lingiardi (2018), "Surrogacy families headed by gay men: Relationships with surrogates and egg donors, fathers' decisions over disclosure and children's views on their surrogacy origins", *Human Reproduction*, vol. 33, núm. 2, pp. 248-257. Disponible en <https://doi.org/10.1093/humrep/dex362>.

CEPAL/OIT (2019), *Coyuntura laboral en América Latina y el Caribe. Evolución y perspectivas de la participación laboral femenina en América Latina*, Naciones Unidas. Disponible en <https://repositorio.cepal.org/bitstream/handle/11362/44916/1/S1900833_es.pdf>.

_______ (2021), *Employment Situation in Latin America and the Caribbean: Policies to protect labour relations and hiring subsidies amid the COVID-19 pandemic*. Disponible en <https://repositorio.cepal.org/bitstream/handle/11362/47511/S2100694_en.pdf?sequence=3&isAllowed=y>.

Chesler, P. (1988), *Sacred Bond: The Legacy of Baby M*, Persephone's Books. Disponible en <https://www.abebooks.com/first-edition/Sacred-Bond-Legacy-Baby-M-Chesler/301345086/bd>.

Christiansen, L., H. Lin, J. Pereira, P. Topalova, A. Turk y P. Koeva (2016), "Unlocking female employment potential in Europe: Drivers and benefits", 1 de marzo. Disponible en <https://www.imf.

org/en/Publications/Departmental-Papers-Policy-Papers/Issues/2016/12/31/Unlocking-Female-Employment-Potential-in-Europe-Drivers-and-Benefits-43712>.

CIMAD (2013), "Estadísiticas sobre mujeres empresarias", Centro de Investigación de la Mujer en Alta Dirección/IPADE. Disponible en <https://www.ipade.mx/wp-content/uploads/2017/04/Estadisticas_sobre_mujeres_y_empresarias_en_Mexico.pdf>.

CNDH (2018), *Los derechos humanos de las personas transgénero, transexuales y travestis,* México, Comisión Nacional de los Derechos Humanos. Disponible en <https://www.cndh.org.mx/sites/all/doc/cartillas/2015-2016/31-DH-Transgenero.pdf>.

Contra el Borrado de Mujeres. Disponible en <https://contraelborradodelasmujeres.org/>.

Crespín Perales, M. (2019), "Womenomics en Japón: Mujer, neoliberalismo y paradigma productivista", *Recerca. Revista de Pensamiento y Análisis*, núm. 24.

De Oliveira, O. y M. Araiza (2000), "Género, trabajo y exclusión social en México", *Estudios Demográficos y Urbanos*, enero-abril. Disponible en <http://www.redalyc.org/articulo.oa?id=31204302>.

Deech, R. y A. Smajdor (2007a), "Ethics, Embryos, and Infertility", en *From IVF to Immortality*, Oxford University Press. Disponible en <https://doi.org/10.1093/acprof:oso/9780199219780.003.0003>.

Deech, R. y A. Smajdor (2007b), "Fertility is a Feminist Issue", en *From IVF to Immortality*, Oxford University Press. Disponible en <https://doi.org/10.1093/acprof:oso/9780199219780.003.0005>.

Donatti, P. (2006), *Repensar la sociedad*, EIUNSA.

Ekman, K. E. (2013), *Being and being bought. Prostitution, surrogacy and the split self*, Spinifex Press.

Elborgh-Woytek, K. M. Newiak, K. Kochhar, S. Fabrizio, K. Kpodar, P. Wingender y G. Schwartz (2013), *Women, work, and the Economy: Macroeconomic Gains from Gender Equity*, Washington, International Monetary Fund. Disponible en <https://www.imf.org/external/pubs/ft/sdn/2013/sdn1310.pdf>.

Elósegui, M. (2002), *Diez temas de género. Hombre y mujer ante los derechos productivos y reproductivos*, Ediciones Internacionales Universitarias.

Errasti, J., y M. Pérez (2022), *Nadie nace en un cuerpo equivocado. Éxito y miseria de la identidad de género*, Deusto.

Gallardo, J. (2020), "Victoria Volkova: carta para Playboy México", *Playboy*, 20 de mayo. Disponible en <https://www.playboy.com.mx/playboy-se-lee/victoria-volkova-carta-para-playboy-mexico/>.

García, A. H., J. L. González y J. A. Lucea (2020), "Análisis bioético del impacto de las Técnicas de Reproducción Asistida (TRA) en la salud de niños y madres", *Medicina y Ética*, vol. 31, núm. 2, pp. 287-306. Disponible en <https://doi.org/10.36105/mye.2020v31n2.02>.

Giddens, A. (1998), *The Transformaion of Intimacy Sexuality, Love & Erotism in Modern Societies*, 2ª ed., trad. B. Herrera, Madrid, Cátedra. Disponible en <http://mastor.cl/blog/wp-content/uploads/2014/07/Anthony-Giddens-La-Transformacion-de-la-Intimidad-124-pags.pdf>.

Global Gender Gap Report (2022), Economic Forum. Disponible en <https://www.weforum.org/reports/global-gender-gap-report-2022/>.

Golombok, S., L. Blake, P. Casey, G. Roman y V. Jadva (2013), "Children born through reproductive donation: A longitudinal study of psychological adjustment", *Journal of Child Psychology & Psychiatry*, vol. 54, núm. 6, pp. 653-660. Disponible en <https://doi.org/10.1111/jcpp.12015>.

González, A. M. (2009), "Género sin ideología", *Nueva Revista de Política, Cultura y Arte*, núm. 124, pp. 33-47.

Henault, M. (2001), *De la rueca a la red. La economía sumergida*, Buenos Aires, Editorial Corregidor (Categoría Economía), 172 pp.

Herrero García, A., J. Lluna González y J. Aznar Lucea (2020), "Análisis bioético del impacto de las Técnicas de Reproducción Asistida (TRA) en la salud de niños y madres", *Medicina y Ética*, vol. 31, núm. 2, pp. 287-306. Disponible en <https://doi.org/10.36105/mye.2020v31n2.02>.

Ince, S. (1994), "Inside the Surrogate Industry", en *Living with Contradictions*, Routledge.

Inegi (2019), "Participación económica femenina con base en ENOE", Sistema de Indicadores de Género/Inegi, primer trimestre. Disponible en <http://estadistica.inmujeres.gob.mx/formas/tarjetas/Participacion_economica_femenina.pdf>.

_______ (2020), Censo de Población y Vivienda, México, Inegi. Disponible en <https://inegi.org/programas/ccpv/2020/#Documentacion>.

_______ (2021), Programa Institucional 2020-2024. Avance de resultados 2021 Disponible en <https://www.gob.mx/cms/uploads/attachment/file/728522/Avance_y_Resultados_2021_25_05_2022.pdf>.

_______ (2022), Encuesta Nacional de Ocupación y Empleo (ENOE), población de 15 años y más de edad, México, Inegi, tercer trimestre. Disponible en <https://www.inegi.org.mx/programas/enoe/15ymas/default.html#Tabulados>.

Inmujeres (2018), "Indicadores de Género del Instituto Nacional de las Mujeres, septiembre. Disponible en <http://estadistica.inmujeres.gob.mx/formas/tarjetas/Empleadoras.pdf>.

Jovanovic, M. (2017), "Girl Power. Finance and Development", *Finance & Development*, IMF, marzo. Disponible en <https://www.imf.org/external/pubs/ft/fandd/2017/03/picture.htm>.

Kamm, F. M. (2013), *Bioethical Prescriptions: To Create, End, Choose, and Improve Lives*, Oxford University Press. Disponible en <https://doi.org/10.1093/acprof:oso/9780199971985.001.0001>.

Kawwass, J. F. y M. L. Badell (2018), "Maternal and Fetal Risk Associated With Assisted Reproductive Technology", *Obstetrics and Gynecology*, vol. 132, núm. 3, pp. 763-772. Disponible en <https://doi.org/10.1097/AOG.0000000000002786>.

Kittay, E. (1999), *Love´s labor. Essays on Equality, Women and Dependency*, Routledge.

_______ (2001), "When caring is Just and Justice is Caring: Justice and Mental Retardation", *Public Culture*, vol. 13, núm. 3, pp. 557-579.

Kittay, E. F. (2020), "A Demanding Ethics of Care", *Hastings Center Report*, vol. 50, núm. 2, pp. 46-46. Disponible en <https://doi.org/10.1002/hast.1102>.

Klein, R. (2017), *Surrogacy: A Human Rights Violation*, Spinifex Press.

Knaul, F., H. Arreola Ornelas, J. Rosado y O. Méndez (2017), *Valuando lo invaluable: las contribuciones de las mujeres a la salud y a la economía en México*, Fundación Mexicana para la Salud y Programa Universalidad y Competitividad en Salud.

Lahl, J. y E. Rosa (2009), *Eggsploitation* [documental], The Center for Bioethics and Culture.

Lamas, M. (1994), "Cuerpo: diferencia sexual y género", *Debate Feminista*, núm. 10.

León Correa, F. J. (2007), "El diálogo bioético en las técnicas de reproducción asistida", *Acta Bioethica*, vol. 13, núm. 2, pp. 161-167.

Lobato, D. E. C., M. J. S. García, J. L. G. C. Mora y M. C. Castañeda (2022), "Brecha de género en México (2014-2018): desigualdad de género como limitante laboral para la obtención de oportunidades", *Observatorio Institucional Alianza del Pacífico 2020*, vol. 23.

Louzao Sabelli, J. (2022), "La perspectiva de género en el área de recursos humanos de las organizaciones", *Revista de la Facultad de Derecho*. Disponible en <https://doi.org/10.22187/rfd2022nesp1a2>.

Martínez García, J. S. (2013), *Estructura social y desigualdad en España*, La Catarata.

Matsui, K., H. Suzuki y K. Tatebe (2019), *Womenomics 5.0 Progress, areas for improvement, potential 15% GDP boost*, Nueva York, The Goldman Sachs Group. Disponible en <https://www.goldmansachs.com/insights/pages/womenomics-5.0/multimedia/womenomics-5.0-report.pdf>.

Mayer, L., y P. McHugh (2016), "Sexualidad y género. Conclusiones de la biología, la psicología y las ciencias sociales", *The New Atlantis. A Journal of Technology & Society*, vol. 50.

Mejía Matute, S. R. (2022), *Determinantes de la desigualdad laboral en Ecuador y Latinoamérica en la última década. Revisión teórica*, Universidad de Azuay. Disponible en <http://dspace.uazuay.edu.ec/handle/datos/11726>.

Mellis, R., N. Chandler y L. S. Chitty (2018), "Next-generation sequencing and the impact on prenatal diagnosis", *Expert Review of Molecular Diagnostics*, vol. 18, núm. 8, pp. 689-699. Disponible en <https://doi.org/10.1080/14737159.2018.1493924>.

MGI (2015), "The power of parity: how advancing women´s equality can add $12 trillion to global growth", Instituto Global McKinsey, septiembre. Disponible en <https://www.mckinsey.com/featured-insights/employment-and-growth/how-advancing-womens-equality-can-add-12-trillion-to-global-growth>.

_______ (2021), "Women in the work place", Instituto Global McKinsey, septiembre. Disponible en <https://www.mckinsey.com/featured-insights/diversity-and-inclusion/women-in-the-workplace>.

Mies, M. (1985), "'Why do we need all this?' A call against genetic engineering and reproductive technology", *Women's Studies International Forum*, vol. 8, núm. 6, pp. 553-560. Disponible en <https://doi.org/10.1016/0277-5395(85)90093-7>.

Miyares, A. (2021), *Distopías patriarcales. Análisis feminista del "generismo queer"*, Cátedra/Universitat de València.

Moreno, C. L., J. A. Morales y J. de La Cruz (2017), "Empoderamiento de la mujer en el área laboral en México", *Gênero &. Direito*. Disponible en <https://www.researchgate.net/publication/332637415>.

Neema, V., y N. Kumar (2022), "Feminism in advertising: Irony or revolution? A critical review of femvertising", *Feminist Media Studies*, vol. 22, núm. 2, pp. 441-459. Disponible en DOI: 10.1080/14680777.2020.1825510

Ocaña Lara, G. A. (2022), "Desigualdad de género en el ámbito laboral de los países de América Latina en los estudios de revistas académicas de género de los últimos diez años", tesis de maestría en Gestión del Talento Humano, Quito, Universidad Andina Simón Bolívar, sede Ecuador. Disponible en <http://hdl.handle.net/10644/8599>.

Ochoa Torres, S. A. (2019), "Análisis del proceso de inclusión de las mujeres en el ámbito laboral y de su impacto en la infraestructura familiar", en *La persona: ON-OFF: Desafíos de la familia en la cuarta revolución industrial,* Bogotá, Universidad de La Sabana, p. 227. Disponible en <https://intellectum.unisabana.edu.co/bitstream/handle/10818/39735/Memorias_IX_Congreso_Internacional_sobre_La_Familia_Unisabana.pdf?sequence=2#page=227>.

OIT (2015), Informe de indicadores clave de mercado de Trabajo 2015. Informe completo, Ginebra, Oficina Internacional del Trabajo. Disponible en <https://www.ilo.org/global/statistics-and-databases/research-and-databases/kilm/WCMS_498940/lang—es/index.htm>.

________ (2018), Perspectivas sociales y del empleo en el mundo: avance global sobre las tendencias del empleo femenino 2018, p. 5. Disponible en <http://www.ilo.org/global/research/global-reports/weso/trends-for-women2018/WCMS_619603/lang—es/index.htm>.

Paglia, C. (2018), *Feminismo pasado y presente,* Turner (Colección Minor).

Pande, A. (2009), "Not an angel, not a whore: Surrogates as 'dirty' workers in India", *Indian Journal of Gender Studies,* vol. 16, núm. 2, pp. 141-173.

_______ (2014), *Wombs in labor. Transational Commercial Surrogacy in India,* Columbia University Press.

Panel Internacional de Especialistas en Legislación Internacional de Derechos Humanos y en Orientación Sexual e Identidad de Género (2006), Preámbulo a los Principios de Yogakarta. Disponible en <http://yogyakartaprinciples.org/preambule-sp/>.

Pena-Trapero, B. (2009), "La medición del bienestar social: una revisión crítica", *Estudios de Economía Aplicada,* vol. 27, núm. 2, pp. 299-324. Disponible en <http://www.redalyc.org/articulo.oa?id=30117056001>.

Peralta, G. (2022), "Hogares con jefatura femenina y su relación con la pobreza en América Latina: una revisión sistematizada", *Gestionar. Revista de Empresa y Gobierno,* vol. 2, núm. 3, pp. 51-61.

Pérez, A. (2006), *Perspectivas feministas en torno a la economía: el caso de los ciudadanos,* Consejo Económico y Social. Disponible en <https://porunavidavivible.files.wordpress.com/2012/09/perez-orosco.pdf>.

Pérez Hernández, Y. (2018), "Gestación subrogada: una revisión etnográfica para contribuir al debate en México", *Debate Feminista*, vol. 56, pp. 85-109. Disponible en <https://doi.org/10.22201/cieg.2594066xe.2018.56.05>.

Pérez Martell, L. (2022), *Reflejo de los estereotipos de género en la publicidad: El caso de Nike*, tesis de grado, Universidad de Sevilla.

Pliego, F. (2017), *Estructuras de familia y bienestar de niños y adultos. El debate cultural del siglo XXI en 16 países democráticos*, México, Cámara de Diputados/UNAM-Instituto de Investigaciones Sociales. Disponible en <http://biblioteca.diputados.gob.mx/janium/bv/lxiii/estrfam_bieninadu.pdf>.

Plummer, K. (2003), *Intimate Citizenship: Private Decisions and Public Dialogues*, Seattle, University of Washington Press.

Ramírez, F. (2017), "Análisis de dos métodos de medición equidad de género, aplicados en Latinoamérica; beneficios que obtienen las organizaciones y empresas", *Revista de la Facultad de Ciencias Químicas*, vols. 7-21, Universidad de Cuenca, septiembre. Disponible en <https://publicaciones.ucuenca.edu.ec/ojs/index.php/quimica/article/view/1644>.

Research, V. M. (2022), "$1024.2 Mn Global In Vitro Fertilization (IVF) Market Forecast by 2022-2028 | Rising Cases of Male and Female Infertility are Major Factor Driving Market, With CAGR 8.8% | Ivf Market Demand, Size, Share, Trend Analysis by Vantage Market Research", GlobeNewswire News Room, 17 de junio. Disponible en <https://www.globenewswire.com/en/news-release/2022/06/17/2464630/0/en/1024-2-Mn-Global-In-Vitro-Fertilization-IVF-Market-Forecast-by-2022-2028-Rising-Cases-of-Male-and-Female-Infertility-are-Major-Factor-Driving-Market-With-CAGR-8-8-Ivf-Market-Demand.html>.

Rochabrun Hidalgo, F. M., R. M. Uceda Florez y E. Salas-Blas (2021), "Estrés laboral y percepción de competencias parentales en padres que trabajan", *Revista de Investigación Psicológica*, vol. 26, pp. 51-68.

Rodríguez Asién, E. (2020), "El papel de la mujer y el Womenomics en Japón", *Revista Observatorio Iberoamericano de la Economía y la Sociedad del Japón*, diciembre. Disponible en <https://www.eumed.net/es/revistas/observatorio-iberoamericano-de-la-economia-y-la-sociedaddel-japon/vol-12-no-36-diciembre-2020>.

Rojas, M. (2009), "Economía de la felicidad. Hallazgos relevantes respecto al ingreso y el bienestar", *El Trimestre Económico*, vol. 76, núm. 3, pp. 537-573. Disponible en <http://www.eltrimestreeconomico.com.mx/index.php/te/article/view/489/527>.

Rojas, O. L. (2016), "Mujeres, hombres y vida familiar en México. Persistencia de la inequidad de género anclada en la desigualdad social", *Revista Interdisciplinaria de Estudios de Género*, vol. 2, núm. 3, enero-junio, pp. 73-110. Disponible en <https://estudiosdegenero.colmex.mx/index.php/eg/article/view/4>.

Salazar-Castrillón, C. (2022), "Informe final de práctica: el techo de cristal", trabajo de grado, Universidad Católica de Colombia, Facultad de Ciencias Económicas y Administrativas, Programa de Economía, Bogotá, Colombia.

Shapovalova, Y., V. Pankova, T. Volkova, Z. Bykador y S. Shelkovnikova (2017), "Importance of the Feminist Thought for Modern Civilization", en 4th International Multidisciplinary Scientific Conference on Social Sciences and Arts SGEM2017, pp. 357-362.

Shiva, V. y M. Mies (1998), *La praxis del ecofeminismo*, Icaria. Disponible en <https://hdl.handle.net/10983/27612>.

Steinbock, B. (2004), "Payment for Egg Donation and Surrogacy", *Mount Sinai Journal of Medicine*, vol. 71, núm. 4, pp. 255-265.

Steiner, G. (2020), *Nostalgia del absoluto*, 14ª ed., Siruela (Biblioteca de Ensayo).

Tieu, M. M. (2009), "Altruistic surrogacy: The necessary objectification of surrogate mothers", *Journal of Medical Ethics*, vol. 35, núm. 3, pp. 171-175. Disponible en <https://doi.org/10.1136/jme.2008.024679>.

Varela, H. M. (2012), "Iguales, pero no tanto. El acceso limitado de las mujeres a la esfera pública en México", *Confines de Relaciones Internacionales y Ciencia Política*, vol. 8, núm. 6, pp. 39-67. Disponible en <http://www.scielo.org.mx/scielo.php?script=sci_abstract&pid=S1870-35692012000200003&lng=es&nrm=iso>.

Velázquez Narváez, Y. y M. D. Díaz Cabrera (2020), "Violencia y desigualdad laboral en México: revisión teórica desde una perspectiva de género", *Andamios*, vol. 17, núm. 42, pp. 423-440 [Epub 28 de agosto de 2020]. Disponible en <https://doi.org/10.29092/uacm.v17i42.750>.

Viáfara Guacaneme, D. (2021), Sobre el trabajo extradoméstico de las mujeres, las dinámicas de poder en pareja y los roles de género en parejas de sectores altos de Bogotá-Colombia, Universidad de los Andes. Disponible en <http://purl.org/coar/resource_type/c_bdcc>.

Walby, S. (1990), *Theorising Patriarchy*, Oxford, Basil Blackwell. Disponible en <https://libcom.org/files/Theorizing%20Patriarchy%20-%20Sylvia%20Walby.pdf>.

Waldby, C. (2019), "The Oocyte Economy: The Changing Meaning of Human Eggs", en *The Oocyte Economy*, Duke University Press. Disponible en <https://doi.org/10.1515/9781478005568>.

Webb, J. (2010), "Gender and the post-industrial shift", en J. Scott, R. Crompton y C. Lyonette, *Gender Inequalities in the 21st Century: New Barriers and Continuing Constraints*, Edward Elgar, pp. 85-108.

WFM (2013), *Informe mundial de la Familia*, World Family Map. Disponible en <https://www.childtrends.org/wp-content/uploads/2013/02/Child_Trends-2013_01_15_FR_WorldFamilyMap.pdf>.

Capítulo 4

El artivismo mexicano: una alternativa frente a la paradoja del sistema para erradicar la violencia contra las mujeres

Natalia Stengel Peña,[a] Susana A. Ochoa Torres, Luz María Álvarez Villalobos[b]

En un mundo como éste, en el que el feminicidio es la prueba de que el resto de nuestros derechos no han sido garantizados. Si fuera garantizado nuestro derecho a la igualdad, donde seamos respetadas, pues, estaríamos todas vivas.

Sayuri Herrera, primera fiscal especializada en delitos contra la mujer para el video *Vivir Quintana*

Abstract

Este análisis examina a partir de estadísticas la situación de violencia que enfrentan las mujeres en México. En primera instancia se define la violencia en contra de las mujeres y se analizan algunas de las estadísticas que miden este fenómeno en México. Aunado a esto, se identifican y examinan los mecanismos legales y jurídicos enfocados en la erradicación de la violencia de género, en la que encontramos una paradoja. Al reconocer la ineficiencia y, en algunos casos inoperancia, se explora la posibilidad de comprender la violencia de género como un constructo cultural. Por tanto, se arriesga la hipótesis de que es necesario

[a] Universidad Anáhuac Querétaro, The University of Edinburgh.

[b] Universidad Panamericana, Instituto de Humanidades campus Guadalajara.

modificar la cultura y apostamos por sugerir que la respuesta debe venir desde esfuerzos culturales transdisciplinarios. Con esto en mente, se explora y define la alternativa que presenta el artivismo a partir de la examinación de la obra *Memorial para Lesvy y víctimas de feminicidio*, de una artivista mexicana.

Introducción

La violencia es la forma más inhumana y brutal de convencer, manipular o comunicar. Aun así, pareciera estar enraizada y naturalizada en la cultura como lo ha mostrado la historia durante siglos. La violencia siempre es tragedia no sólo contra la mujer. Los migrantes, los indígenas, los judíos, musulmanes o cristianos y otros grupos minorizados continuamente son blanco de injusticias y de violencia. Menuda superación constituyó la instauración del Estado moderno, el liberalismo de Locke, los pactos sociales de Rousseau y las convenciones de Hobbes (Del Águila, 2014; Ramos, 2012; León, 2010) que, tratando de "civilizar al ser humano" para que pudiese convivir de una forma más acorde con sus esfuerzos, terminaron haciendo depender su propia existencia al arbitrio del reconocimiento del Estado.

En ese sentido, se han creado mecanismos legales y estatales con el fin de proteger a diversos grupos vulnerables. En el caso de las mujeres no ha sido distinto. Sin embargo, no han sido suficientes para erradicar la violencia. En este escenario es pertinente explorar otras reacciones que optan por vías alternas para hacerle frente a la violencia. Este análisis examina el artivismo feminista como una estrategia que no sólo se opone a la violencia, sino que pareciera proveer a las mujeres con otras herramientas para denunciar, desarticular y hacerle frente a la desigualdad y la violencia por razón de género. En concreto, observamos estas cualidades en el *Memorial para Lesvy y las víctimas de feminicidio*, de la artivista Cerrucha.

Iniciamos conceptualizando la violencia como un fenómeno social subsumido en las entrañas de las relaciones humanas. López Hernández y Rubio señalan que es una manifestación de conflictos interpersonales que se da con los más cercanos en razón de lograr la sumisión del agredido (2020). Es un problema que escapa a los ámbitos político, jurídico y económico, aunque les compete. Frente a este panorama, argumentamos que una de las problemáticas es que la violencia está inserta en un contexto cultural sexista que promueve conductas dañinas hacia la población femenina. Este análisis continúa con un breve repaso y diagnóstico de los mecanismos legales y estatales que existen en México con el fin de erradicar la violencia en contra de las mujeres. Con esto buscamos determinar los efectos y la eficiencia de estos mecanismos, así como identificar algunas de las causas por las que no han tenido los resultados esperados. Observamos que el conjunto de leyes, denuncias, manifestaciones, protocolos de alerta de género y otros no han disminuido la violencia, porque no se puede modelar con estadísticas, sino con comportamientos introyectados esperados.

Al observar que no es sólo con exposiciones más o menos abruptas de datos como convenceremos al imaginario colectivo, proponemos explorar qué ofrece el artivismo. El panorama que sugiere lo cuantitativo, aun reconociendo sus carencias, justifica la urgencia por erradicar la violencia contra las mujeres, y que es necesario encontrar otros mecanismos que fortalezcan las acciones y esfuerzos existentes. Es con acciones inclusivas que inicien en primera persona con las que habría que empezar. Dado lo anterior, definimos las categorías de artivismo y memorial para formular un análisis de lo pertinente que resultan obras como la de Cerrucha para el contexto mexicano.

Considerando que la categoría de artivismo no ha sido cabalmente definida,[1] proponemos una conceptualización tomando en cuenta obras que han sido catalogadas con el neologismo. Los primeros proyectos que recurrieron a esta etiqueta son el trabajo antropológico de Ileana Diéguez y la definición de arte político de la artista cubana Tania Bruguera. Con estos antecedentes, en pocas palabras comprendemos al artivismo como acciones transdisciplinarias que privilegian el contacto con el público sobre el

1 En Fundéu RAE se menciona que el artivismo es un sustantivo que se usa para referirse a la práctica del activismo a través del arte y que, como término válido, no necesita entrecomillar ni escribirse en cursivas.

producto final; recurren a herramientas artísticas y de las ciencias sociales para crear plataformas que amplifican las voces de poblaciones usualmente minorizadas. En el caso del artivismo feminista, la mayoría de los proyectos demandan justicia. Con la valentía de hacer un análisis que concluya que, a pesar de tantos avances y tantas denuncias, se ha logrado poco y el problema se ha vuelto inmanejable.

El abordaje de la violencia contra las mujeres

En primera instancia, es pertinente compartir nuestra conceptualización de la violencia. Apreciamos que se trata de un fenómeno presente a lo largo de la historia, muchas veces "justificada" o tolerada en aras de un supuesto bien mayor, y es ejercido por quien detenta el poder. Está profundamente asociada a la dominación y, aunque es la manera más primitiva de autoridad —*potestas* vs. *auctoritas*—, se ha perpetuado como la forma de opresión más común (Díaz, 1996). La violencia contra la mujer empezó a ser denunciada de modo específico desde mediados del siglo XX, pero no fue sino hasta 2008-2010 cuando empezó a nombrarse con el término compuesto "violencia de género" (Jaramillo y Canaval, 2020). El concepto de violencia de género está relacionado con significados macroestructurales tales como economía, política, salud, ciencias forenses, artes, etcétera. Es un término ligado al movimiento social de mujeres, quizá por ello la sociedad no acaba de asimilarlo en su dimensión total.

Enarbolando la bandera feminista, durante los últimos 25 años en México han surgido movimientos que han promovido la defensa de la mujer frente a la violencia. Independientemente de los resultados, parece claro que se ha logrado visibilizar el problema. Esto por sí mismo representa ya un primer avance. A pesar de ello, entre los logros del movimiento feminista se encuentra, desde 2007, la Ley General de Acceso de las Mujeres a una Vida Libre de Violencia (LGAMVLV), edicto vigente que debiera velar por la integridad de la mujer. En ésta se contemplan los tipos de actos o conductas en los que se expresa la violencia. Entre ellas se encuentran las violencias patrimonial, económica, psicológica, física y sexual.[2] Además de otros tipos de violencia que se han estudiado desde distintos aspectos, contempla otras manifestaciones como la violencia docente (Tapia Fonllem y Villaescusa, 2021), la violencia en el propio hogar (Rodríguez Peraza, 2019) y el feminicidio (Damián y Flores, 2018; De León Torres, 2018; Hernández, 2016; Orozco Reséndiz, 2020), y un largo etcétera.

Es importante destacar para nuestro análisis que el objetivo de la ley no es punitivo, sino sobre todo preventivo; se enfoca en garantizar que las mujeres vivan libres de violencia y, por tanto, pareciera apostar más hacia un cambio cultural que hacia la persecución de los violentadores. Lo que hace que, aun cuando es positivo buscar el cambio cultural, presenta una paradoja irresoluble y por demás absurda. Al no existir sanción, no hay delito que perseguir. Lo que inutiliza al sistema jurídico para castigar el delito, puesto que para éste "no existe". Esto explicaría parcialmente el avance lento, pues cambiar la cultura requiere varios años y esfuerzos. Por esta razón, aunque se han creado mecanismos derivados de la ley, que parecen abonar poco, en realidad son en absoluto ineficaces.

La apreciación de esta realidad, por lo menos una de las caras de ésta, es resultado de otro triunfo feminista. Desde la Tercera Conferencia Mundial de Nairobi (1995) y la Declaración y la Plataforma de Beijing (1995), las mujeres señalaron la necesidad de generar datos desagregados por género, pues sólo así se podría observar el avance o retroceso en materia de los derechos de las mujeres y la erradicación de la violencia. Si bien hoy se reconoce que los indicadores son una reducción numérica de la realidad, se siguen considerando como útiles en tanto que "La visibilidad de la situación de las mujeres a través de su representación numérica ha sido esencial para la formulación de políticas" (Guzmán Acuña, 2017: 138).

Con este antecedente nos es posible afirmar que las mediciones permiten apreciar la carencia de mecanismos efectivos para erradicar la

---

2 Las definiciones de cada uno de los tipos de violencia en contra de las mujeres pueden ser consultadas en la LGAMVLV, 2007. Disponible en ‹https://www.gob.mx/cms/uploads/attachment/file/209278/Ley_General_de_Acceso_de_las_Mujeres_a_una_Vida_Libre_de_Violencia.pdf. Formato digital disponible en inglés: http://www.summit-americas.org/brief/docs/Law_on_access_to_a_life_free_violence.pdf›.

violencia. Un indicador valioso sobre la situación de violencia que se experimenta en México es aquel que mide el sentimiento de inseguridad que podemos apreciar en algunas valoraciones. En marzo de 2022, el 66.2% de la población mexicana de 18 años y más consideró que es inseguro vivir en su ciudad. En marzo y diciembre de 2021 los porcentajes fueron de 66.4 y 65.8%, respectivamente (Inegi, 2022). Pero esta percepción no se da en igualdad de circunstancias. El 71.1% de las mujeres y el 60.4% de los hombres tuvieron una percepción de inseguridad. Lo que muestra que hombres y mujeres no perciben de la misma forma la inseguridad y la proximidad de la violencia. Hay 10.7 puntos porcentuales de diferencia como podemos advertirlo en la gráfica del Instituto Nacional de Estadística y Geografía (Inegi),[3] la cual lo muestra por sí misma:

Gráfica 4.1. Percepción social sobre inseguridad pública a nivel nacional según sexo (porcentaje).

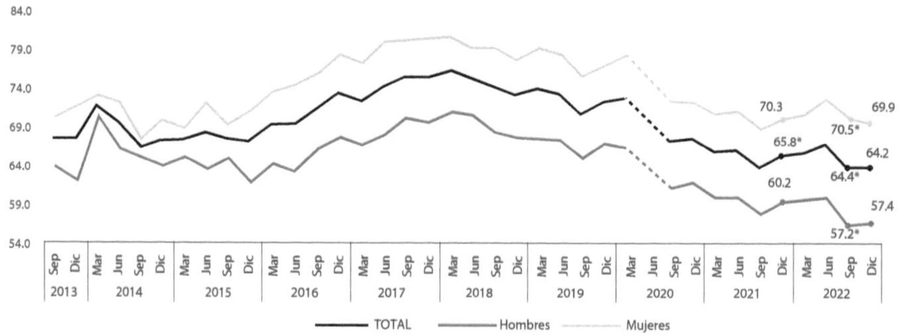

Fuentes: Inegi 2022; López González 2022.

[3] El Inegi aclara que la gráfica muestra el porcentaje de los resultados de la encuesta de la población de 18 años y más, residente en las ciudades de interés que considera que vivir actualmente en su ciudad es inseguro. Excluye la opción de respuesta "No sabe o no responde", ya que debido a la emergencia sanitaria generada por el virus SARS-COV2 fue cancelado el levantamiento correspondiente al segundo trimestre de 2020, cuyos resultados serían publicados el 15 de julio de ese año (Encuesta Nacional de Seguridad Pública Urbana [ENSU]).

Aunque la prevalencia delictiva durante 2020 fue 14% mayor en hombres que la estimada para mujeres, hay enormes diferencias que exigen ser observadas con mayor detenimiento. Por ejemplo, de cada 100 personas que son víctimas de delitos sexuales, siete son hombres y 93 son mujeres —246 hombres contra 3,140 mujeres.[4] A partir de esto, podemos destacar que la percepción de inseguridad tiene un sustento real. En lugares específicos esa percepción es 10 o 12 puntos más alta en mujeres que en hombres (Inegi, 2021). Como se puede observar en la gráfica del Inegi que aparece a continuación.

Gráfica 4.2.

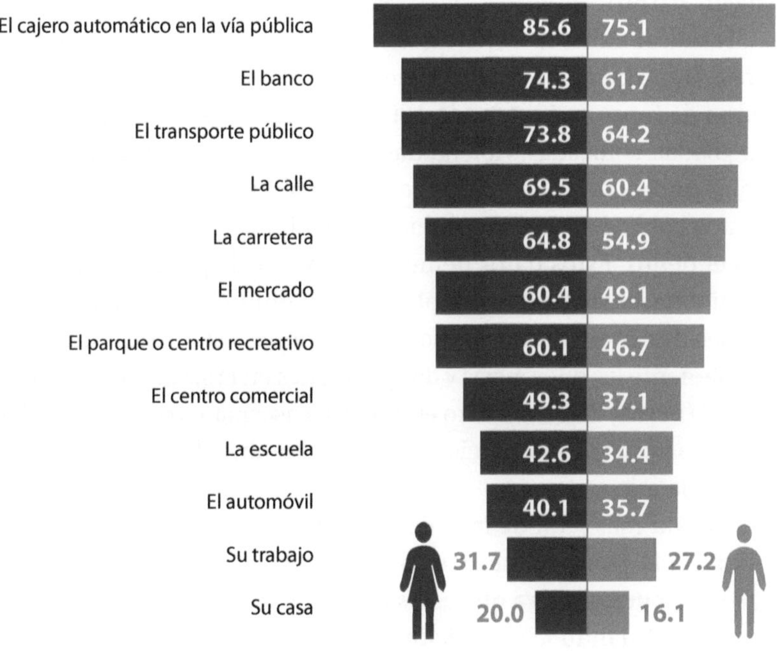

Fuente: Inegi (2021).

4 Incidencia delictiva por sexo–tipo de delito. Tasa de delitos por cada 100 000 habitantes. Por tipo de delito según víctima.

Las percepciones de inseguridad encuentran su justificación al considerar los índices delictivos en México. Desde 2015 se han rebasado los indicadores de violencia en el país, alcanzando semejanzas alarmantes con naciones azotadas por la guerra (Hernández, 2016: 152). Sin embargo, las consecuencias de la violencia son distintas para hombres y mujeres. La cantidad de mujeres víctimas de feminicidio en el país ha crecido exponencialmente en los últimos 25 años, paradójicamente a la inversa a la formulación de leyes, declaratorias y acciones para prevenirlo. En 2016, por ejemplo, se registró el número más alto de mujeres asesinadas de los últimos 27 años que aumentó con respecto al año anterior —2015— el 18.4% (Inegi, 2016a). El 67% de las mujeres en México ha padecido algún tipo de violencia (Inegi, 2016b).

Fatídicamente, la violencia se encuentra generalizada en hombres y mujeres. Ahora bien, los varones mueren mucho más por ataques frontales con arma de fuego —63 de cada 100—. Las mujeres, en cambio, mueren estranguladas, sofocadas, violentadas sexualmente y con múltiples heridas de armas punzocortantes, tres veces más que los hombres (Inegi, 2016), lo que nos habla del cambio conductual en el imaginario social relacionado con el delito. Estos datos demuestran cómo "la producción estadística permite hacer visible las complejidades y multidimensionalidad de las relaciones de género produciendo informaciones estadísticas que reflejan adecuadamente las diferencias y desigualdades en la situación de mujeres y hombres" (CEPAL, 2021: 5). Esto es, por cada asesinato con saña y violencia física y emocional desproporcionada de un hombre, hay tres mujeres asesinadas de la misma forma.

La cara más letal de la violencia contra las mujeres es el feminicidio. Marcela Lagarde define este crimen como "el genocidio contra mujeres" (2005), pues observa que estos asesinatos no son hechos aislados ya que suceden "cuando las condiciones históricas generan prácticas sociales que permiten atentados contra la integridad, la salud, las libertades y la vida de las mujeres" (Lagarde, 2005). Después del caso *Campo algodonero*, el gobierno mexicano ha sido obligado a la creación de mecanismos que permitan la erradicación del feminicidio.[5] Debido a esto, el Código Nacional de Procedimientos Penales (CNPP, 2008) en su artículo 212 establece que cualquier investigación de los hechos, sobre este tipo de asesinatos debe realizarse de forma "inmediata, eficiente, exhaustiva, profesional e imparcial, libre de estereotipos y discriminación" (Burgueño, 2017). Los informes gubernamentales muestran exactamente lo contrario (CNS, 2022; SESNSP, 2022).

Entre las acciones que el Estado mexicano debe cubrir está la presentación de estadísticas sobre el feminicidio y delitos de violencia de género. La Comisión Nacional de Seguridad (CNS) emite un reporte diario desde diciembre de 2018. Sin embargo, no tiene tipificados los feminicidios (CNS, 2022) a pesar de estar determinados como tales desde 2012 (United Nations Office on Drugs and Crime [UNODC, 2019: 59]). El reporte de la CNS enumera los homicidios, cuyas cifras casi alcanzan a 80 personas diarias (79.7), lo que coloca a México en la poco honrosa lista de los 10 países con más homicidios intencionales: 28 por cada 100 000 habitantes (Banco Mundial, 2020). Los feminicidios se reportan por las procuradurías o fiscalías de las entidades federativas en el Secretariado Ejecutivo del Sistema Nacional de Seguridad Pública (SESNSP, 2022).

En el contexto de un país lastimado por la violencia generalizada y la impunidad, desde la praxis de las políticas públicas, y como una acción desprendida de la Ley General de Acceso de las Mujeres a una Vida Libre de Violencia (LGAMVLV, 2007), el Estado mexicano firmó la Declaratoria de Alerta de Género en 2015 con el objeto de garantizar una vida libre de violencia. Su implementación ha sido lenta, y su ejecución altamente ineficaz (LGAMVLV, 2007; Damián y Flores, 2018; Rodríguez *et al.*, 2019). Es manifiesta la poca preocupación e indolencia del Estado mexicano hacia las

[5] El caso Campo Algodonero tuvo lugar entre el 6 y 7 de noviembre de 2001. En 1993 se descubrieron los cuerpos de ocho mujeres asesinadas en un campo de algodón. Las madres de Claudia Ivette González, Esmeralda Herrera Monreal y Laura Berenice Ramos Monárrez iniciaron un proceso de búsqueda de justicia; al enfrentar violencia institucional y revictimización lograron llevar sus casos a la Corte Interamericana de Derechos Humanos que encontró culpable al Estado mexicano por no prevenir el acceso a la justicia en casos de desaparición y feminicidio en Ciudad Juárez, no contar con medidas para prevenir estos crímenes, falta de seriedad y profesionalismo en la investigación y una falta de reparación adecuada (Vázquez Camacho, 2010).

mujeres como personas. Además, recientemente se ha visto una desinstitucionalización de las políticas que las protegían. Sin embargo, como no es el objeto de este trabajo, queda pendiente un análisis profundo de la genealogía de las acciones y omisiones.

Uno de los principales problemas de las alertas de género radica, precisamente, en que su implementación sea lenta cuando suponen que serían un conjunto de acciones gubernamentales de emergencia. A partir del caso de Quintana Roo, Yunitzlim Rodríguez Pedraza observó: “Si bien a partir de la alerta y sus recomendaciones ha habido algunas acciones a favor de sus derechos, en lo sustancial sigue habiendo una sensación de permisividad, una normalización de la violencia, un Estado ausente, y más que eso, un Estado cómplice y corrupto” (*sic*) (Rodríguez Pedraza, 2019: 68). Por esto no debería sorprendernos que, aunque 22 entidades federativas tengan alertas de género declaradas, en 2022 se contabilizaron 878 feminicidios. Gran parte del problema es percibirlos sólo como números y no como personas.

Pareciera entonces que la propuesta nacional contra la violencia hacia las mujeres se limita al discurso, pues al momento de trascender a las acciones o es sólo una simulación (Rodríguez *et al.* 2019) que no permea el cambio cultural a todos los niveles de atención, o provoca una revictimización por su ineficacia (Burgueño, 2017). Ya sea por descoordinación gubernamental, debilidad estatal, complicidad con la guerra criminal o un trasfondo socioeconómico (Zepeda, 2018: 185-211), México está en deuda con las mujeres: con su seguridad e integridad. Lo único que tendría un profundo impacto en la situación de violencia que experimentan las mujeres es el reconocimiento de su dignidad como personas, pues parece que se ignora o, en el mejor de los casos, se ha olvidado.

De acuerdo con bell hooks (2000: 103),[6] el patriarcado fomenta la violencia contra las mujeres e impide relaciones basadas en el reconocimiento del valor de las personas como tales. Por ello, oponerse al patriarcado

6 bell hooks (1952-2021) prolífica escritora y activista feminista estadounidense. Su nombre se escribe en minúsculas como un acto de protesta y demanda por la igualdad. Para conocer más sobre ella, véase <https://www.britannica.com/biography/bell-hooks>.

supone construir relaciones en las que "las necesidades de todos y todas sean respetadas, donde todos y todas tengan derechos, donde nadie tema a la subordinación ni el abuso" (2000: 103).[7] Es en este contexto en el que habría de construirse un proyecto de identidad nacional y cultural, en el que el respeto a toda persona sea costumbre. Es decir, supone reconocer como personas a todas las poblaciones minorizadas y a las mujeres en consistencia con un feminismo centrado en la persona.

La realidad de la misoginia es que no consiste en un problema biológico, sino cultural: la respuesta lógica es desde la cultura, no desde la biología. Por tanto, la necesidad de crear leyes o desagregar estadísticas por género resulta de una desarticulación del discurso que sostenía la superioridad de los varones sobre las mujeres. Si se comprende el discurso como un producto cultural, entonces lo lógico es sugerir que las alternativas para hacer frente a la realidad que enfrentan las mujeres son una forma de crítica cultural. Dado lo anterior, Nelly Richard (2009) argumenta que la crítica feminista es crítica cultural dadas dos cuestiones:

> 1. Es crítica de la cultura, en tanto examina los regímenes de producción y representación de los signos que escenifican las complicidades de poder entre discurso, ideología, representación e interpretación en todo aquello que circula y se intercambia como palabra, gesto e imagen. 2. Es una crítica de la sociedad realizada desde la cultura, que reflexiona sobre lo social incorporando la simbolicidad del trabajo expresivo de las retóricas y las narrativas a su análisis de las luchas de identidad y de las fuerzas de cambio (Richard, 2009: 79).

Las estadísticas son una forma de narrativa; suponen una manera de simbolización numérica de la realidad. En ese sentido, el análisis aquí propuesto reconoce que las artistas y artivistas feministas asimilan la realidad

7 Traducción propia: "Where everyone's needs are respected, where everyone has rights, where no one needs fear, subordination or abuse, runs counter to everything patriarchy upholds about the structure of relationships, subordination or abuse".

presentada a través de información cualitativa y cuantitativa y la cuestionan. En pocas palabras, se trata de contestar a la cultura desde la cultura.

Si la violencia está inscrita en la cultura, es desde ésta donde se debe abordar

En la sección anterior concluimos afirmando que es necesario fomentar un cambio cultural que posibilite el reconocimiento de la dignidad de las mujeres. Sin embargo, eso requiere un profundo cuestionamiento de la cultura en la que se funda la violencia en contra de las mujeres. Existen construcciones culturales y simbólicas que refuerzan, reproducen, validan y posibilitan la violencia y el sexismo. El texto de Pierre Bourdieu, *La dominación masculina*, identificó los principios culturales y simbólicos que las civilizaciones grecolatinas —y todas las que contaran con influencia de éstas— elaboraron en un orden jerarquizado que proponía a los varones como superiores y con derecho de dominar a las mujeres. Bourdieu observó que "si la relación sexual aparece como una relación social de dominación es porque se constituye a través del principio de división fundamental entre lo masculino, activo, y lo femenino, pasivo" (1998: 19).

Bourdieu no es el único autor que ha encontrado en las tradiciones grecolatinas las raíces de la desigualdad entre hombres y mujeres en Occidente. Saranyana menciona que

> en una cultura del vigor físico y la violencia, dominantes en la Grecia y Roma clásicas, es obvio que la mujer tenía las de perder. Forzosamente debía generalizarse la idea de que la mujer es un "macho frustrado". Aunque el cristianismo la valoró mejor "cuando los medievales recuperaron la cultura clásica [...] especialmente con la tercera entrada de Aristóteles (desde 1220 aproximadamente), se volvieron fuertemente misóginos" (2018: 284).

Saranyana advierte que Alberto Magno fue el difusor de la idea aristotélica de que la mujer es un *orbatus masculus* o "varón frustrado" en sus *Quaestiones super animalibus*, en las que comenta *De gen* que sus "conocidos juicios misóginos pasaron casi literalmente a Tomás de Aquino", tesis que se encuentran tanto en *De veritate* como en la *Summa theologiae* (Saranyana, 2018: 283). Esto implica que durante siglos se ha reproducido una construcción en la que se asocia lo masculino con lo fuerte, lo público, lo activo; y a la mujer con lo opuesto.

Sin embargo, esta división entre un sujeto activo y una pasiva va más allá cuando desde ese mismo orden se describen los deseos: "El deseo masculino como deseo de posesión, como dominación erótica, y el deseo femenino como deseo de la dominación masculina, como subordinación erotizada, o incluso, en su límite, reconocimiento erotizado de la dominación" (Bourdieu, 1998: 19). La mujer es relegada a la categoría de objeto de deseo al que los hombres deben conquistar, dominar, domesticar y, a cambio, recibir satisfacción. En el plano latinoamericano, por diversas cuestiones, esta forma de dominación masculina se manifiesta en los elevados niveles de violencia ya descritos.

En este sentido hay dos hipótesis aplicables a contextos concretos como el de México o Colombia. La antropóloga Rita Laura Segato, después de realizar entrevistas a hombres convictos por feminicidio y su investigación de campo, identifica una perspectiva transcultural que indica

> que la masculinidad es un estatus condicionado a su obtención —que debe ser reconfirmada con una cierta regularidad a lo largo de la vida— mediante un proceso de aprobación o conquista y, sobre todo, supeditado a la exacción de tributos de un otro que, por su posición naturalizada en este orden de estatus, es percibido como un proveedor del repertorio de gestos que alimentan la virilidad (Segato, 2016: 40).

Es decir, la masculinidad se reafirma constantemente en actos viriles; el problema está en que la virilidad se encuentra altamente asociada con la violencia. Cuando Segato afirma que vivimos una guerra contra las mujeres es porque nota que ha habido un cambio social de cómo se consentía la violencia asociada a la masculinidad; el hombre no es violento para ganar una guerra (contexto en el que las mujeres eran parte de los botines), es violento para confirmar su masculinidad. Mientras tanto, las mujeres, y otras personas de identidades minorizadas, son apreciadas como proveedoras o como campos de batalla en los que los hombres muestran su "potencia viril".

La segunda hipótesis sobre la que vale la pena reflexionar es la de Sayak Valencia. Esta autora, tomando a México como caso de estudio (y reconociendo que en el mundo globalizado es imposible tratar con un país en concreto como un ente plenamente aislado), elabora la noción del *capitalismo gore*. El capitalismo contemporáneo, al que ella llama *gore*, viene acompañado de lógicas de explotación, extracción y consumismo. En lugar de recurrir a las industrias culturales para garantizar su éxito, el capitalismo es cultura al mismo tiempo que es una forma de producción.

En lugares como México y Colombia, es decir, naciones con riquezas naturales donde se instalan prácticas extractivistas, la promoción de la riqueza como único parámetro de una vida exitosa sin oportunidades de enriquecimiento lícito, fomentan prácticas criminales que garantizan un rápido enriquecimiento. Al ser criminales, sólo son posibles conductas altamente violentas; así, quien sea más violento, tiene más posibilidades de éxito. Valencia afirma que una de las características de la masculinidad hegemónica repetida y consolidada culturalmente es "la demostración de la virilidad en su manifestación como violencia" (2010: 194). Al insertarse en un orden sexista, únicamente los hombres pueden manifestar las actitudes violentas y las mujeres son vistas como riquezas adquiridas o como víctimas sacrificiales con las que los varones lanzan mensajes de superioridad, que incluso se siguen perpetuando en plataformas digitales como OnlyFans,[8] que dejan una asignatura de explotación pendiente.

---

[8] Es una plataforma para adultos con sede en Londres. El suscriptor —o "fan"— paga una tarifa mensual o por evento para acceder al contenido del perfil de un "creador de contenido", quien recibe el 80% de las ganancias y la empresa el 20%. Aunque la plataforma hospeda contenidos de chefs, músicos, terapeutas y entrenadores, al ser para adultos posibilita el hospedaje de material pornográfico. Lo que ha ocasionado que sea

Este orden únicamente es posible en un sistema que no reconoce a las mujeres como personas. La guerra contra las mujeres sólo es posible dada la apreciación de la población femenina como objetos para dominar y controlar, como propiedad de los varones. Marcela Lagarde señala: "La justicia, la igualdad y la dignidad de la persona, son tres ejes del desarrollo humano para cualquier sociedad" (1996). En este sentido, promover un cambio cultural que dimensione la dignidad de todas y todos es el único proyecto de desarrollo humano acorde con el valor de la persona.

Al entender así los orígenes de la violencia en contra de las mujeres, es posible afirmar la probable efectividad que tiene el artivismo para deconstruir la cultura machista, propiciando la reparación del desgarrado tejido social, que se palpa en la violencia en contra de ellas. El artivismo es un neologismo que ha sido explorado, sobre todo, por especialistas en estudios Chicanxs. Por esto, Manuel Delgado señala como antecedente directo del activismo artístico las prácticas de *performance* y arte público realizadas por artistas en Estados Unidos (Suzanne Lacy, Reclaim the Streets, Guerrilla Girls, entre otras); para él se trata de acciones que "llevan a las últimas consecuencias la lógica de la *performance* artística" (Delgado, 2013: 70).

Desde una perspectiva genealógica, Berrios-Miranda, Dudley y Habell-Pallan identifican como autores del neologismo al Big Frente Zapatista y al Ejército Zapatista de Liberación Nacional (EZLN): "In 1997 the Big Frente Zapatista, a collective of Chicano artists from Los Angeles, traveled to Chiapas to engage with indigenous Zapatistas through dialogue and participatory art" (Berrios-Miranda *et al.*, 2018: 280), y entre los resultados del encuentro está la propuesta del término. Al hablar de un artivismo feminista las prácticas artivistas son las que han alimentado la comprensión del término. Acciones como las chilenas —que ellas mismas etiquetaron como artivistas— en las cuales observaron que para propagar la huelga había que "activar el espacio público a través del arte, apropiarnos de las calles para

una de las plataformas con contenido porno-erótico más populares, especialmente entre los llamados "trabajadores sexuales" y también entre los jóvenes, y muchas veces los menores de edad.

inscribir en ellas nuestro propio relato" (AA.VV., 2021: 79), y son las que han dado claridad sobre qué es el artivismo y cuál es su eficacia política.

Como esbozamos en la introducción, el concepto de artivismo no está cabalmente definido. Nuestra conceptualización de artivismo comprende estas prácticas liminales, derivadas del arte político, que privilegian los efectos sociológicos y políticos que puede tener el activismo articulando alguna forma de arte; lejos de imponer un significado, procura la suma de significaciones de quienes están involucrados o involucradas. Afirmamos su liminalidad desde lo que observa Ileana Diéguez sobre las "situaciones que se salían de cualquier reducción disciplinar, acciones que oscilaban entre la *performance*, la protesta ciudadana, la instalación, la intervención urbana, la teatralidad, la manifestación política y la práctica activista" (2018: 24), y que al suceder desde la *communitas* emergen en la liminalidad.

Diéguez define la *communitas* desde Turner, para afirmar que se trata de organizaciones no jerarquizadas de individuos "reunidos en una situación de encuentro totalmente contraria a lo que representan y convocan las estructuras, directamente involucradas con la ley" (Diéguez, 2018: 25). Consiste en un arte político que, como afirma Tania Bruguera en su "Declaración de arte político" (2010), privilegia sus consecuencias más que el momento de su exhibición, es incómodo y existe en tanto tiene una utilidad política. En estos proyectos la noción de autoría no siempre está clara. En algunos casos es sencillo identificar quién idea la obra, en otros quién la coordina, y en algunos se trata de una creación colectiva en la que hay un "todas".

Entre las feministas que se han sumado a la protesta feminista con proyectos artísticos está Cerrucha. En su sitio web (2020) ella se presenta como: "ARTivista feminista que utiliza el arte como una herramienta para cuestionar la construcción social de la Otredad y promover el diálogo y una reflexión en relación a temas de derechos humanos, especialmente género". Su participación en protestas y en el movimiento feminista va desde fotografiar las marchas, proponer *performances* e intervenir el espacio público. Este último aspecto, desde el discurso feminista, supone apropiarse de una esfera tradicionalmente asociada con lo masculino y, por tanto, restringida para las mujeres. Cerrucha busca intervenirlos para cambiar su significación.

Entre sus creaciones hay una que nos permite visibilizar las estrategias artivistas, sus objetivos y sus características para darnos una idea de qué tan eficiente puede ser el artivismo para enfrentar el contexto de violencia *gore*. En 2019, Cerrucha recibió la comisión para crear el *Memorial para Lesvy y las víctimas de feminicidio*, para esto ella realizó una instalación en las oficinas de la Fiscalía General de Justicia de la Ciudad de México. Sin embargo, ésta no era la primera vez que ella trabajaba en esta locación. Un año antes Cerrucha participó en el proyecto *Estado de emergencia: puntos de dolor y resiliencia*.

En el marco del 25 de noviembre, Día Internacional de la Eliminación de la Violencia contra la Mujer, Lorena Wolffer (México), María Laura Rosa (Argentina) y Jennifer Tyburczy (Estados Unidos) coordinaron un proyecto artístico para el Centro Nacional de las Artes y el Centro de Cultura Digital que incluyó el trabajo de diversas artistas. La idea fue trazar un mapa de los feminicidios en la Ciudad de México e intervenir espacios para resignificarlos; pasaron de ser un lugar intimidante o doloroso a un punto de resiliencia. Wolffer afirmó sobre el proyecto: "Quisimos transformar cada uno de los cuatro puntos geográficos en sitios de memoria, pero también en lugares de lucha y resiliencia" (López García *et al.*, 2019: 11).

Cerrucha propuso *Azúcar rabiosa*, un *flash mob* que implicó bailar salsa frente a las oficinas de la Fiscalía General de Justicia de la Ciudad de México. Previo al evento, Cerrucha abrió una línea telefónica a través de la cual quienes marcaran podían pretender estar hablando con personal de la Fiscalía y reclamarles sobre su desempeño en lo referido a la erradicación de la violencia contra las mujeres. Con las grabaciones de esas llamadas se compuso la canción de salsa; sobra decir que la letra, en su mayoría, son insultos y llamadas de atención.

A un año de llamarles la atención por su pobre o cómplice desempeño, Cerrucha regresó con un memorial. El caso de Lesvy Berlín sacudió a la población mexicana, sobre todo a las mujeres, por cómo y dónde sucedió y, posteriormente, por el desempeño por parte de las autoridades. El miércoles 3 de mayo de 2017 en Ciudad Universitaria, Jorge Luis González Hernández asesinó a Lesvy Berlín; el mismo sitio en el que su cuerpo sería descubierto. Las estudiantes y profesoras de la Universidad Nacional Autónoma de México (UNAM) encontraron que su lugar de estudio y trabajo había sido convertido en una escena de crimen que, además, les recordaba la cultura machista en la que vivían. Por otro lado, el desempeño de las autoridades confirmó el sexismo al que está expuesta la población femenina. Araceli Osorio Martínez, madre de Lesvy, relató su experiencia:

> No ha habido justicia para Lesvy, ya que, por el contrario, desde un inicio, se le culpó de su propia muerte, se asumió el suicidio desde los primeros momentos como un hecho probado (aunque no se había investigado) y se le revictimizó, tomando como verdad absoluta el dicho del feminicida. Como familia y acompañantes jurídicas no tuvimos acceso al expediente en tiempo, forma y de manera correcta (López García *et al.*, 2019: 40).

La abogada feminista, Mariana Berlanga Gayón, señaló sobre el caso de Lesvy: "La estigmatización orquestada desde la Procuraduría General de la Ciudad de México, quien fue la primera en dañar su imagen pública, no solamente obstaculizó la investigación, sino que la señaló como la responsable de su propia muerte" (López García *et al.*, 2019: 47). Esto debido a que, poco después de descubrir el cuerpo de la joven, la Fiscalía publicó desde su cuenta de Twitter mensajes con los que sugería que Lesvy había sido asesinada dado que mantenía conductas moralmente equívocas: "Ella ya no estudiaba desde 2014, y dejó sus clases en CCH sur donde debía materias [...] el día de los hechos, la pareja se reunió con varios amigos en CU, donde estuvieron alcoholizándose y drogándose" (Derbez e Illescas, 2020: 289-290).

El hecho de que la fiscalía utilizara una cuenta oficial de red social para revelar información sobre el caso era ya de por sí problemático; sin embargo, el enojo de la comunidad fue sobre todo debido a la intención de afirmar que hay casos en los que una mujer es asesinada porque "se lo buscó".

El memorial que realizó Cerrucha sólo fue posible debido al activismo incansable que inició Araceli Osorio Martínez en respuesta al trabajo de las autoridades. Entre las demandas de Osorio Martínez estaba que el castigo no sólo fuera para el asesino "sino que debe aplicarse a todos los funcionarios corruptos que obstaculizaron el proceso y encarcelamiento del asesino". Con el apoyo de activistas, redes familiares y organismos no gubernamentales, Araceli logró, después de un largo proceso, que los médicos forenses se disculparan y reconocieran que "el levantamiento de pruebas no se realizó con las medidas adecuadas" (Rico Ríos, 2021); la titular de la fiscalía, Ernestina Godoy Ramos, también ofreció una disculpa pública. Entre las acciones restaurativas que la Fiscalía tuvo que cumplir, fue convocar a un concurso público para seleccionar a una artista que realizara un memorial. Así, Cerrucha fue elegida. Sobre la obra, la artivista afirmó:

> El memorial es un espacio para la memoria, la vida y el cambio en torno a la violencia de género creado para ayudar a la ciudadanía, a las organizaciones de la sociedad civil y al gobierno de México a entender mejor las causas de fondo del feminicidio, expresar su naturaleza e intensidad y proponer vías de acción para atender este problema con miras a resolverlo.
>
> El memorial se inauguró el 25 de noviembre de 2019 y se instaló con el propósito de tener alcances transformadores que posibiliten un amplio, permanente y profundo diálogo guiado a través de la presente obra, con la intención de enviar un triple mensaje:
>
> 1. Acompañar a víctimas y a sus familiares que acuden a denunciar o dar seguimiento a un proceso jurídico.
> 2. En el caso de lxs servidorxs públicxs que allí laboran, motivar la reflexión oportuna, paulatina y que derive en una atención integral adecuada basada en el principio pro persona, así como en los más altos estándares que garanticen el derecho de las niñas y mujeres a una vida libre de violencia, y
> 3. Hacia la ciudadanía en general, para que tomemos conciencia de estas graves violencias feminicidas y provocar la reflexión, toma

de conciencia y acciones también en nuestros círculos más cercanos (Cerrucha, 2022).

El memorial consiste en una instalación, intervención, obra digital y muro de denuncia. Se trata de un pequeño espacio creado con mantas colgadas sobre las que se proyectan mensajes que el público general puede enviar a la Fiscalía para demandarle que realice un buen trabajo en lo que se refiere a la erradicación de la violencia contra las mujeres. Al introducirse, por detrás de las lonas, se encuentra una especie de muro de madera que tiene un texto concéntrico sobre el que se leen consignas de la lucha feminista: "Por una vida libre de violencia para las mujeres. Ahora caminamos juntas. Verdad y justicia, fuerza y memoria. No estamos todas, nos faltan ellas. Vivas y libres nos queremos. Ni una menos".

¿El objetivo? Es llevar a las autoridades las demandas, que pretenden ignorar, a su lugar de trabajo. Al centro hay un botón para activar la pieza y que comience la proyección; sin esta interacción la pieza se presentaría inerte. La instalación se mantiene viva, no por obra de la artivista, sino por los mensajes virtuales que constantemente alimentan las proyecciones.[9] Se trata de expresar el mensaje adecuado en el lugar preciso; en su vestíbulo los oficiales encaran denuncias sobre su complicidad con la cultura feminicida, demandas de justicia y consignas en contra de la violencia (https://www.memorialfeminicidio.org/).

Si bien Cerrucha ideó y coordinó la pieza, no es su voz la que se proyecta. En realidad la instalación sólo lleva las voces de quienes se han atrevido a hablar con el fin de que quienes deberían atender las denuncias enfrenten las demandas justificadas. Es una pieza incómoda y dolorosa que reproduce un lenguaje cotidiano, lo que le suma familiaridad. Es un memorial que, al mismo tiempo, evita las dinámicas de antimemoria y se convierte en historia viva. En este sentido, vale la pena explorar las diferencias entre los monumentos, antimonumentos y memoriales.

9 El memorial está disponible en <https://www.memorialfeminicidio.org/>.

Según Lilian Paola Ovalle y Alfonso Díaz Tovar "los monumentos conmemoran a los grandes hombres, a los grandes eventos y a las ideas valoradas, los memoriales rinden tributo a los muertos" (2019: 61). Por otro lado, los antimonumentos, instalados por familiares, víctimas o cómplices de una causa, son "acontecimientos visuales que fijan un suceso histórico particular, toda vez que simbolizan un hecho que rompe la continuidad histórica" (Fundación Heinrich Böll Stiftung, 2020: 9).

Por tanto, es fundamental considerar quién coloca los monumentos o memoriales y cuándo. Si hubiera sido la misma Fiscalía instalando un memorial probablemente no habría sido tan incómodo, eficaz y pertinente como es el de Cerrucha. De no haberlo comisionado, podrían haber procurado lo que Ovalle y Díaz Tovar señalan sobre los monumentos comisionados por el gobierno: "Son antes bien, experiencias de pseudomemoria: lugares vacíos de memoria (sin reconocimiento de las víctimas y/o sin reconocimiento de los victimarios" (2019: 67). También hubiera sido un error si Cerrucha proyectara sus mensajes, pues los testimonios y denuncias que son importantes en un memorial de feminicidio son de quienes han sido directamente afectados o afectadas por este delito.

El memorial para Lesvy y víctimas de feminicidio genera memoria al mismo tiempo que comunica un presente continuo. No es una pieza conmemorativa, es una que se actualiza todo el tiempo, y esto se debe a que la violencia feminicida todavía existe, pues hay casos de feminicidio esperando procesos de justicia. Las autoridades aún caen en prácticas cómplices y victimizantes. La instalación de Cerrucha tiene una presencia tan permanente como la violencia que viven las mujeres en México.

La creatividad de las mujeres mexicanas despertó por la indignación de la violencia. Un ejemplo de esto son algunas de las estrofas de la canción "No estás sola. Llamadas de emergencia" de Vivir Quintana, Snowapple y El Palomar, que dicen:

> El virus de la violencia soporta el jabón y el agua,
> el odio hacia las mujeres es la pandemia que más nos mata
> [...]

Y llaman al 9-11 y nadie reporta nada,
porque alguien allá en lo alto dijo que hay muchas llamadas falsas
porque alguien allá en lo alto dijo que si eres mujer, aguantas.

Si al otro lado de la línea telefónica de las llamadas de emergencia no hay respuesta, situación que empeoró durante la pandemia por covid-19, entonces corresponde a las mujeres actuar en lo colectivo. Frente a los altos niveles de violencia, ilustrados por las estadísticas presentadas anteriormente, las mujeres han decidido alzar la voz, denunciar y reclamar justicia. Sobre todo la población femenina ha sumado esfuerzos (sociales, políticos, creativos, económicos) para protegerse unas a otras. El reconocer la violencia, la desigualdad y la injusticia ha garantizado que el lema "si tocan a una, respondemos todas" se materialice en diversos esfuerzos que, con o sin el Estado, procurarán que las mujeres vivan libres de violencia.

Conclusiones

Las estadísticas sobre violencia por cuestión de género en México son una evidencia alarmante. Recordemos que de cada 100 personas que son víctimas de delitos sexuales en México, siete son hombres y 93 mujeres. Eso sin contar la violencia infligida contra la mujer que no se denuncia e incluso la que se silencia por miedo. Aunque ha habido avances, falta mucho por hacer. El Estado, las empresas privadas y la sociedad civil tienen un trabajo inmenso por delante.

La violencia en contra de la mujer, en todas y cada una de sus formas, enraizada y naturalizada, en mayor o menor medida prácticamente en todos los pueblos y culturas a lo largo de la historia, no exime a nadie de luchar por extirpar esa terrible calamidad que ha afectado directa y profundamente a la humanidad entera; porque si una mujer sufre, el hombre también paga el precio. Porque por cada mujer que es asesinada, una familia se quedará sin esposa, sin hija o sin madre y arrastrará el dolor y la indignación del sufrimiento y del despojo del que fue víctima esa mujer concreta, como si fuera un objeto despreciable o simplemente una propiedad de alguien. Porque cada mujer es una persona.

En México, las cifras de violencia contra la mujer por ser mujer superan con mucho la peor pesadilla. La solución no se encontrará en un solo ámbito —político, religioso, económico, público o privado—. No basta con la transversalidad ni con la interdisciplinariedad de los estudios sobre la violencia; ni con programas estatales o particulares. Aunque todo lo anterior es necesario, se requiere de un esfuerzo y la acción simultánea y articulada de parte de todos los actores de la sociedad.

Sería absurdo exigir que sean respetados los derechos de la mujer a su seguridad y su integridad, si no se le reconoce como lo que es: una persona, en el más amplio y absoluto sentido. Mientras no se *re-conozca* a la mujer como persona, erradicar la violencia en contra de ella seguirá siendo una quimera: llena de buenos deseos, pero vacía de soluciones. Sin importar su color de piel, su situación económica, política o familiar, ni su edad, el valor de la mujer es innegable.

El nacimiento del artivismo feminista inició como un grito de indignación frente a lo inenarrable, a la ceguera y a la sordera acerca del valor de la mujer como persona. Mientras no se resuelva la paradoja de la inconsistencia del vacío legal de sanción, es inútil seguir sumando leyes sin modificar su ejecución o la cultura. Es por eso que la propuesta del artivismo, apunta a la reconsideración del valor de la mujer como persona, a la esperanza de sumar de forma asertiva y eficaz: de recordar su irrenunciable dignidad y que quien atente en contra de ella debe ser castigado.

El artivismo es una forma de reivindicación de la persona, pues se exige no sólo justicia hacia las mujeres porque valen, sino porque la violencia contra ella y cada asesinato de una mujer es una gravísima falta a nuestra humanidad. El artivismo es una creativa, singular y eficiente llamada de atención y recordatorio de que la mujer merece ser tratada como persona, a través de la acción colectiva del arte. Y si es a través del arte, es porque todavía hay esperanza y fe en la humanidad: en que es posible el *re-conocimiento* del valor o dignidad de la mujer como persona en toda sociedad y, perentoriamente, en México.

Las estadísticas también apuntan a que, con extrema urgencia, cada mujer sea tratada como persona. Nuestro aporte teórico desde una perspectiva de feminismo centrado en la persona supuso comprender el artivismo feminista como una alternativa sumamente eficaz para despertar y comprender las dimensiones del problema. Siendo el arte una forma de integrar a la persona como una entidad completa y compleja, y no sólo desde su racionalidad.

Si, como decíamos al inicio, no se puede modelar sólo con estadísticas, sino con comportamientos esperados, el artivismo puede ser una excelente herramienta propositiva de la forma como se espera que todo ser humano trate a todas y cada una de las personas.

Referencias

AA.VV. (2021), *La huelga general feminista ¡Va! Historias de un proceso en curso*, Santiago, Chile, Fundación Rosa Luxemburgo y Ministerio Federal de Cooperación Económica y Desarrollo de Alemania.

Álvarez Enríquez, L. (2020), "El movimiento feminista en México en el siglo XXI: juventud, radicalidad y violencia", *Revista Mexicana de Ciencias Políticas y Sociales*, Nueva Época, año LXV, núm. 240, UNAM, septiembre-diciembre, pp. 147-175. Disponible en <http://dx.doi.org/10.22201/fcpys.2448492xe.2020.240.76388>.

Banco Mundial (2020), Homicidios intencionales. Disponible en <https://datos.bancomundial.org/indicator/VC.IHR.PSRC.P5?end=2020&most_recent_value_desc=true&start=2020&view=bar>.

Berrios-Miranda, M., S. Dudley y M. Habell-Pallán (2018), *American Sabor: Latinos and Latinas in US Popular Music/Latinos y latinas en la música popular estadounidense*, University of Washington Press.

Bourdieu, P. (1998), *La dominación masculina,* Barcelona, Anagrama.

Burgueño Duarte, L. B. (2017), "Violencia de género en México: revictimización hacia las mujeres por falta de acceso a la justicia", *Alegatos*, núm. 97, pp. 623-640. Disponible en <http://kali.azc.uam.mx/alegatos/pdfs/90/97-08.pdf>.

Calderón-Guevara, C. y M. D. Chávez Buri (2022), "Invisibilización de la mujer ecuatoriana en la sociedad actual", *Ciencia Latina. Revista Científica Multidisciplinar*, vol. 6, núm. 1, enero-febrero. Disponible en <https://doi.org/10.37811/cl_rcm.v6i1.1757 p 3607>.

CEPAL (2021), Lineamientos para la transversalización de la perspectiva de género en los grupos de trabajo de la conferencia estadística de las Américas, Undécima Reunión de la Conferencia Estadística de las Américas de la Comisión Económica para América Latina y el Caribe, del 23 al 25 de noviembre. Disponible en <https://repositorio.cepal.org/bitstream/handle/11362/47465/1/S2100638_en.pdf>.

Cerrucha Ceniceros, M. A. (2022), "Artivismo: disputa estético-política por la memoria colectiva", *Estudios del Discurso*, vol. 8, núm. 1, pp. 108-123.

CNS (2022), Informes seguridad, México, Comisión Nacional de Seguridad, Secretaría de Seguridad y Protección Ciudadana. Disponible en <http://www.informeseguridad.cns.gob.mx/>.

Damián Bernal, A. L., y J. A. Flores (2018), "Feminicidios y políticas públicas: declaratorias de alertas de violencia de género en México, 2015-2017", *Perspectiva Geográfica*, vol. 23, núm. 2. Disponible en <https://revistas.uptc.edu.co/index.php/perspectiva/article/view/7287>.

Del Águila, A. (2014), "Carole Pateman y la crítica feminista a la teoría clásica de la democracia (Locke y Rousseau)", *Estudos Feministas. Florianópolis*, vol. 22, núm. 2, mayo-agosto, pp. 449-464 [304]. Disponible en <https://doi.org/10.1590/S0104-026X2014000200003>.

Delgado, M. (2013), "Artivismo y pospolítica. Sobre la estetización de las luchas sociales en contextos urbanos", *Quaderns-E, Instut Catalá d'Antropología*, vol. 18, núm. 2, pp. 68-80.

Derbez, E. y R. Illescas (2020), "Bordados por la paz, protestas silenciosas, archivo de puntadas", H-ART. *Revista de Historia, Teoría y Crítica de Arte*, núm. 6, pp. 285-292.

Díaz Bautista, A. (1983), "La república romana", *Anales de Derecho*, vol. 4, Universidad de Murcia, pp. 143-176. Disponible en <https://revistas.um.es/analesderecho/article/view/83361>.

Díaz Ibáñez, J. (1996), "La iglesia de Cuenca en la Edad Media (siglos XII-XV): estructura y relaciones de poder", tesis de grado, Universidad Complutense de Madrid.

Diéguez, I. (2018), *Cuerpos sin duelo. Iconografías y teatralidades del dolor*, México, Ediciones DocumentA/Escénicas.

Fundación Heinrich Böll Stiftung (2020), *Antimonumentos. Memoria, Verdad y Justicia*, Ciudad de México, Fundación Heinrich Böll Stiftung.

Fundéu RAE (2023), "Artivismo". Disponible en <https://www.fundeu.es/recomendacion/artivismo-no-necesita-comillas-ni-cursiva/>.

Guzmán Acuña, J. (2017), "Los indicadores de género. La ruta hacia la igualdad", *Revista Internacional de Ciencias Sociales y Humanidades SocioTam*, vol. XXVII, núm. 2, pp. 133-147.

Hernández, M. A. (2016), *Cultura de la violencia y feminicidio en México*, México, Fontamara, p. 152.

Hooks, B. (2000), *Feminism is for everybody: passionate politics*, Cambridge, South end Press.

Inegi (2016a), Estadísticas a propósito del día Internacional de la eliminación de la violencia contra la mujer, Ciudad de México. Disponible en <http://www.inegi.org.mx/saladeprensa/aproposito/2017/violencia2017_Nal.pdf>.

_______ (2016b), Encuesta nacional sobre la dinámica de las relaciones en los hogares (ENDIREH), Ciudad de México. Disponible en <https://www.inegi.org.mx/contenidos/programas/endireh/2016/doc/endireh2016_presentacion_ejecutiva.pdf>.

_______ (2021), Encuesta Nacional de Victimización y Percepción sobre Seguridad Pública. (ENVIPE) 2021. Principales Resultados. Disponible en <https://www.inegi.org.mx/contenidos/programas/envipe/2021/doc/envipe2021_presentacion_nacional.pdf>.

_______ (2022), Encuesta de Seguridad Pública Urbana (ENSU). Primer trimestre de 2022. Disponible en <https://www.inegi.org.mx/

contenidos/programas/ensu/doc/ensu2022_marzo_presentacion_ejecutiva.pdf>.

Inmujeres (2021), Alerta de violencia de género contra las mujeres, México, Inmujeres, Acciones y programas. Disponible en <https://www.gob.mx/inmujeres/acciones-y-programas/alerta-de-violencia-de-genero-contra-las-mujeres-80739>.

Jaramillo-Bolívar, C. D. y G. E. Canaval-Erazo (2020), "Violencia de género: un análisis evolutivo del concepto", *Univ. Salud*, vol. 22, núm. 2. Disponible en <https://doi.org/10.22267/rus.202202.189>.

Jasso, C., y K. González (2018), Brechas en la medición de feminicidios en México, Animal Político, 12 de septiembre. Disponible en <https://www.iis.unam.mx/blog/wp-content/uploads/2018/09/10_politico.pdf>.

Lagarde y de los Ríos, M. (1996), "La multidimensionalidad de la categoría género y del feminismo", en M. L. González Marín (coord.), *Metodología para los estudios de género*, Universidad Nacional Autónoma de México, pp. 48-71.

_______ (2005), "Feminicidio, el último peldaño de la agresión", Banco de Datos Feminicidio. Disponible en <https://www.mujeresenred.net/spip.php?article141#:~:text=El%20feminicidio%20es%20el%20genocidio,la%20vida%20de%20las%20mujeres>.

León Hernández, S. (2010), "François Poulain de la Barre: feminismo y modernidad", *Astrolabio. Revista Internacional de Filosofía*, año 2010, núm. 11, pp. 257-270. Disponible en <https://philpapers.org/rec/HERFPD>.

León Torres, M. S., de (2018), "'Supuestamente hechizada': acerca de mujeres, violencia de género y sutilezas de la nota roja en México", *FEMERIS. Revista Multidisciplinar de Estudios de Género*, vol. 3, núm. 1, febrero, pp. 126-146. Disponible en <https://doi.org/10.20318/femeris.2018.4078>.

LGAMVLV (2007), Ley General de Acceso a las Mujeres a una Vida Libre de Violencia. Disponible en <https://www.gob.mx/cms/uploads/attachment/file/209278/

Ley_General_de_Acceso_de_las_Mujeres_a_una_Vida_Libre_de_Violencia.pdf>.

López Hernández, E., y D. Rubio Amores (2020), "Reflexiones sobre la violencia intrafamiliar y violencia de género durante emergencia por covid-19", *CienciAmérica*, vol. 9, núm. 2, número especial Desafíos Humanos ante el covid-19. Disponible en <http://dx.doi.org/10.33210/ca.v9i2.319>.

López García, V., M. L. Rosa y L. Wolffer (2019), *Estado de emergencia. Puntos de dolor y resiliencia en la Ciudad de México*, Secretaría de Cultura/Cenart/La Duplicadora/Centro de Cultura/E-Literatura Digital.

López González, S. P. (2022), "Hablemos de victimización", *Derecho Global. Estudios sobre Derecho y Justicia*, vol. 8, núm. 22, pp. 11-15.

Millán-Valenzuela, H. y E. Pérez-Archundia (2019), "Educación, pobreza y delincuencia: ¿nexos de la violencia en México?", *Convergencia Revista de Ciencias Sociales*, núm. 80, Universidad Autónoma del Estado de México, pp. 1-26. Disponible en <https://convergencia.uaemex.mx/issue/archive>.

Orozco Reséndiz, A. C. (2020), "Feminicidio: una expresión radical de la violencia de género", *Murmullos Filosóficos*, vol. 1, núm. 2, UNAM, pp. 44-52. Disponible en <http://www.revistas.unam.mx/index.php/murmullos/article/view/78942/69787>.

Ovalle, L. P. y A. Díaz Tovar (2019), *Memoria prematura. Una década de guerra en México y la conmemoración de sus víctimas*, Conacyt/Fundación Heinrich Böll Stiftung.

Ramos, M. D. (2012), "Estado, ciudadanía y feminismos: aproximaciones teóricas e historiográficas", *Baetica. Estudios de Arte, Geografía e Historia*, núm. 34, Facultad de Filosofía y Letras, Universidad de Málaga. Disponible en <https://doi.org/10.24310/BAETICA.2012.v0i34.101>.

Richard, N. (2009), "La crítica feminista como modelo de crítica cultural", *Debate Feminista*, vol. 40, pp. 75-85.

Rico Ríos, B. V. (2021), "El largo camino a la justicia: familiares de víctimas de feminicidio ante la maquinaria legal", *Iberoforum*, Nueva Época, vol. 1, núm. 1. Disponible en <https://doi.org/10.48102/if.2021.v1.n1.137>.

Rodríguez-Ortega, J. D., Y. Duarte, C. Gómez y J. Cadavid (2019), "Seguridad ciudadana, violencia y criminalidad: una visión holística y criminológica de las cifras estadísticas del 2018", *Revista Criminalidad*, vol. 61, núm. 3, pp. 9-58. Disponible en <https://revistacriminalidad.policia.gov.co:8000/index.php/revcriminalidad/article/view/65/60>.

Rodríguez Pedraza, Y. (2019), "La alerta de género en México. Su falta de efectividad", *Prospectiva Jurídica*, año 9, núm. 18, UAEM, julio-diciembre, 2018, pp. 49-68. Disponible en <https://www.google.com/url?sa=t&rct=j&q=&esrc=s&source=web&cd=&ved=2ahUKEwjD2pvlr-D4AhUEK0QIHe9QCfsQFnoECAYQAQ&url=https%3A%2F%2Fprospectivajuridica.uaemex.mx%2Farticle%2Fdownload%2F14630%2F11011%2F&usg=AOvVaw3KmtaAteaQcz2ncdmqs7.>

Saranyana, J.-I. (2018), "La discusión medieval sobre la condición femenina (siglos VIII a XIII)", *Medievalia*, núm. 50, UNAM-Instituto de Investigaciones Filológicas, pp. 275-285. Disponible en <https://revistas-filologicas.unam.mx/medievalia/index.php/mv/article/view/362>.

Segato, R. L. (2016), *La guerra contra las mujeres*, Traficantes de Sueños.

SESNSP (2022), Información sobre violencia contra las mujeres, Secretariado Ejecutivo del Sistema Nacional de Seguridad Pública. Disponible en <https://www.gob.mx/sesnsp/articulos/informacion-sobre-violencia-contra-las-mujeres-incidencia-delictiva-y-llamadas-de-emergencia-9-1-1-febrero-2019>. Consultado el 4 de julio de 2022 en <https://drive.google.com/file/d/1uc8PwOVj6Z4Mk2fjHW98C5UsjFp32pRm/view>.

Tapia Fonllem, M. E. y M. E. Villaescusa Valencia (2021), "La violencia de género como tema de tesis en la UPN Ajusco (2005-2016)", Universidad Pedagógica Nacional. Disponible en <https://editorial.upnvirtual.edu.mx/index.php/para-autores/comite-editorial/47-fasciculos/40-aniversario-upn/557-44-la-vio-

lencia-de-genero-como-tema-de-tesis-en-la-upn-ajusco-2005-2016>.

UNODC (2019), *Global Study on Homicide. Gender-related killing of women and girls*, United Nations Office on Drugs and Crime. Disponible en <https://www.unodc.org/documents/data-and-analysis/gsh/Booklet_5.pdf>.

Vargas, D., y S. Valdés (2021), "Hablemos de la violencia en México: ¿hemos avanzado o retrocedido?", en *Coordenadas para el debate del desarrollo. Colección Informe del Desarrollo en México*, UNAM, pp. 163-176. Disponible en <http://132.248.170.14/publicaciones/48/Coordenadas.pdf#page=163>.

Valencia Triana, S. (2010), *Capitalismo gore*, Melusina.

VV.AA. (2021), "Violencia y género en México", Center for the History of Women Philosophers and Scientists. IAPh 2021 Defining the Future – Rethinking the Past, Alemania, Paderborn University. Disponible en <https://historyofwomenphilosophers.org/defining-the-future-rethinking-the-past-iaph-2020/#:~:text=The%20XVIIIth%20Symposium%20of%20the,in%20philosophy%20and%20its%20history>.

Vázquez Camacho, S. J. (2010), "El caso 'campo algodonero' ante la Corte Interamericana de Derechos Humanos", *Anuario Mexicano de Derecho Internacional*, vol. 11. Disponible en <http://www.scielo.org.mx/scielo.php?script=sci_arttext&pid=S1870- 46542011000100018>.

Zabludovsky Kuper, G. (2020), "Mujeres y empresas: tendencias estadísticas y debates conceptuales", *Revista Mexicana de Ciencias Políticas y Sociales*, Nueva Época, año LXV, núm. 240, UNAM, pp. 431-459. Disponible en <http://dx.doi.org/10.22201/fcpys.2448492xe.2020.240.76632>.

Zepeda Gil, R. (2018), "Siete tesis explicativas sobre el aumento de la violencia en México", *Política y Gobierno*, vol. XXV, núm. 1, CIDE. Disponible en <http://www.politicaygobierno.cide.edu/index.php/pyg/article/view/1085>.

Capítulo 5

La paradoja de la maternidad: breve reflexión a partir de tres dilemas

Mariana Flores Rabasa,[a] María Teresa Villanueva Gómez Crespo,[b] Ruth Verónica Román Martínez[c]

Abstract

La maternidad ha ocupado un lugar relevante en las discusiones feministas en torno a la identidad femenina, dando lugar a resultados ambivalentes. Algunos de estos resultados son estudiados en este capítulo a modo de tres dilemas. En el primero se reflexiona sobre la maternidad en relación con la condición sexuada de la mujer. Se contrasta la visión de la feminista de la igualdad, Elisabeth Badinter, para quien la maternidad no es un instinto natural, sino un constructo que obedece a los dictados y valores de la cultura dominante, en contraste con la postura de Erika Bachiochi, para quien la maternidad se desprende de la condición sexuada de la mujer, dando pie a una asimetría sexual que debe ser respetada y reconocida socialmente. En segundo lugar se analiza la maternidad como una fuente de opresión que mantiene a la mujer permanentemente atada a la reproducción cíclica sin trascendencia

a Universidad Panamericana, Instituto de Humanidades campus Ciudad de México.
b Universidad Panamericana, Facultad de Medicina campus Ciudad de México.
c Universidad Panamericana, Instituto de Humanidades campus Guadalajara.

alguna a través de la pluma de Simone de Beauvoir, y se contrasta con la mirada emancipatoria de Adrienne Rich, quien invita a las mujeres a adueñarse de su propia maternidad para vivirla como experiencia, sin quedar restringidas por ella. En el tercer dilema se reflexiona si la maternidad sólo debe ser abordada como un instinto, o bien, cuáles son los alcances e implicaciones de su modelado social y cultural. Se concluye críticamente con un cariz esperanzador propio del feminismo centrado en la persona.

Introducción

El feminismo es ante todo un movimiento político y una teoría crítica para transformar las relaciones desiguales de poder entre hombres y mujeres (Saletti, 2008), en particular a partir de las diversas maneras en que son representadas en el imaginario social y que son vividas en la realidad cotidiana. Una de las representaciones más comúnmente asociadas a la feminidad es la de la maternidad, frente a la que las distintas corrientes feministas, a lo largo de su historia, han tenido aproximaciones ambivalentes. Las feministas de la primera ola, por ejemplo, asumieron en general la maternidad como un hecho ligado a la condición femenina, que debía ser integrado adecuadamente a la situación política, social y legal de la mujer en tanto ciudadana (Taylor Allen, 2005).

Entre ellas encontramos a Hubertine Auclert, quien defendió el derecho de la madre de dar su nombre al niño; mientras que Aline Valette, autora socialista, se inspiró en Marx para afirmar que, así como el trabajador había sido despojado del valor de su trabajo, un trabajo productivo, la mujer había sido despojada del suyo: sus hijos, fruto de un trabajo reproductivo. Su esperanza era que cuando la mujer tuviera derecho al voto, se impregnaría la vida pública de ese sentido del cuidado propio de la maternidad (Taylor Allen, 2005).

Sin embargo, más adelante la maternidad misma fue puesta en entredicho. Algunas voces de la segunda ola comenzaron a verla como el instrumento perfecto del patriarcado para mantener sometida a la mujer; mientras que otras, en un ejercicio de libertad, propusieron "abolirla", objetivo que fue difundido a través de la literatura y los medios de comunicación. El eje de las reflexiones se trasladó a la pregunta por la identidad misma de lo que significa ser mujer, lo cual inevitablemente pasó por un cuestionamiento sobre la maternidad (Taylor Allen, 2005).

En este contexto, diversas corrientes feministas comenzaron a discutir si se trataba de una inclinación natural, inherente a la feminidad, o bien de una práctica construida a partir de los valores e intereses de la cultura dominante. El cauce general de las reflexiones tendió a concluir que aunque la maternidad es un hecho biofisiológico asociado al cuerpo de las hembras de aquellas especies que presentan dimorfismo sexual, la maternidad como institución —es decir, la forma de representar y concebir la manera en que dicha función debe vivirse dentro de una sociedad determinada, y sobre todo de aquellas sociedades dominadas por el patriarcado— depende totalmente de la cultura, y por lo tanto es "construida" según los valores e intereses predominantes. Ante este panorama, la tarea del feminismo como teoría crítica consiste en llevar a cabo una deconstrucción, o bien, una "desnaturalización" de la misma (Saletti, 2008).

A lo largo de este proceso revisionista, dice Saletti, las diversas corrientes feministas encontraron tanto facetas negativas como positivas asociadas a la maternidad. Por una parte, hay posturas feministas que "desarticulan el modelo de la buena madre, ya sea a través de la deconstrucción del instinto maternal o del concepto de maternidad como eje principal de la identidad femenina", asumiendo una posición crítica hacia la misma (2008: 180); mientras que para otras corrientes esta representación posee tintes positivos y liberadores, si se reconstruye la maternidad como fuente de placer, conocimiento y poder específicamente femeninos (2008: 169).

En este capítulo estudiaremos algunas de esas ambivalencias, presentadas a modo de dilemas, con el fin de analizar críticamente los contrastes entre las respuestas de diferentes feministas en torno a la maternidad y su relación con la identidad femenina. ¿Realmente la maternidad es inherente a una naturaleza femenina o es por completo un constructo social?

¿Existe el amor maternal instintivo o la maternidad sólo se ha vivido desde narrativas sociales y culturales asumidas inconscientemente? ¿Es la maternidad un instrumento del patriarcado para oprimir a la mujer, o tiene una dimensión liberadora? Como se ve, no es verdad que el feminismo se ha desmarcado por completo de lo que se llegó a identificar como la esencia misma de la feminidad, pero su tratamiento hacia la misma no ha sido homogéneo ni ha estado libre de claroscuros sobre los que es preciso seguir reflexionando. A continuación se analizan algunos de estos planteamientos, cada uno hecho por cada una de las tres autoras de este capítulo.

Dilema 1. La diferencia sexual entre varón y mujer en el contexto de la maternidad

Un enfoque desde el feminismo de la igualdad *vs.* el feminismo de la complementariedad

La diferenciación sexual entre varones y mujeres tiene como una de sus múltiples consecuencias que la maternidad, como proceso biofisiológico, sólo pueda ser experimentada por la mujer. Este hecho ha sido abordado desde ópticas muy distintas por diferentes enfoques provenientes del feminismo. Para algunos esta diferenciación y las respectivas consecuencias que le siguen, entre las que destaca la maternidad, son un lastre que da lugar a desventajas que deben ser paliadas en aras de igualar las posibilidades de desarrollo vital de las mujeres. Para otros, estas diferencias no son anulables; por el contrario, su debido reconocimiento es condición de posibilidad para combatir las históricas desigualdades entre hombres y mujeres. Con el objeto de comprender mejor este dilema, se estudiará la postura de dos pensadoras reconocidas que mantienen perspectivas opuestas en este tema: Elisabeth Badinter y Ericka Bachiochi.

Por una parte, Elisabeth Badinter —filósofa, historiadora y activista feminista nacida en Francia y discípula intelectual de Simone de Beauvoir— aborda el tema de la maternidad desde la óptica de un feminismo igualitarista, radicalmente opuesto a los principios del feminismo de la diferencia.

Es reconocida por su oposición a la afirmación generalizada que considera la maternidad como el principal camino de realización para la mujer, que se seguiría natural y espontáneamente de su capacidad corporal para engendrar.

En su opinión, la limitada identidad de la condición femenina con la maternidad tiene su origen en la creencia de que ésta se trata de un instinto universal e ineludible que da pie a una serie de conductas muy específicas que supuestamente estarían presentes en las mujeres de todos los tiempos y lugares. Pero el instinto maternal no es real, se trata de un mero constructo cultural que obedece a una demanda social. Como se verá, Badinter sostiene que incluso hay razones para pensar que las responsabilidades que se desprenden de las tareas asociadas a la maternidad como la lactancia materna o la dedicación al cuidado de los niños son en realidad estrategias sociales impuestas por el patriarcado que obligan a la mujer a asumir un rol maternal ficticio y absorbente, dejándola en situación de desventaja.

Para argumentar esta idea, en su obra *¿Existe el amor maternal?*, se da a la tarea de exponer el modo en que se vivió la maternidad en la Francia de los siglos XVII a XX a través de diversas fuentes históricas y literarias. Ahí argumenta que los discursos científicos, las prescripciones impuestas por Estados nacionalistas y la evolución social de las relaciones familiares que se transformaron a la par de los sistemas económicos paulatinamente desarrollados y consolidados en la modernidad colaboraron para construir una falsa representación del instinto materno como amor espontáneo, inmutable e incondicional de toda mujer hacia sus hijos, del que terminó por desprenderse la obligación para toda mujer de ser madre.

Sin embargo, las relaciones maternofiliales no siempre fueron asumidas con la misma abnegación. Desde Aristóteles hasta Descartes; desde la Edad Media hasta la Modernidad, pasando por una concepción cristiana o no de la vida, Badinter se remonta a diversos escritos previos al siglo XVIII para mostrar que antes de las prescripciones morales y educativas, impuestas por el *Emilio* de Rousseau en la Francia ilustrada, había una percepción generalizada de la infancia como una molestia, una etapa de necedad e imprudencia y un error. Una de sus principales pruebas es la costumbre de relegar el cuidado de los niños a nodrizas, extendida particularmente en Francia e Inglaterra, con el propósito de evitar las incomodidades provocadas por su cuidado, y en especial de los más pequeños, hasta el punto que la primera agencia en proporcionar este servicio data del siglo XIII (Badinter, 1981: 48).

Según los datos expuestos por Badinter, entre los siglos XVII y XVIII su uso era generalizado en todas las clases sociales, tan sólo con algunas variaciones motivadas por las condiciones económicas de la familia. De este modo, mientras las clases altas podían darse el lujo de trasladar a una nodriza a su hogar para alimentar y cuidar del bebé, las mujeres que laboraban con sus maridos en las actividades peor pagadas debían conformarse con llevar a sus hijos al campo al cuidado de nodrizas débiles; como consecuencia, la salud del niño tendía a deteriorarse mientras que, en los casos más extremos, se abandonaba a las criaturas a su suerte. Este tipo de conductas, aunque condenadas por las autoridades civiles y eclesiales, eran percibidas socialmente con neutralidad. Así, aunque el factor económico era el de mayor peso en la calidad de vida de esos niños, también lo era la práctica social que veía al infante como un estorbo en contraste con otras prioridades como atender la granja o ayudar a tejer al marido (Badinter, 1981: 58).

Por otro lado, las excusas argumentadas por parte de las mujeres que sí tenían las condiciones económicas adecuadas para dar de comer a sus hijos giraban entonces, como hoy, sobre pretextos de salud y estética. No es sino hasta la revalorización del niño por motivos económicos y sociales, que tanto los intelectuales —entre quienes destaca Rousseau— como los políticos, se proponen como objetivo conminar a las mujeres a hacerse cargo de sus hijos como principal y más valiosa tarea.

Además de la extendida connotación negativa en torno a la niñez, Badinter achaca a Aristóteles, y en particular a su concepto de autoridad, el poder supremo que ejerció a lo largo de la historia el padre sobre su familia y los monarcas sobre sus súbditos, situación que acorraló a las mujeres bajo una jerarquía social más o menos rígida. El cristianismo vigente no dejó de abonar por igual sobre esta estructura, aunque ciertamente actuó de manera simultánea en direcciones opuestas. Si bien Badinter reconoce que la cultura occidental, por sus raíces cristianas, ya compartía desde antiguo cierta visión de justicia hacia la mujer, en tanto que "marido y mujer son iguales y comparten los mismos derechos y deberes respecto de sus hijos" (Badinter, 1981: 18), también es verdad que no faltaron elementos, en concreto algunos pasajes del *Génesis*, que a partir de una interpretación común, pero errónea, consolidaron y legitimaron la conducta autoritaria del marido y la sumisión de su mujer, lo que dio pie a una particular apreciación sociocultural respecto del papel y funciones de cada uno de los miembros de la familia.

No obstante, una vez bien establecidos los cambios sociales de la modernidad que condujeron a una reestructuración de la familia extensa en nuclear, misma que migra del campo al ambiente urbano debido al creciente proceso de industrialización, comienza a consolidarse un nuevo modelo familiar que ubica a la niñez como centro del hogar. Efectivamente, a diferencia de lo que sucede en etapas anteriores en las que el niño es visto como un activo económico más que debe colaborar con las tareas de manutención, Ann Taylor Allen (2005) afirma que, hacia finales del siglo XVIII, hay un cambio en el modo de concebir la crianza debido al surgimiento de una clase media rica que puede prescindir del trabajo de sus hijos.

La estabilidad para acceder a los medios de subsistencia, aunado a las nuevas formas de organización social que se desprenden de la consolidación de las ciudades y de la reorganización del trabajo por las industrias nacientes, abren paso a un concepto de infancia distinto al de los menos favorecidos. Como consecuencia, el rol social de maternidad adquiere valor y la mujer es vista ante todo como la madre que debe cuidar a su prole. Se afianza el concepto de instinto maternal entendido como una tendencia espontánea de toda mujer hacia sus hijos, y se asienta en el contexto social generando expectativas con un marcado componente moral.

Para asegurar la ideología de la maternidad se otorga además una importancia única a la lactancia materna, transformando este hecho natural en el vehículo idóneo de la sujeción de la madre hacia el bebé, pero que Badinter juzga como una forma más de esclavitud. Aunado a ello se condena la lactancia a través de nodrizas y se establece la infancia como un periodo de la vida de trascendental importancia. La promoción de la maternidad queda alineada a intereses sociales y políticos como el aumento de la población europea de las colonias o el engrosamiento de las filas del ejército por mencionar algunos. A partir de esta nueva narrativa la mujer que se desmarca de ese instinto maternal obra *contra natura*, y esto debe ser juzgado socialmente. Este espíritu de abnegación, sacrificio y autoinmolación de la madre por su prole queda respaldado, de acuerdo con Badinter, por la moral social predominante. Y si una mujer pretende desarrollar sus aspiraciones en cualquier otro sentido no enmarcado en ese contexto familiar, es juzgada por poner en peligro la estabilidad familiar (Badinter, 1981).

Es en este momento de la historia en el que la maternidad adquiere un interés oficial, y se convierte en una especie de función vigilada e impulsada por el Estado, que se constituye como el principal beneficiado de una infancia bien atendida (Badinter, 1981). Opuesta a esta percepción de la maternidad subyugante que rechaza a los hijos como un estorbo, y como resultado de la asimilación de los cambios sociales y demográficos que se presentaron en el periodo de posguerras del siglo XIX, surge la corriente del "maternalismo", identificada como una tendencia en pro de la maternidad aliada a una política de Estado. En este contexto, la mujer no adquiere *per se* igualdad de derechos con el varón como ciudadana, pero sí igualdad de reconocimiento en tanto esposa y madre, junto a su marido, con quien ahora comparte la autoridad frente a los hijos, lo cual de alguna manera convierte la maternidad en ideal de vida para la mujer.

El problema de esta percepción generalizada de la maternidad como destino principal y único, de acuerdo con Badinter, es que termina por transformarla en una especie de obligación. La mujer tiene el deber social de dedicarse a su familia y a criar a sus hijos; es decir, lo mejor que puede realizar la mujer por la comunidad es ser madre, casi un deber cívico ineludible; mientras que, en la otra cara de la moneda, se encuentra el hombre a quien se deja el ejercicio de la paternidad al libre albedrío, como una opción de tomar o rechazar. Esta situación tomará un nuevo vuelco en el siglo XX, el cual se caracterizará por transformar el concepto de responsabilidad maternal en culpabilidad maternal (Badinter, 1981: 147). Aunque la madre es la principal responsable de la dicha de su familia, comienza a compartir esta responsabilidad, para bien y para mal, con el varón, a quien se le impulsará a participar más en las tareas familiares de cuidado y crianza, aunque los logros alcanzados hacia final de siglo sean discretos. Pero el grueso del peso familiar seguirá recayendo en la mujer: además de criar a sus hijos, la madre debe velar por su educación. Por influencia de la teoría psicoanalítica, ahora debe hacerse cargo del inconsciente y los deseos de sus hijos, mientras que se censura implacablemente la negligencia de la mala madre (Badinter, 1981: 165).

Desde la perspectiva de Badinter, el poco valor que socialmente se atribuyó a la niñez hasta mediados del siglo XVIII es prueba de que el amor maternal no obedece propiamente a un instinto universalmente presente, sino a una práctica social con momentos de mayor y menor reforzamiento. Si bien el concepto de la dignidad de la persona fue desarrollado y asumido paulatinamente a partir de hechos concretos en la Modernidad, la infancia tardó tiempo en sumarse a este proceso de valorización social. Sin embargo, el creciente interés por situar al niño en el epicentro del progreso social es interpretado por Badinter en términos negativos. Desde su óptica, se trata de una estrategia para someter a la mujer al patriarcado, al presentar al niño como el activo social más esencial y, por lo tanto, la vocación a la maternidad como la misión más importante para una mujer.

Badinter concluye una relación lógica entre el instinto maternal o la tendencia natural de ser madre con la devoción incondicional que la cultura occidental identifica como amor de madre; es decir, la tendencia presente en todas las especies de animales queda reducida en la mujer a una respuesta cultural y un sentimiento altruista sustentado por un respaldo moral que contextualiza las relaciones familiares en Occidente (Taylor Allen, 2005: 12). Este paradigma que impregnó la maternidad llegó a constituir, según algunas feministas (Badinter, Croghan y Miell), una presión considerable para las madres como responsables de la felicidad de sus hijos, previo sacrificio de la donación de su persona y renuncia a sus propios intereses (Porter *et al.*, 2005: 98).

Si la feminidad se agota en la posibilidad de ser madre, entonces recae un halo de insatisfacción y una connotación negativa sobre aquellas mujeres que no lo logran o no lo desean. Siguiendo esta lógica, es comprensible el razonamiento de Badinter, para quien la definición de "una buena madre" es una realidad entre tantas otras, dependiendo de lo que la cultura considere como importante y de lo que busque en la maternidad (Badinter, 1981). Su conclusión es tajante: no existe como tal un instinto maternal, sino un sentimiento endeble en cada madre, adaptado a un contexto económico, cultural y social que varía en épocas y personas y, por lo tanto, se trata de un sentimiento frágil y contingente (Badinter, 1981: 309).

Badinter, pues, se contrapone tajantemente a la idea de la maternidad como identidad de lo femenino, y considera que esa supuesta tendencia natural no tiene validez si se le ofrece un entorno de desarrollo distinto a las mujeres. Es decir, la mujer por sí misma jamás elegiría esos sacrificios: se trata de la presión social y sus estándares de moralidad los que la encasillan sin opciones, porque en sí misma la maternidad jamás podría suponer una opción para la mujer. Siguiendo esta lógica, quedaría bastante sorprendida si accediera a los resultados de la encuesta de "Eurobarometer" acerca de los estilos de vida en la Comunidad Europea (Eurobarometer Life Styles in the European Community: Family and Employment within the Twelve, 1991, citado por Hakim, 2000: 90), que reporta que la mayoría de las mujeres jóvenes en Europa, madres de niños que se encuentran en edad preescolar, estarían de acuerdo con que el hombre se enfoque en las actividades del mundo público; mientras que la mujer pudiera centrarse en lo que entendemos como el mundo privado.

Cabe mencionar que estas preferencias varían en épocas y lugares, sin embargo, permanece como una constante que las expectativas de las mujeres europeas en edad reproductiva se vierten en el hogar y la familia o que, motivadas por circunstancias económicas, prefieren compaginar las actividades del hogar y la maternidad con las laborales remuneradas; pero que no ponen como prioridad su desarrollo profesional frente a las actividades de cuidado y crianza.

Ahora bien, la dureza de las afirmaciones de la autora al considerar las relaciones maternofiliales de los siglos anteriores en total desapego deja entrever juicios *a priori* que no contextualizan el fenómeno de la situación histórica, social y geográfica del momento, sino a través de una óptica contemporánea. Ello explica que considere una interpretación histórica de la prole como una desgracia, y que las actividades de cuidado necesarias para la sobrevivencia sean puestas en tela de juicio, sujetas a las convenciones sociales, a la exigencia del hombre que hacía cabeza de familia y a un entorno económico vulnerable.

Por otra parte, es importante resaltar la denuncia que hace Badinter (1981) de la escasa participación del hombre en el hogar con la creencia generalizada de que no hay nada que lo predisponga a establecer una relación afectiva en la crianza de los hijos. Al asociar una mala crianza materna con el fracaso del hijo, se carga en la mujer una responsabilidad que, de suyo, debería ser compartida. Por lo tanto, deduce Badinter, es necesaria la coparticipación de ambos padres en la crianza de los hijos, haciendo énfasis en la importancia de la paternidad en su desarrollo.

En esta misma línea pone en tela de juicio el apego al hijo como una característica única de la maternidad, afirmando que el padre es capaz de desarrollar ese vínculo con su hijo: baste para ello disociar la procreación (solamente femenina) de las tareas de cuidado de los más débiles (actividades masculina y femenina). Pone énfasis en la necesaria implicación del hombre en las tareas del hogar y del cuidado, no tanto por lo que implica para el niño, sino en vistas a una igualdad de género que evite la doble jornada laboral para la mujer, asociando este fenómeno a la baja de las tasas de natalidad en tanto no se asimile como una función compartida.

Cabe señalar que esta visión que orilla a la mujer a elegir entre dos posturas mutuamente excluyentes —desarrollo y maternidad— no deja de ser misógina, pues considera la condición propia de la naturaleza femenina como algo subyugante y decadente que conduce a una visión coartada de la mujer, así como a una promoción del individualismo como aspiración superior de la persona; visión que, a final de cuentas, no logra comprender la realidad antropológica de una afectividad integrada, incoada en la mujer.

Sin embargo, a pesar de esta visión, Badinter propugna desarrollar en el hombre una paternidad comprometida y consciente así como una corresponsabilidad con la mujer en la educación de los hijos, las labores de cuidado y el hogar.

En esta misma línea, la afirmación de Badinter al expresar que la maternidad se constituye como fuente principal de opresión cobra sentido, ya sea desde una visión negativa de la maternidad, es decir, como subordinación a la naturaleza, o bien, al entenderla como fuente de poder supeditada al Estado, que si bien se consideró como esa aportación del mundo privado al entorno social, no se podía concebir, al final de cuentas, como una decisión propia de la mujer. De manera que se entiende que la maternidad se instaura en la mujer como sujeción a la naturaleza; sin embargo el hombre moderno se fijó como meta desarticularse de ella y dominarla, por eso la maternidad resulta tan incómoda y es considerada como fuente de opresión. Por otro lado, si la autonomía del individuo es encomiada como uno de los valores superiores, la renuncia de la madre a su autonomía como medio para lograr el desarrollo pleno del infante se convierte en una tensión interna que le será recriminada como una actitud antinatural.

Sin embargo, Badinter denuncia enfáticamente una situación de injusticia normalizada por nuestra cultura: circunscribir la feminidad a la maternidad es coartar la libertad de quienes quieren vivir su condición de mujer, al margen de la maternidad. Es decir, la maternidad se debe entender como una decisión que se puede aceptar o rechazar, si bien se ha encasillado a la mujer en este paradigma sujetando su condición natural a un estereotipo cultural. En este sentido, se puede encontrar unidad en las demandas de los distintos feminismos al rechazar la maternidad como intrínsecamente unida a la feminidad. Lo que la biología determina en el cuerpo femenino por la posibilidad única de ser portadora de vida, la cultura lo ha traducido en un imperativo social por medio de la afirmación de un instinto materno común a todas las mujeres. Hay otras autoras que también se suman a la visión de Badinter como Patricia Hill Collins y Sharon Hays (Bogino, 2020).

Por lo tanto, someter a la mujer a una opción que no pueda decidir por sí misma es convertir el cuerpo materno en un campo de batalla ideológico, político y social. La obra de esta autora abre paso al desafío del discurso generalizado de la madre como ángel del hogar. Ahora bien, si se quiere trascender el planteamiento de Badinter, la maternidad en sentido estricto no se puede reducir a una decisión personal, si bien implica una consecuencia relacional; sólo se puede comprender plenamente como una sublimación de la capacidad única de la mujer: es decir, como un don.

En el contexto histórico enmarcado por la modernidad en el que se detona el individualismo como proyecto de vida aspiracional, el planteamiento de Badinter y su denuncia son plenamente válidos. Sin embargo su propuesta queda en deuda con la mujer. Si bien el tono empleado por Badinter es el de denuncia y se acerca más a un reclamo, es importante hacer notar que se atrevió a abordar temas que cuestionaron en sus cimientos el *statu quo* de la cultura, es decir, aquello que de suyo la constituye: el hombre, la mujer, la familia y la sociedad y que, por lo mismo —al tratarse de un ámbito tan privado y paradójicamente tan público— resulta sumamente complejo asumir un consenso que concilie todas las posturas.

Ahora bien, si el punto de partida de Badinter fue la asimetría sexual entre hombre y mujer, denunciando las consecuencias negativas que ello conlleva para la mujer a partir de su posible maternidad, también es viable extraer una conclusión opuesta del mismo silogismo. Para ello estudiaremos algunos textos de Erika Bachiochi, investigadora jurídica en el Ethics and Public Policy Center y en el Abigail Adams Institute, quien en su libro publicado en 2021, *The Rights of Women: Reclaiming a Lost Vision*, exhorta a retomar la visión del feminismo respecto de la maternidad como se presentó en sus orígenes a través de la obra de Mary Wollstonecraft, *Vindicación de los derechos de la mujer* (Zarzalejos Vicens, 2022: 2).

Al igual que Badinter, Bachiochi parte de la diferencia sexual entre el hombre y la mujer, abogando por una igualdad ante la ley a partir del respeto a las diferencias biológicas en consideración de su realidad particular tal como se presenta en el día a día: sólo la mujer puede embarazarse, criar y recuperarse del parto; mientras que el hombre no se ve sometido por ese proceso natural. A esto le denomina Bachiochi la "contribución asimétrica a la reproducción" (Zarzalejos Vicens, 2022: 6). Y a esta contribución asimétrica, que no es en sí un problema, la sociedad debe responder con un sistema socioeconómico que, lejos de condenar a la familia, la apoye. Por eso es necesario que la ley contemple esta diferencia para otorgar un trato equitativo tanto a hombres como a mujeres.

Bachiochi, a manera de revisión histórica, hace mención acerca de lo absurdo que resultaba para las feministas del siglo XIX el aborto e incluso la anticoncepción, considerando innecesario imitar el desapego masculino y vinculando la demanda de la igualdad femenina con la castidad masculina: "Voto para las mujeres y castidad para los hombres" fue un eslogan acuñado por la sufragista Christable Pankhurst (Internationaal Instituut voor Sociale Geschiedenis, 1994, citada por Bachiochi, 2013: 162). En contraste, las demandas más recientes del feminismo centradas en la posibilidad de conservar o no al hijo concebido reducen el tema de la maternidad a una actividad con implicaciones únicamente para la mujer.

La tesis de Bachiochi (2013) parte de señalar el desdén por la naturaleza propiamente femenina que supone la anticoncepción: lo que en un principio se quiso plantear como una opción para igualar la situación entre hombres y mujeres —es decir, para emparejar esa "asimetría sexual", cuya carga reposa sobre las mujeres—, terminó resquebrajándola, porque la lógica humana intuye que si hay que evitar la concepción es porque la maternidad es un lastre. Incluso Bachiochi plantea la analogía del hecho de que las mujeres necesiten recurrir a estos medios para lograr la igualdad con el hombre y el acceso a la participación en el mercado y el mundo laboral, con la lógica que justificó la esclavitud en el sur de Estados Unidos: así como los esclavistas "necesitaban" a los esclavos para ser competitivos en el mercado y lograr su bienestar (Bachiochi, 2021a: 40), aunque esto fuese en detrimento de los propios esclavos, las mujeres también necesitarían de la violencia del aborto para cerrar la brecha económica que en muchos lugares aún las separa de los hombres. Sobra decir que esa "necesidad" se acerca más al término capricho que al de imprescindible.

En un Estado donde el principal motor es la economía y el más preciado de los derechos es la autonomía, la anticoncepción se presenta como la única opción liberadora. Sin embargo, el ser humano no puede ser reducido a su autonomía, porque antes que autónomo es interdependiente, y por ello no puede salir adelante si no es a través de un entorno en donde prevalezca la cultura del cuidado, la solidaridad y la responsabilidad compartida. Y es precisamente una revaloración social del cuidado lo que permitirá un trato equitativo y una transición hacia la solidaridad en el entorno familiar y social. Si se logra que el cuidado sea percibido como un valor, los hombres lo practicarán más y esto llevará a una mayor equidad (Zarzalejos Vicens, 2022: 9-10).

La transición hacia una sociedad en la que prevalezca la óptica del cuidado sobre la de la autonomía se presenta como una demanda fundamental cuando se pretende la búsqueda de la equidad. Bachiochi enfatiza que la sola igualdad no es suficiente para el bien de mujeres y hombres en sus distintos entornos; incluso ésta puede entorpecer el desarrollo de los miembros de la sociedad y ser devastadora en algunos casos. En ese sentido afirma que, considerar el aborto como derecho necesario para el logro de la igualdad y, por lo tanto, pensar en la restricción al mismo como discriminación por razón de sexo, es sólo un pretexto para la ley, ya que resulta mucho más oneroso para el Estado proporcionar contextos adecuados para el correcto desarrollo de la crianza que ofrecer el aborto como una solución (Bachiochi, 2021b: 10).

Afirma que a partir de la implementación de la anticoncepción como la estrategia idónea para someter a la naturaleza y evitar sus consecuencias, ha incrementado el aborto. So pretexto de que la anticoncepción liberaría a muchas mujeres de situaciones de riesgo debido al embarazo, se promovió como el método apropiado para lograr la libertad deseada: disfrutar el placer del sexo sin las molestias del embarazo se convirtió en la premisa que igualaría a las mujeres con los hombres. En contraste con el feminismo de la igualdad, Bachiochi señala las diferencias haciendo hincapié en que las consecuencias de la anticoncepción y del aborto son padecidas con mayor intensidad por las mujeres que por los hombres; es decir, las consecuencias de transgredir la naturaleza de la sexualidad son mucho más perjudiciales para ellas.

Esto es evidente al comparar las consecuencias de las relaciones sexuales en las mujeres y en los hombres: sólo ellas pueden quedar embarazadas; de manera que, en lugar de limar esa asimetría sexual, lo que sucedió fue que se exacerbó, con la complacencia del hombre y en detrimento de la mujer (Bachiochi, 2013: 152). Como resultado, no se logra igualar la experiencia sexual entre hombres y mujeres ni se ha liberado a la mujer de las consecuencias de la práctica de la sexualidad (Bachiochi, 2013: 153). En el camino de igualar, hasta ahora ha sido la mujer quien ha perdido.

Por el contrario, el único "beneficiado" ha sido el hombre, quien ha reivindicado su egoísmo al saber que la práctica sexual puede llevarse a cabo sin consecuencias. Dejar la presión de la maternidad sólo a la mujer es insostenible ya que se trata de un proceso compartido, la marcha biográfica de la persona que se articula en la interrelación generacional, y por la que el hombre se encuentra en deuda con la mujer (Juan Pablo II, 1988: 28).

Bachiochi (2013), a través de los estudios de Akerlof, explica cómo a partir del uso de la anticoncepción, la tasa de nacimientos dentro de los matrimonios ha disminuido, mientras que la maternidad no marital se ha incrementado. Esto significa que las mujeres se han visto expuestas a tener que ceder ante las demandas masculinas de la práctica sexual sin ninguna garantía de por medio. Explica Akerlof que antes las mujeres podían exigir el matrimonio o, cuando menos, la promesa del mismo a cambio de sexo. Pero con la implementación del encorsetamiento tecnológico de las consecuencias naturales del embarazo, los hombres no tienen la necesidad de comprometerse a nada, y son las mujeres quienes han asumido de manera aislada las consecuencias de la conexión entre sexo y paternidad (Bachiochi, 2013: 154).

En este sentido, se llega a la absurda conclusión de pensar que no existe motivación alguna de los hombres para esforzarse en un compromiso permanente como el matrimonio, si cada vez se encuentran más mujeres atractivas dispuestas a entregar su sexualidad sin pedir estabilidad ni compromiso a cambio. Obviamente, no todos los hombres se comportan de esa manera, pero con esta afirmación, Bachiochi destaca las consecuencias de la laxitud de costumbres que se presentó como consecuencia lógica de la anticoncepción. Encorsetar a todos los varones en ese estereotipo sería reduccionista, pero deja en el ambiente la incertidumbre.

Las consecuencias de estas prácticas son claras para la mujer: desde el aborto hasta dar a luz a la criatura con todo lo que implica la crianza sin un varón, lidiando con sus problemas emocionales y los de sus hijos. Cabe señalar que estas consecuencias no se presentan solamente en el plano físico, sino que se tratan en gran medida de otros aspectos como el psicológico. Por ejemplo, según menciona Bachiochi (2013), al ser la oxitocina la hormona que libera la mujer durante el embarazo y la lactancia para establecer un vínculo con su bebé y la misma hormona que aparece durante las relaciones sexuales, las mujeres —independientemente de su voluntad— establecen mayores lazos emocionales que los hombres, quienes pueden lograr un mayor desapego emocional durante la relación sexual. Dicho con palabras previamente expuestas, la mujer tiene la afectividad integrada en todo su ser. Si esta conexión emocional no está avalada por una relación estable —entiéndase matrimonio—, puede causar vulnerabilidad emocional y, por lo tanto, llevar hasta la depresión o el suicidio.

Todo este modelo es comparado por Bachiochi (2013) con un sistema de seguros en el cual la mancuerna anticoncepción y aborto se reafirman, echando mano de la segunda alternativa por si la primera llegara a fallar. Pero, finalmente, quienes cargan con las consecuencias de este sistema fallido son las mujeres.

La brecha generada por la asimetría sexual no es un invento, son las mujeres quienes padecen en su cuerpo por la decisión de la maternidad; son ellas quienes suben de peso, vomitan, se fatigan en este periodo o padecen hemorragias en un aborto. Por eso, afirma Bachiochi, cuando los hombres y las mujeres tienen relaciones sexuales lo hacen por distintas razones. La diferencia fundamental estriba en que los hombres buscan en ello algo muy distinto a lo que esperan las mujeres; es decir, no solamente ambas partes tienen beneficios, también para la mujer se desprenden consecuencias más profundas y la capacidad de entretejer en ello una capa de sacrificio (Bachiochi, 2013: 160).

El reto para el feminismo es claro: si las capacidades reproductivas de la mujer la hacen más vulnerable por una "asimetría sexual", la respuesta social no debería ser privar a las mujeres de sus capacidades, alterando sus cuerpos, sino que habría que esperar más de los hombres alentando su respeto a la condición biológica. Se debería exigir más responsabilidad por parte de los padres en concordancia con la vulnerabilidad de sus hijos; porque si la naturaleza ha dotado al hombre de la capacidad de tener hijos, la cultura deberá exigirle el cumplimiento de las responsabilidades que conlleva engendrarlos (Bachiochi, 2013: 161).

De acuerdo con Bachiochi, esta exigencia sólo se puede ver plenamente sustentada en el matrimonio, como el entorno adecuado para proteger de las consecuencias de la asimetría sexual, tanto a la mujer como a los hijos. Por eso, siguiendo a Cassandra Hough, cofundadora de Anscombe Society de Princeton, afirma: "En el matrimonio [la mujer] es libre de ser vulnerable"; es tal la seguridad que se brinda que ya no

> se preocupa por las intenciones de su pareja o por si él se aprovecha de su vulnerabilidad... En un matrimonio sano [una mujer] se confía al amor [de su marido...] [y es] verdaderamente libre para dejar que su cuerpo responda al sexo de la manera en que fue diseñado para responder (Hough, 2010: 57-77, citado por Bachiochi, 2013: 162).

Por lo tanto, lo que lleva a igualar la asimetría sexual entre los hombres y las mujeres dista mucho de liberar a los cuerpos de ellas de su vulnerabilidad. Por el contrario, lo único que puede servir de contrapeso es la castidad, la moderación sexual y la subordinación de esos apetitos a la vulnerabilidad de la mujer. Bachiochi enmarca el potencial procreador de la maternidad en la legitimidad de los métodos naturales de planificación a través de la castidad. Citando a la teóloga Angela Franks escribe:

> Los hombres aprenden con la PFN (Planificación Familiar Natural) a medir sus deseos sexuales por los ritmos del cuerpo femenino. Tal petición es inaudita en una sociedad en la que el deseo masculino parece

> marcar las pautas... De hecho tal reorientación del deseo es más revolucionaria que cualquier proyecto feminista (Franks, 2010: 118, citada por Bachiochi, 2013: 163).

Bachiochi es contundente con la fórmula para lograrlo: monogamia + autocontrol + sexo emocionalmente vinculado, a lo que denomina la culminación de la causa feminista (Bachiochi, 2013: 163-164).

Como puede verse, a partir del análisis de ambas autoras, es posible deducir que tanto una como la otra parten del mismo problema: la diferencia biológica y sexual entre hombre y mujer trae consecuencias fundamentales para la vida de la mujer, en concreto, para su maternidad. Mientras que Badinter se centra en un análisis desde la antropología social y un feminismo que busca la igualdad para sustentar que la maternidad es accidental a la identidad femenina, que se encuentra condicionada por factores culturales y es un lastre para el desarrollo de la mujer —igual que afirmaba su antecesora Simone de Beauvoir—, por lo que hay que someter a la naturaleza para eliminar las diferencias entre hombre y mujer, Bachiochi comienza por reconocer esa diferencia asignándole un nombre: "asimetría sexual".

A través de la defensa de un feminismo de la diferencia, que parte de reconocer una misma dignidad tanto para mujeres como para hombres, advierte que el único modo de lograr nivelar esa asimetría natural no es a través del dominio tecnológico de la naturaleza, en el que la mujer termina por cargar sola con las consecuencias de un uso libertario de la sexualidad, sino por medio del respeto a los ciclos naturales de la mujer y a través de la consideración de los siguientes elementos: monogamia + autocontrol + sexo emocionalmente vinculado; única fórmula que, respetando el cuerpo femenino, compromete también la voluntad masculina en un contexto estable de amor.

Dilema 2. La oposición entre la maternidad como mecanismo de opresión *vs.* la maternidad como vehículo de emancipación

El segundo dilema al que nos enfrentamos al analizar la maternidad desde una perspectiva feminista es el de concebirla ya sea como un mecanismo opresivo, ya sea como una práctica emancipatoria. Como se verá, más que un rechazo abierto a la maternidad, diversas autoras feministas se oponen a vivirla desde lo que podríamos denominar los límites tiránicos del patriarcado, para abordarla desde un enfoque más liberador, que en todo caso no carece de sus propios claroscuros. Para tal efecto se contrastarán desde una mirada crítica a dos influyentes feministas: Simone de Beauvoir y Adrienne Rich. Se concluirá esta sección haciendo algunas anotaciones entre ambas posiciones.

Entre quienes mantienen una visión crítica hacia la maternidad se encuentra la icónica Simone de Beauvoir. Ubicada entre la primera y la segunda ola del feminismo, o bien, entre la segunda y la tercera —según la lectura metodológica que se quiera adoptar—, en su influyente obra, *El segundo sexo*, la filósofa y escritora hace una extensa radiografía sobre el estatus de la mujer en el mundo contemporáneo en todas sus facetas, entre las que no podía faltar, sin duda, su condición como madre.

Contraria al determinismo biológico, la conocida frase "no se nace mujer, se llega a serlo" resume su posición de acuerdo con la cual la condición femenina —aunque atada a unas condiciones anatómicas y fisiológicas determinadas, aquellas propias de la hembra en el reino animal— es capaz de ser sobrepasada. La feminidad, y con ella los valores asociados a la misma entre los que sobresale la maternidad, pertenece al ámbito de la civilización que la elabora como producto cultural (de Beauvoir, 2021: 207), aunque ello suceda no sin contradicciones. Partiendo de dicho supuesto, de Beauvoir hace una crítica encarnizada a la idealización de la maternidad como único destino femenino.

A su parecer, la condición de mujer se vive desde la contradicción. Desde el punto de vista estrictamente biológico, la mujer se halla atada al carácter cíclico de la naturaleza a través de la menstruación, que se repite sin fin una y otra vez. Este proceso, que determina el paso de la niñez a la adultez en la mujer, la prepara incesantemente para un proceso: la posibilidad de un embarazo, que no necesariamente desea experimentar, provocando un estado de alienación de los deseos personales respecto del propio cuerpo. A diferencia del macho, que a lo largo del reino animal puede afirmarse en su propia autonomía, la individualidad de la hembra se supedita al interés de la especie que la utiliza para replicarse en un ciclo interminable, de tal manera que existe una "exasperación" entre sus intereses propios y el de las fuerzas generadoras que la habitan (de Beauvoir, 2021: 36).

En contraposición a la condición masculina, que por momentos tiende a idealizar, pareciera —sentencia de Beauvoir— que la mujer vive para las necesidades del cuerpo en lugar de que el cuerpo le sirva de instrumento de expresión. Por lo menos desde la pubertad hasta la menopausia "la mujer es sede de una historia que se desarrolla en ella y que no le concierne personalmente" (de Beauvoir, 2021: 38). "La mujer, como el hombre, es su cuerpo: pero su cuerpo es algo distinto de ella misma" (de Beauvoir, 2021: 40). Esta particular relación se hace aún más evidente cuando un óvulo es fecundado y desciende al útero para desarrollarse. El proceso de gestación, el parto y la misma lactancia son procesos fisiológicos que poseen una connotación peligrosa y servil, sometiendo a la mujer a los intereses de la humanidad y su supervivencia, anulando, o por lo menos cercando, el espacio de libertad individual de cada mujer.

La reproducción pues así como las tareas asociadas a la misma ha sometido históricamente a la mujer a la servidumbre. Desde tiempos inmemoriales, el embarazo, el parto y la menstruación han disminuido su capacidad de trabajar, condenando a las mujeres a largos periodos de impotencia; por lo que, para defenderse contra los enemigos, así como para asegurarse el sustento y el de su progenie, han tenido que invocar reiteradamente la protección de los hombres quienes, bajo figuras diferentes —cazadores, recolectores, agricultores, señores feudales, maridos—, pueden dedicarse a lo verdaderamente importante: la producción. Precisamente la oposición entre reproducción y producción es una de las antinomias que con más vehemencia recorre todo *El segundo sexo*.

Sin embargo, en opinión de Beauvoir la mujer no ha sido capaz de reivindicarse a sí misma ni siquiera desde el entronizado papel de madre. Aunque históricamente la cultura patriarcal ha reconocido el valor de la mujer a partir de su capacidad reproductiva, de Beauvoir señala que ni siquiera en las épocas de mayor veneración hacia la maternidad se ha posibilitado a las mujeres conquistar el lugar privilegiado de la sociedad. Desacreditando las elucubraciones sobre las sociedades matriarcales primitivas de Jakob Bachofen, de Beauvoir insiste a lo largo del todo *El segundo sexo* que la mujer siempre permanecerá como lo "otro" frente al sí mismo del varón; como lo objetivo frente al carácter subjetivo del hombre.

Por una parte, la romantización de la mujer desde el ámbito de lo mítico la enaltece como modelo inalcanzable; pero esta cuasi divinización se rompe una vez que es poseída a través del matrimonio y la familia como ama de casa y como madre. Contrario a las idealizaciones burguesas del matrimonio y la familia, de Beauvoir ve en el cuidado de la casa y de la prole una pesada tarea que supera el castigo de Sísifo (de Beauvoir, 2021: 411). Y aunque parece admitir que muchas niñas abrazan este destino ciegamente y sin oponer resistencia, también enfatiza que muchas otras, si acaso hablando de su propia autobiografía, rechazan el destino al cual los ciclos interminables de su cuerpo las han destinado: de ahí que haya niñas que miren, "no sin horror", la mera posibilidad de la hinchazón de la panza, los sufrimientos del parto y el alumbramiento (de Beauvoir, 2021: 238).

Para de Beauvoir, pues, la maternidad parece ser un instrumento de opresión contra la mujer, carente de todo valor intrínseco. Un proceso biológico sin significado propio, cuyo mérito radica en ser vehículo para garantizar la perpetuación de la especie. Pero, a diferencia del resto de los animales, lo que motiva el verdadero avance de la humanidad no es su replicación infinita, sino la trascendencia de cada individuo en su particular proyecto; de manera que la facilitación para venir a este mundo, proporcionada por las labores reproductivas de las mujeres, sólo es un medio para la afirmación de sí mismo al que cada persona está llamada. Mientras que la vida pertenece al ámbito meramente biológico, la trascendencia de la Vida por la Existencia asegura la superación de la mera repetición. Nos dice de Beauvoir:

> Al nivel de la biología, solamente creándose de nuevo se mantiene una especie; pero esta creación no es más que una repetición de la misma Vida bajo formas diferentes. Al trascender la Vida por la Existencia es como el hombre asegura la repetición de la vida: en virtud de esa superación crea valores que niegan todo valor a la pura repetición (de Beauvoir, 2021: 66).

De ahí que de Beauvoir afirme que engendrar o amamantar no constituyan *actividades* sino meras funciones naturales, ajenas a cualquier proyecto que permita afirmar altivamente la propia existencia. En contraposición al *Homo faber*, las faenas domésticas a las que está dedicada, únicas conciliables con las cargas de la maternidad, la confinan en la repetición y la inmanencia, pues se trata de labores que se reproducen día tras día, bajo una forma idéntica que se perpetúa casi sin cambios siglo tras siglo sin producir nada nuevo (de Beauvoir, 2021: 65).

La maternidad para de Beauvoir anula a la mujer como persona, ya que los hijos representan un obstáculo para la trascendencia social. La existencia de la mujer puede afirmarse con exclusión de la maternidad. Engendrar y amamantar son funciones sociales que no suponen ningún proyecto para la mujer, razón por la cual no sirven para afirmar su existencia social. Para de Beauvoir, "el lugar que 'ocupa' en la sociedad la madre es un lugar de subordinación y de exclusión de la categoría sujeto social. A las madres se les impone una imagen restrictiva, privada de lenguaje, en la cual las mujeres no son sujetos" (Saletti, 2008: 175).

Saletti afirma que "Simone de Beauvoir fue la primera feminista en señalar la maternidad como atadura para las mujeres, al intentar separarla de la idealización que colabora a mantenerla como único destino femenino"(2008: 172). La única solución posible para escapar a esta opresión de la maternidad como representación por excelencia de la feminidad es que la mujer pueda vivirla de manera elegida, y comparta sus cargas con el resto de la sociedad. En su opinión, la exploración de nuevos significados sobre la maternidad, la posibilidad de acceder al aborto y la anticoncepción, así como la integración de la mujer en el mundo del trabajo construirán la brecha que permita sacudirse la maternidad como elemento que se cierne opresivamente sobre ella.

Pero no sólo eso: además de la anticoncepción y el aborto, de Beauvoir —tomando como modelo algunas políticas soviéticas de la época en torno a la vida familiar— se muestra partidaria de medidas como "las vacaciones por embarazo" (incapacidad por maternidad), guarderías infantiles, jardines de la infancia, etcétera (de Beauvoir, 2021: 124), que le permitirán a la mujer sacudirse pronto de su atadura a la reproducción, para inscribirse en el camino de la producción. "Estrechamente subordinada al Estado, como todos los trabajadores, estrechamente ligada al hogar, pero teniendo acceso a la vida política y a la dignidad que confiere el trabajo productor, la mujer rusa —por lo menos la de 1949— se halla en una situación singular" (de Beauvoir, 2021: 124).

Sin embargo, esto no lleva a de Beauvoir a abrazar con fervor y sin objeciones la promesa de emancipación para la mujer, a través del trabajo productivo, que proclama el socialismo. Marx y Engels han anunciado a la mujer una liberación implícita en la libertad del proletariado; pero la diferencia en los sueldos entre hombres y mujeres, y el mismo rechazo que manifiestan ellos al suponer que la participación de ellas limitará la oferta de puestos de trabajo, hacen que cualquier utopía sea vista con suspicacia. Además, considero preciso agregar que no se entiende cómo las funciones productivas serán capaces de liberarnos de las funciones reproductivas, pues las necesidades de cuidado de los nuevos seres subsisten; mientras que la tarea de gestación sigue siendo intransferible para la mujer. En todo caso, es con el trabajo como la mujer ha conquistado su dignidad de ser humano, aunque se ha tratado de una conquista singularmente dura y lenta (de Beauvoir, 2021: 106)

Es mediante el trabajo como la mujer puede liberarse del ritmo de la naturaleza que se repite en su seno sin fin, teniéndola sometida a la función generadora, para que pueda dedicarse, a la par del hombre, a la construcción del mundo (de Beauvoir, 2021: 110). La prueba es que esta capacidad reproductora siempre ha tratado de ser contenida por las mujeres o por las parejas a lo largo de la historia. Para de Beauvoir la posibilidad de tolerar e incluso de promover tanto la anticoncepción como el aborto —que para la época en que escribe *El segundo sexo*, 1949, aún estaba ampliamente prohibido— permite a las mujeres reducir el número de embarazos e integrarlos racionalmente en su vida, en lugar de ser su esclava. "Sustraída en gran parte a las servidumbres de la reproducción, puede asumir el papel económico que se le ofrece y que le asegurará la conquista de su persona toda entera" (de Beauvoir, 2021: 115). De hecho, "en virtud de esos dos factores, participación en la producción y manumisión de la esclavitud de la reproducción, se explica la evolución de la condición de la mujer" (de Beauvoir, 2021: 115).

De acuerdo con Saletti (2008: 172): "Simone de Beauvoir fue la primera feminista en señalar la maternidad como atadura para las mujeres, al intentar separarla de la idealización que colabora a mantenerla como único destino femenino". Niega la existencia del instinto maternal y propone situar las conductas maternales en el campo de la cultura. Al hablar de la maternidad como discurso dominante, de Beauvoir reinterpreta el cuerpo materno indicando que no es un cuerpo biológico, más bien se trata de un cuerpo cuyo significado biológico se produce culturalmente al inscribirlo en los discursos de la maternidad, que postulan a la madre como sujeto, para negar de esta forma a las mujeres. Para de Beauvoir la cuestión es asignar al cuerpo materno un significado diferente. Para ello presenta una descripción del cuerpo materno que desnaturaliza lo natural, transformando la maternidad en una expresión extraña y antinatural, y desplegando la posibilidad de que el deseo femenino sea más complejo de lo que suponen los discursos dominantes.

En contraste con la visión por momentos pesimista de Simone de Beauvoir, Adrienne Rich —poeta, intelectual y crítica feminista—, en su influyente obra de 1976, reeditada en 1986, *Nacemos de mujer. La maternidad como experiencia e institución*, identifica lo que a su juicio son dos modos de abordar la maternidad. El primero de ellos que coincide con la perspectiva de Beauvoir, y que en términos de este estudio puede clasificarse como "opresivo"; es denominado por Rich como "maternidad como institución". Se trata de una maternidad vivida bajo el "patriarcado", el cual es definido por ella como

> un sistema familiar y social, ideológico y político con el que los hombres —a través de la fuerza, la presión directa, los rituales, la tradición, la ley o el lenguaje, las costumbres, la etiqueta, la educación, y la división del trabajo— determinan cuál es o no el papel que las mujeres deben interpretar con el fin de estar sometidas al varón en toda circunstancia (Rich, 1986: 106).

En la maternidad como institución, nos dice Rich, el patriarcado —que dicho sea de paso puede ser profesado por hombres y mujeres, en tanto que no se identifica con un sexo en particular sino con un modo de pensar y ejercer el poder— busca regular la capacidad reproductora de las mujeres, el control legal y técnico de la anticoncepción, la fertilidad, el aborto, la obstetricia y la ginecología, lo que denomina experimentos reproductivos extrauterinos, e incluso el señalamiento sospechoso o negativo de las mujeres que no son madres (Rich, 2019: 78).

La maternidad como institución se caracteriza por idealizar la misma maternidad de acuerdo con los intereses del patriarcado, que pueden encarnarse en razones de tipo social, político o religioso; sirviendo a las conveniencias masculinas y al margen de los intereses, sentimientos y vivencias personales de las mujeres; usurpando incluso el lenguaje que utilizan para describir su propia vivencia de la maternidad. Por ejemplo, cuando ha sido conveniente para las sociedades el incremento de la población o una determinada porción de la misma —tal ha sido el caso de los pioneros o del sistema esclavista estadounidense—, entonces se ha alentado a las mujeres a tener el mayor número posible de hijos; claro está, sin renunciar al trabajo, a la producción. Sin embargo, hacia la segunda mitad del siglo XIX hay un viraje en los intereses de las naciones y comienzan a enaltecer la idea de una maternidad volcada exclusivamente en el hogar.[1]

A la maternidad como institución se contrapone la maternidad como experiencia. A través de este enfoque, que podemos catalogar de "emancipador", Rich no reniega como tal de la maternidad, sino que busca explorar sus dimensiones positivas. Ello es importante porque, como señala la autora, el niño obtiene la primera sensación de su propia existencia a través de los gestos y expresiones que constituyen la respuesta de la madre. "Es ella quien lo afirma en la existencia, y quien se afirma a sí misma como mamá" (Rich, 2019: 81). La maternidad como experiencia consiste, pues, en explorar la relación potencial de cualquier mujer con sus poderes de reproducción y con sus hijos. Aunque desde su punto de vista parir un hijo y criarlo es haber cumplido lo que el patriarcalismo, unido a la fisiología, convierte en la definición de la feminidad, también puede significar la experiencia del propio cuerpo y de las emociones de una forma por demás intensa. Experimentar la maternidad es hacerlo no sólo en los cambios físicos y carnales, sino también de carácter. Aprender, a menudo mediante una autodisciplina dolorosa, aquellas cualidades que se suponen "innatas" tales como la paciencia, el sacrificio y la voluntad para repetir sin fin las pequeñas tareas rutinarias de socializar al ser humano.

De este modo, la maternidad implica reconocer, muchas veces para asombro de la propia mujer, estar poseída por sentimientos tanto de amor como de una extrema violencia, más furiosa que cualquiera de las que antes se hayan conocido. Rich se lamenta de que

> la maternidad institucionalizada exige de las mujeres un "instinto maternal" en vez de inteligencia, generosidad, en lugar de una realización propia de la personalidad, y la relación con los demás en lugar de la creación del yo: la maternidad es sagrada, con la única condición de que la descendencia sea legítima (2019: 88-89).

---

1 Un ejemplo más actual, que no aparece en el libro de Rich, es la política de un solo hijo en China, recientemente abolida tras detectar el envejecimiento demográfico, dañino para el futuro económico del gigante asiático.

Por otra parte, Rich critica que el modelo de madre institucionalizada no puede dejarse llevar por la cólera; debe ser ejemplo para sus hijos de mansedumbre y buen temple. Pero la avalancha de cambios físicos, psíquicos y emocionales que acompañaron el nacimiento de su primer hijo, su experiencia de altibajos que contrastaba con "la serenidad de las madonas" que se asume como un hecho en los manuales para las madres primerizas, conducen a Rich a llamar la atención sobre el carácter ambivalente de la maternidad, muy alejado de toda idealización. El cansancio y el tedio, la indiferencia y la tristeza son sentimientos que también forman parte de la maternidad y que deben ser reconocidos como tales. En el mismo proceso del parto se puede oscilar entre sentimientos maternales y la necesidad de autoconservación, creando un abanico de posibilidades muy amplio que debe ser examinado.

Otra idea interesante que propone Rich es la invitación a las mujeres a apropiarse activamente de su propio dolor en el momento del parto, en lugar de ser testigos pasivos de él. La intervención del médico en su calidad de científico, acusa Rich, ocasiona que las mujeres sean apartadas como agentes, tanto del parto como de la crianza. El modelo de autoridad médica vigente restringe a la mujer todo conocimiento sobre su cuerpo, el cual es delegado en expertos varones, quienes desde el púlpito de la ciencia objetiva, la ilustrarán sobre el embarazo, el nacimiento y la crianza, así como del mejor modo de llevarlas a cabo en favor, además, no sólo del individuo, sino de la sociedad, del imperio y de la especie. En contraste, apropiarse nuevamente de esos conocimientos permite a las mujeres tomar las riendas de su propio cuerpo y de su maternidad.

En lugar de concebir el parto como un acontecimiento misterioso, un castigo o una prueba dolorosa, Rich sugiere que las mujeres puedan evocarlo como una forma de conocer su cuerpo y congraciarse con él, así como una manera de descubrir los recursos físicos y psíquicos con los que cuenta (Rich, 2019: 220). El autoconocimiento permite que las mujeres estén menos alienadas respecto de sus cuerpos. Al estar más familiarizada con el funcionamiento de su sistema reproductor —en lugar de delegarlo ciegamente en profesionales sanitarios— permite a las mujeres romper con la mitificación de sus propios cuerpos y su sexualidad, ser más conscientes de sus ciclos físicos y más capaces de tomar decisiones que les permitan apropiarse de su maternidad.

En este sentido, la maternidad como experiencia no está libre de paradojas. Se trata de una parte del proceso femenino, pero la identidad femenina no puede quedar absorbida por ella. La maternidad como experiencia debe reconocer por ende sus límites y finitud. No se deja de ser nunca madre, aunque al mismo tiempo se debe dejar ir a los hijos. Para Rich, en cierto modo el proceso de "destete" es un acto de rebelión contra la raíz de la cultura patriarcal. Pero no basta con dejar que los hijos se vayan, es necesario contar con una personalidad propia para regresar a ella.

De acuerdo con Rich, el hombre, varón, desde antiguo, tiene una mezcla de envidia, temor y terror por la capacidad creativa de la mujer. Su capacidad de dar vida, que no se limita sólo a la maternidad, sino que se extiende a las creaciones literarias, artísticas, culturales, intelectuales —recordemos que ella misma es poeta—, pero que ha tratado de ser contenida únicamente en la dimensión física, para no invadir el territorio masculino. En ese sentido, el cuerpo termina siendo para las mujeres "problemático" pues las ata a cierto tipo de determinismo. Pero su invitación es optar por hacer uso de él sin limitarlo a la función maternal (Rich, 2019: 85).

Es preciso anotar que tanto en Rich como en de Beauvoir la discusión de la maternidad pasa por una amplia discusión sobre el acceso institucionalizado al aborto legal como supuesta medida para que las mujeres puedan tomar control racional, libre, autónomo sobre su maternidad. Una maternidad emancipada sólo sería posible si se hubiera elegido libremente. Con todo, la diferencia de matices entre ambas autoras es interesante. Mientras Rich considera que la oposición al aborto es una herramienta más del patriarcado para entorpecer la liberación de la mujer; de Beauvoir es mucho más suspicaz y afirma que esto es verdad, siempre y cuando no sea su libertad personal y su porvenir el afectado, pues de ser así serán los primeros en demandarlo a la mujer, quien se convertirá en la víctima de esta doble moral. Al respecto, me parecen interesantes sus palabras:

> Esta intervención que ella reclama, a menudo la rechaza en el fondo de su corazón. Se encuentra dividida en el interior de sí misma. Puede que su deseo espontáneo sea el de conservar ese niño a quien impide nacer; incluso si no desea positivamente la maternidad, percibe con desazón lo ambiguo del acto que realiza. Porque, si bien es cierto que el aborto no es un asesinato, tampoco podría asimilárselo a una simple práctica anticonceptiva; ha tenido lugar un acontecimiento que es un comienzo absoluto y cuyo desarrollo se detiene. Algunas mujeres serán perseguidas por el recuerdo de aquel hijo que no fue (de Beauvoir, 2021: 472).

Esto nos lleva a una serie de paradojas interesantes que, pienso, deben ser resueltas si queremos seguir trabajando, como es nuestro propósito en favor de una maternidad emancipadora. Por falta de espacio dejaré apenas esbozadas algunas ideas.

En primer lugar, es verdad que la libertad para ejercer la maternidad es importante. Pero no podemos caer en el error de enaltecer la libertad como valor exclusivo al margen de la verdad. Siguiendo la sentencia bíblica, "La verdad os hará libres", la vivencia de la libertad no puede desmarcarse de un conocimiento sobre la verdad de la persona. Así, no puede omitirse una discusión sobre la condición personal del embrión, aunque tampoco debe omitirse el drama por el que pasan ciertos embarazos, sobre todo cuando se llevan a cabo bajo condiciones adversas o precarias.

Reivindicar el derecho de toda persona a que su vida se respete desde el momento de su concepción, no puede pasar por alto la peculiar situación de desventaja histórica en la que se encuentran las mujeres, así como sus deseos y situación personal. Pero simultáneamente, reivindicar el derecho de toda persona a ser libre, no puede pasar por encima de los derechos de los demás, incluyendo los derechos de los propios hijos a vivir. Como señala Adrienne Rich, el conocimiento del propio cuerpo permite un mayor dominio del mismo y por lo tanto de la propia persona. Sin embargo, la historia de ese cuerpo, primera evidencia de nuestro estar en el mundo, comienza el día de la fecundación.

En segundo lugar, considero que el feminismo ha tenido la gran virtud de cuestionar ciertas creencias demasiado idealizadas sobre la maternidad. Una de ellas es la maternidad como destino. Aunque a lo largo de la historia hemos encontrado mujeres que deliberadamente optaron por no tener hijos, como es el caso de aquellas que hasta la fecha se deciden por una vida religiosa y que encontramos desde la antigüedad cristiana por mencionar sólo un caso, quizá no se había tematizado la capacidad de tener un hijo como mera elección.

Sin embargo, en no pocas ocasiones esto ha supuesto renegar de la propia maternidad y verla como accesoria. Como un accidente de la naturaleza que tiene poca relación con el ser femenino. Lo paradójico, tal como señala la misma de Beauvoir, es que la transición hacia la vida adulta se define cuando aparece la primera menstruación, una vez que nuestro cuerpo de mujer nos prepara mes con mes para la maternidad. La solución, propuesta desde un feminismo centrado en la persona, no se encuentra en disociar aún más la alienación que surge entre los procesos del cuerpo y los propios deseos, sino en asumir la maternidad como una dimensión característica de la condición femenina, ya sea que se decida vivirla biológicamente o no.

Siguiendo a la psicoanalista Mariolina Ceriotti, la dimensión materna de la mujer, que consiste en la capacidad de aceptar y cuidar las relaciones sin sentirse abrumada por los vínculos y por la generosidad que requieren; la capacidad femenina para cuidar de los demás, su sensibilidad ante la necesidad y la creatividad con la que sabe nutrir con afecto a las personas que ama (Ceriotti, 2018: 33), debe ser compensada y balanceada con la dimensión erótica que también atraviesa a la mujer, y que incluye todos los aspectos de su vida relacionados con el deseo, la autonomía, el respeto a sí misma o la capacidad de mantener una buena base narcisista. Sólo una mujer que se reconcilia con las dimensiones erótica y materna de su ser sexuado será capaz de asumir sin contradicción la relación con su cuerpo, consigo misma y con los demás (Ceriotti, 2018: 33).

Finalmente, las críticas provenientes del feminismo también han permitido sacar a la luz las muchas veces excesivas dificultades de la crianza. Como antídoto a una idea romantizada de la crianza es necesario, tal como señala Rich, exponer los sufrimientos y ambivalencias de la maternidad. No se trata sólo de los pequeños incidentes como los desvelos o la atención de rabietas, sino el desasosiego ante la propia vida que por momentos, o a veces por largos periodos, se siente perdida. Sin embargo, un exceso de racionalización de la maternidad corre el riesgo de hacer creer que quienes optamos por la vivencia de una maternidad biológica conocemos plenamente a lo que nos enfrentamos, del mismo modo que quienes la rechazan lo hacen porque entienden bien lo que supone y no quieren asumirla como parte de su propia vida. Pero por extraño que parezca, eso no es en modo alguno verdad. La maternidad sólo se conoce bien hasta que se vive. Jamás pierde su carácter sorpresivo. Una maternidad emancipada será aquella que se viva conscientemente de lo que representa, pero que asuma también la dimensión misteriosa que la acompaña.

Dilema 3. ¿Existe el instinto maternal o todo es construido?

Como se pudo constatar en los dos dilemas anteriores, el trasfondo de gran parte de la discusión dentro del feminismo es sobre la existencia o inexistencia de un denominado instinto materno que, en palabras de Badinter, consistiría en la inclinación universal e irrefrenable de toda mujer a sacrificarse siempre en favor de su hijo (Badinter, 1981). También en el imaginario popular, hablar de maternidad implica en no pocas ocasiones referirse a la existencia de un "instinto maternal". Desde una perspectiva científica, puede entenderse por *instinto* una conducta innata, no aprendida, que tiene una finalidad adaptativa, que puede ser transmitida de manera hereditaria y que presenta poca variabilidad entre individuos de una misma especie. Como ejemplo tenemos el instinto de supervivencia, del cual se desprenden comportamientos como comer, beber y dormir; o instintos de conservación de la especie como el apareamiento, la reproducción, el cuidado de las crías, etcétera. Asimismo, los instintos pueden ser sencillos, como dirigirse hacia el agua al nacer —en el caso de las tortugas— o pueden ser muy complejos como la construcción de nidos o las rutas que siguen las aves en sus migraciones anuales.

Desde el punto de vista de la biología, los instintos no pueden ser suprimidos. Tomando en cuenta esto, el hecho de considerar la maternidad como un instinto predeterminado supondría que no podríamos escapar de él. No sería opcional y no pasaría por el filtro racional, propio del ser humano. Sin duda, es difícil pensar que todo el comportamiento humano instintivo siempre pasa por un filtro racional, lo cual es claro en las etapas tempranas del desarrollo, en las que se actúa por instintos más primitivos y menos mediados por el aprendizaje y el raciocinio, o en situaciones particulares que motivan conductas de ataque, de huida o evitativas. Sin embargo, difícilmente podemos sostener que el grueso del comportamiento humano se guía únicamente por el instinto, por lo que la tendencia ha sido la de inclinarse a hipótesis intermedias en las que éste se encuentra mediado por la experiencia y el aprendizaje.

Sin embargo, si fuera necesaria una definición, es posible decir que el instinto maternal es un conjunto de pautas de reacción que, en los animales, contribuyen a la conservación del individuo y de la especie. En ocasiones se ha descrito como la "disposición innata de todas las mujeres" a cuidar de los niños, protegerlos y alimentarlos. En escalas de personalidad neuroafectivas (ANPS) (Liu *et al.*, 2021) este instinto incluye el gusto por el cuidado de los hijos, la empatía, la ternura, el altruismo y la sensación de ser necesitado. En el artículo "The Maternal Instinct" (1909: 656) se señala como un elemento físico esencial en la mujer, cuya principal función es "engendrar hijos, criarlos y lanzarlos al mundo como ciudadanos útiles". De hecho, hasta hace pocas décadas todos estos conceptos habían sido poco cuestionados, y por tanto poco estudiados.

Como ya se ha mencionado, los diversos movimientos feministas han tenido la virtud de cuestionar la maternidad como mero instinto. Distintas voces desde diferentes perspectivas han señalado con mayor o menor énfasis que la maternidad también está revestida de una dimensión histórica, social y cultural que la dota de significados diversos, y que no puede ser pasada por alto al momento de estudiar esta condición que sólo es posible que sea experimentada por el cuerpo femenino. Por lo tanto, estamos frente al conocido dilema entre naturaleza y cultura, el cual para su resolución tiene una fuerte conexión con la aproximación del ser humano desde el que se trabaje como paradigma.

Por un lado, si aceptamos que las personas son sólo su materia, estaríamos frente a un determinismo biológico en el cual el instinto materno sería una fuerza de la cual no se puede escapar; por otro, si asumimos que la mayor parte del comportamiento humano es derivado del aprendizaje y la influencia social, entonces la respuesta al ejercicio de la maternidad sería un constructo social, el cual pertenecería al reino de la libertad individual, mas no totalmente, pues justo respondería más bien a un tema de influencia del medio, es decir, de la cultura.

Nuestra postura es que la respuesta a esa ambivalencia es mucho más compleja, pues implica un intercambio entre estos dos factores. No estamos determinados por nuestra biología; pero desde luego existe una influencia social y cultural ineludible. Esto se podría explicar desde una antropología inspirada en conceptos aristotélicos. Los seres humanos tendríamos un *ergón* o acción propia que muestra una determinada manera concreta de existir de cada una de las especies, la cual se manifiesta a partir de ciertos impulsos hacia algunos bienes definidos (*órexis*); sin embargo, en el ser humano estas tendencias no anulan la libertad, porque en cada aspecto del actuar personal interviene la razón (Ibarra, 2020). En este sentido, el instinto materno operaría de esta manera: se activaría ante una respuesta de la necesidad de la especie como sería la reproducción, la cual se haría también impregnada de razón, pero no independiente de la voluntad y el contexto. Es en esa dirección en la que habla Ibarra de la "esencia dinámica", pues si bien existe un particular modo de ser, éste no puede ser considerado independientemente del contexto.

Esta distinción ha estado ausente en buena parte del discurso feminista, tal como se ha podido observar en las secciones anteriores, pues se ve una tensión clara entre la limitación de la libertad por parte de la biología, frente a lo cual se optó por una solución paradójica: negar la biología femenina con todo y sus distinciones fisiológicas, al tiempo que se subsume a la mujer en un vitalismo materialista cifrado en la emoción. Esta aproximación es clara en Simone de Beauvoir, quien al hablar del instinto materno niega su existencia, aludiendo a una serie de ejemplos, como la creencia de ligar los dolores del parto al despertar de dicho instinto. Eso haría, por ejemplo, que una madre adoptiva no podría ser o actuar como una verdadera madre, lo cual es absurdo. La falta de familiaridad con que muchas mujeres se encuentran con su recién nacido, experimentando sentimientos de desconcierto y en ocasiones frustración, así como las complicaciones ligadas a la lactancia que dieron pie al uso de nodrizas en distintos momentos de la historia, hasta el advenimiento y popularización de la leche materna artificial o de fórmula, confirman que el instinto se da de manera mucho más compleja. Simone afirma:

> Todos estos ejemplos bastan para mostrar que no existe el "instinto" maternal: la palabra no se aplica en modo alguno a la especie humana. La actitud de la madre está definida por el conjunto de su situación y por la forma en que la asume. Como acabamos de ver, es muy variable (de Beauvoir, 2021: 496).

La actitud de Beauvoir tuvo fuertes implicaciones, pues no sólo negó el instinto materno, sino la maternidad como posibilidad de realización de la mujer. Esta línea fue seguida aun de manera más radical por la feminista socialista Shulamith Firestone, quien incluso propone que ante la falta de instinto materno deberíamos apurar a la ciencia para poder hacer esta función en nuestro lugar (Firestone, 2003). La interpretación de la maternidad y su instinto son vistos como una limitante para la participación igualitaria de la mujer en sociedad, de ahí que para estas autoras se supone su deseable supresión.

Sin embargo, no todos los feminismos han visto el instinto materno como un pesar. En contraste con lo anterior, la maternidad ha tenido diferentes concepciones en la historia y la cultura, sin mencionar que no siempre ha estado asociada exclusivamente al sexo femenino, sino que también se ha hablado de un instinto paternal, aunque generalmente este último se ha considerado como un apego que se puede aprender y desarrollar más que un comportamiento predeterminado. Al voltear a ver a la mujer, y lejos de los conceptos dogmáticos sobre este instinto, se ha encontrado una prevalencia de entre 25 y 40 % que reportan sentir indiferencia y poca afectividad hacia su hijo en la primera semana de vida (momento de mayor vulnerabilidad y más utilidad biológica del instinto). Este porcentaje se redujo a un 10% a las 12 semanas del posparto, lo cual apoya que el desarrollo del apego se logra a través del tiempo al igual que la paternalidad (Swain *et al.*, 2014).

Desde el punto de vista biológico, la conexión afectiva madre o padre-hijo se debe a mecanismos multifactoriales como circuitos neurales, neurohormonales y genéticos. Tal como apunta Luz María Casas, existen estudios neurológicos en los que el embarazo provoca cambios en el cerebro, ocasionando alteraciones comportamentales como un aumento en la atención y cuidado de la progenie. Estos cambios suelen aumentar con el parto y la lactancia (2020). Estudios recientes de distintas disciplinas como la biología o la medicina afirman que la hormona oxitocina favorece el hecho de que haya una conexión afectiva que vincula a la madre con el hijo, la cual es secretada durante el parto y la lactancia.

Sin embargo, este proceso en la maternidad no es el único momento en el que se secreta ni tampoco se trata de algo exclusivo de la mujer. Por el contrario, existen varios factores que pueden alterar su secreción: factores anatómicos, el nacimiento por cesárea, la ausencia del periodo de lactancia, la depresión posparto, entre otros; aspectos que, sin lugar a dudas, también tienen un impacto en la vida interna y son modulados por la interacción social. Por ello, igual deben tomarse en cuenta los factores psicológicos y culturales. De modo que, ese instinto maternal está favorecido por la biología, pero también influido por la cultura, al tratarse de una práctica que en cada lugar presenta manifestaciones y simbolismos concretos; es decir, es una combinación de ambos factores. Lo que sí es un hecho es que cuando una mujer concibe, gesta y da a luz o no, dependiendo de lo que suceda, no realiza un acto desvinculado de su totalidad: se implica toda. Por ello afirma Nancy Chodorow:

> No psychoanalyst, ethologist, or biologist would claim that instinct or biology by themselves generate women's nurturance. If we can extrapolate from Harlow's studies, we can conclude that mothering capacities and behavior in any individual higher primate presupposes particular developmental experiences (1978: 28).

Por lo tanto, se puede afirmar que ese instinto maternal es como una extensión del instinto de supervivencia modelado por factores socioculturales; en otras palabras, existe un factor biológico que en ningún caso es determinante y que, además, varía de persona a persona, y ese hecho se enmarca en un contexto social y cultural que termina por pulirlo, delimitarlo, afianzarlo y establecer sus manifestaciones. En este sentido se reafirma lo que dice Casas: "En concreto, la persona es una unidad biológica, psicológica, axiológica y social. Ninguno de estos aspectos está separado; el ser humano opera prácticamente en unidad. Por ello, el ser humano siempre es una persona, no simplemente otro animal" (2020: 73).

A las mujeres históricamente se les asignó la crianza y se les negó la cultura. Nos resistimos a pensar que para otorgarles cultura se les deba negar la crianza. Los constructos culturales denunciados por el feminismo hegemónico esconden ese falso dilema. De allí el planteamiento de apropiarse de las tecnologías reproductivas como una forma de liberación de las mujeres. El punto paradójico es que aunque ella pueda ser más consciente en el ejercicio de su libertad, los resultados no le han favorecido ni la desigualdad ha disminuido, ni su figura constantemente erotizada se ha evitado, ni el esclavismo sexual perpetrado prioritariamente contra mujeres ha aminorado, ni el incremento de preadolescentes embarazadas se ha atenuado. La mujer sigue siendo un objeto de placer y sólo se ha logrado que el varón, su par en gestación, se desvincule de cualquier responsabilidad al respecto.

Existen estudios etológicos, de resonancia magnética o de cambios en la neurogénesis adulta que evidencian la neuroplasticidad del cerebro femenino en relación con la maternidad. Incluso estudios que muestran el desarrollo de nuevas neuronas en diversas zonas del cerebro o cambios psicológicos importantes (Casas, 2020). Sin embargo, el ser humano no es un mamífero más, posee biología, pero también cultura. El vínculo maternofilial, según la psiquiatra Casas (2020), debe seguir siendo estudiado y apoyado en su función humanizadora.

Lo que definitivamente sí podemos proponer es compartir la crianza. *La inteligencia maternal* es un manual para combatir las desigualdades de género. Los buenos tratos a la infancia y las competencias de las madres y los padres son parte de un mismo proceso (Barudy *et al.*, 2014).

> Diferentes autores desde la investigación y la observación clínica, insisten en que los cuidados, la estimulación, la educación y la protección, es decir, los buenos tratos, que los adultos (ambos) dedican a los niños y a las niñas, juegan un papel fundamental en la organización, maduración, funcionamiento del cerebro sano y sistema nervioso (Ainsworth, 1962; Cyrulnik, 1993; Barudy y Dantagnan, 2006; Siegel, 2007, citados por Barudy *et al.*, 2014: 6).

Por lo tanto la salud mental y estructural de los niños dependen de la calidad de las relaciones interpersonales que ambos adultos sean capaces de ofrecer a las crías. Hemos de abocarnos como sociedad en promover y sostener los recursos naturales de resistencia de las madres, y el desarrollo de la responsabilidad, ternura y firmeza de los padres. Es una responsabilidad compartida y como tal debe vivirse. En este sentido son interesantes las palabras que pronuncia Eva Feder Kittay al responder a la pregunta del instinto materno:

> Is this "maternal instinct?" I don't know what those words mean. Do all women who become mothers believe thus? Clearly not. Is it then a cultural construct? If so, it is a belief constructed in many cultures, in many historical periods. Perhaps this commitment is rather the condition for the possibility of motherhood —realized differently in different cultures, under different conditions, and differently realized even by women within a single culture, or a single historical period. It may not be inspired by birth, but by adoption, but once a child is "your"

> child, at that moment you become its mother and the duty emerging from that bond is one of the most compelling of all duties (2020: 163).

La conciencia del propio cuerpo tiene un impacto anímico en la mujer. La cercanía que alcanza con él gracias a un embarazo o al ciclo menstrual genera una unidad especial en la persona.

> La tarea de acoger en sí a un ser vivo en formación y crecimiento, de protegerlo y alimentarlo, exige una cierta clausura en sí misma, y el misterioso proceso de formación de un nuevo ser en el organismo materno es una unidad tan íntima de lo anímico y de lo corporal, que se comprende bien que esta unidad pertenece a la especificidad de la naturaleza femenina en general (Stein, 2001: 94).

Desde un feminismo centrado en la persona proponemos que la labor de madre sea ejercida en plena conciencia de la responsabilidad que implica la crianza de otro ser humano. Esa persona estará llena de talentos y capacidades que solamente un ambiente amoroso, lleno de respeto y apoyo podrá desarrollar hasta sus últimos alcances. De ahí que independientemente de la influencia biológica que se pueda sentir o no, la maternidad debe ser una actividad protegida y ensalzada por la sociedad, creando entornos propicios para su ejercicio. En última instancia la maternidad se refiere a un ejercicio de donación, y tampoco puede ser reducido meramente a una expresión de la materialidad, en opinión de Aneta Gawkowska, bien podría interpretarse como una habilidad natural para amar (2017: 83), sin que esto implique que la cultura no ejerza su fuerte influencia en favor o en contra de su ejercicio.

Conclusiones

En este artículo hemos estudiado algunas respuestas frente a tres de los dilemas que desde el feminismo se han planteado al tomar como objeto de análisis la maternidad. Para algunas pensadoras, como de Beauvoir o Badinter, la condición sexuada de la mujer que le posibilita ser madre es un lastre que, en todo caso, debe ser paliado con las políticas estatales adecuadas. Curiosamente, de Beauvoir nunca invita a la participación plena del varón en las tareas de cuidado como manera de atajar esta desigualdad; mientras que Badinter sí hace referencia explícita a ello.

Por su parte, tanto Badinter, como de Beauvoir y Rich nos advierten sobre el aspecto cultural y construido de la maternidad, en tanto que Bachiochi no deja de señalar que no es posible hablar de la maternidad de la mujer haciendo caso omiso de las diferencias entre hombres y mujeres a las cuales denomina asimetría sexual, para no caer en situaciones de injusticia. Finalmente, la ciencia nos enseña que existen ciertos rasgos de comportamiento que nos predisponen al cuidado de los otros, aunque —como las autoras estudiadas señalan— todo comportamiento se aprende y se modifica por socialización.

Las respuestas de las distintas posturas del feminismo han sido variadas y en cierto modo sólo se pueden entender desde el contexto histórico a partir del cual han sido planteadas y en relación con las inquietudes que las suscitaron. En esta misma línea se exponen múltiples posturas, desde quienes recurren a la naturalidad del instinto maternal apelando a la universalidad de las actitudes maternas hacia las crías por parte de los mamíferos superiores, hasta quien se desmarca de cualquier prueba biológica, aportando como contraargumento la variación del modo en que se vive la maternidad en distintas culturas y personas. Sin embargo, tal como sostenía Robert Spaemann, no es necesario establecer una dicotomía excluyente entre "lo dado naturalmente" y lo culturalmente construido. Es más factible suponer que toda naturaleza se manifiesta culturalmente, al menos en lo que concierne al ser humano.

De este modo, debemos seguir buscando caminos para la manifestación de lo femenino, incluyendo su dimensión maternal sin que sea sujeto de la explotación o la sumisión de la mujer. Hay quienes afirman que la diferencia sexual ha sido aprovechada por un patriarcado que ha conducido a la mujer a cargar con las consecuencias de la maternidad —a manera de un lastre—, y sus propuestas corresponden a una supuesta liberalización de lo femenino. Pero paradójicamente muchas veces esta liberalización sólo se reduce a una dominación tecnológica de la naturaleza, en contraposición con posturas más prometedoras que promueven el respeto de la misma.

Quizás aún no es posible dar un veredicto final a estas disyuntivas, pero como menciona Saletti, todas las críticas feministas —tanto positivas como negativas— a la maternidad como institución, su revisión y posible reconstrucción tienen un carácter emancipador, en el sentido de que permiten visibilizar una realidad que está llena de claroscuros. Hablar de la maternidad, incluso en los extremos negativos, permite tomar más conciencia de ella no sólo por su importancia social, sino porque a pesar de todo sigue interpelando con fuerza a las mujeres de todo tiempo y lugar, ya sea para que se viva biológicamente o no.

Desde el enfoque concreto de un feminismo centrado en la persona, no debemos dejar de apuntar que, más allá de la necesaria reflexión crítica del papel que juega la maternidad respecto de la feminidad, se debe aspirar a propuestas que motiven desde la esperanza. La deconstrucción crítica de la maternidad llevada a cabo por diversos enfoques del feminismo nos ha permitido mirarla desde su fragilidad, pero también desde su belleza. Creemos que el amor es el factor de síntesis que puede explicar esta aparente contrariedad y sobre el cual invitamos a seguir reflexionando. Finalmente, problematizar la existencia de un instinto materno nos obliga a voltear hacia el varón. Si la maternidad no sólo depende de un instinto sino de una actitud que procede de una decisión sobre la cual se debe tomar conciencia, sin lugar a dudas, el varón también debe ser partícipe de este proceso.

Referencias

Ainsworth, M. D. (1962), "The effects of maternal deprivation: A review of findings and controversy in the context of research strategy", *Public Health Papers*, vol. 14, pp. 97-165.

Bachiochi, E. (2013), "Women, sexual asymmetry, and catholic teaching", *Christian Bioethics*, vol. 19, núm. 2, pp. 150-171. Disponible en <https://doi.org/10.1093/cb/cbt013>.

_______ (2021a), "False Reliance. Women do not depend on abortion in the way the Court has assumed", *National Review*, pp. 39-41.

_______ (2021b), "The Equality Act could be devastating for pregnant women in the workplace", *America Press Inc.*, p. 10.

Badinter, E. (1981), *¿Existe el amor maternal?*, Paidós-Po.

Barudy, J., y M. Dantagnan (2006), *Los buenos tratos a la infancia, parentalidad, apego y resiliencia*, 2ª ed., Gedisa.

Barudy, J., M. Dantagnan, E. Comas y M. Vergara (2014), *La inteligencia maternal*, vol. 100619, Gedisa.

Beauvoir, S. de (2021), *El segundo sexo* (14a. reimpresión), Penguin Random House.

Bogino Larrambebere, M. (2020), "Maternidades en tensión: entre la maternidad hegemónica, otras maternidades y no-maternidades", *Investigaciones Feministas*, vol. 11, núm. 1, pp. 9-20.

Casas Martínez, L. M. (2020), "Vínculo materno-filial. ¿Genética o cultura?", *Xihmai*, vol. 15, núm. 29, pp. 59-82.

Ceriotti, M. (2018), *Erótica y materna*, Madrid, Rialp.

Chodorow, N. (1978), *The Reproduction of Mothering*, University of California Press.

Croghan, R. y D. Miell (1998), "Strategies of Resistance: Bad Mothers Dispute the Evidence", *Feminism and Psychology*, vol. 8, pp. 445-465.

Cyrulnik, B. (1993), *Les nourritures affectives*, París, Odile Jacob.

Firestone, S. (2003), *The Dialectic of Sex: The Case for Feminist Revolution*, Farrar, Straus and Giroux.

Gawkowska, A. (2017), "Post-secular Sex-Gender Reconciliation according to New Feminism", *Przeglad Religioznawczy-The Religious Studies Review*, vol. 4, núm. 266.

Hakim, C. (2000), *Work Lifestyle Choices in the 21st Century*, Nueva York, Oxford University Press.

Juan Pablo II (1988), "Carta Apostólica Mulieris Dignitatem", Libreria Editrice Vaticana.

Ibarra, D. (2020), *La identidad kinética de las mujeres. Una visión a partir de la Teoría de las Capacidades de Martha Nussbaum*, NUN.

Kittay, E. F. (2020), *Love's Labor: Essays on Women, Equality and Dependency*, (2ª ed.), Routledge.

Liu, J., S. Shang, M. Pei e Y. Su (2021), "Influence of Two Single-Nucleotide Polymorphisms of the Oxytocin Receptor Gene (OXTR) on Empathy: the Mediation Role of a Primary Emotion, CARE", *Journal of Molecular Neuroscience*, vol. 71, pp. 252-261.

Marlin, B. J., M. Mitre, J. A. D'amour, M. V. Chao y R. C. Froemke (2015), "Oxytocin enables maternal behaviour by balancing cortical inhibition", *Nature*, vol. 520, núm. 7548, pp. 499–504. Disponible en <https://doi.org/10.1038/nature14402>.

Porter, M., P. Short y A. O'Reilly (2005), *Motherhood: Power and Oppression*, Toronto, Women´s Press.

Rich, A. (1986), *Of Woman Born. Motherhood as Experience and Institution*, Nueva York, W.W. Norton and Company.

_______ (2019), *Nacemos de mujer. La maternidad como experiencia e institución*, Madrid, Traficantes de Sueños.

Rodgers, C. (2019), "Elisabeth Badinter: ¿existe el amor maternal? Historia del amor maternal. Siglos XVII al XX", *Encrucijadas. Revista crítica de Ciencias Sociales*, vol. 18, p. 147.

Røseth, I., R. Bongaardt, A. Lyberg, E. Sommerseth y B. Dahl (2018), "New mothers' struggles to love their child. An interpretative synthesis of qualitative studies", *Revista Internacional de Estudios Cualitativos sobre Salud y Bienestar*, vol. 13, núm. 1. Disponible en <https://doi.org/10.1080/17482631.2018.1490621>.

Saletti Cuesta, L. (2008), “Propuestas teóricas feministas en relación al concepto de maternidad”, *Clepsydra*, vol. 7, pp. 169-183.

Siegel, D. J. (2007), *La mente en desarrollo. Cómo interactúan las relaciones y el cerebro para modelar nuestro ser*, Bilbao, Desclée de Brouwer.

Stein, E. (2001), *La mujer*, Palabra.

Swain, J. E., P. Kim, J. Spicer, S. S. Ho, C. J. Dayton, A. Elmadih y K. M. Abel (2014), “Approaching the biology of human parental attachment: Brain imaging, oxytocin and coordinated assessments of mothers and fathers”, *Brain Research*, vol. 1580, pp. 78-101. Disponible en <https://doi.org/10.1016/J.BRAINRES.2014.03.007>.

Taylor Allen, A. (2005), *Feminism & Motherhood in Western Europe*, 1890-1970, Palgrave Macmillan.

The Maternal Instinct (1909), *The Hospital*, vol. 45, núm. 1180, p. 656.

Yáñez, S. S. (2017), “Una genealogía feminista para abordar la maternidad como institución y como experiencia. El legado de Adrienne Rich”, *La Manzana de la Discordia*, vol. 12, núm. 1, pp. 61-76. Disponible en <https://doi.org/10.25100/lamanzanadeladiscordia.v12i1.5477>.

Zarzalejos Vicens, A. (2022), “El feminismo redescubre la maternidad-Aceprensa”, *Aceprensa*. Disponible en <https://aceprensa.up.elogim.com/sociedad/mujer/el-feminismo-redescubre-la-maternidad/>.

Capítulo 6

Protesta contra reflexión: los grupos feministas en la universidad

María José García Castillejos,[a] Ana Fernández Núñez,[b]
Amelia García Casas[c]

Abstract

El presente artículo explicará que la innegable inequidad y violencia hacia las mujeres ha incitado la presencia de grupos estudiantiles feministas (GEF) en las universidades. Estos grupos se pronuncian en contra de prácticas discriminatorias y agresivas hacia la mujer dentro y fuera del campus. Se defenderá que los GEF, sin embargo, deben ser consistentes con la misión académica que caracteriza a la universidad, es decir, aspirar a la búsqueda de conocimiento verdadero sin perder perspectiva histórica, científica y social. De no ser así, los GEF carecerán de la reflexión crítica que los diferencia de otros grupos de protesta no universitarios. Finalmente, este análisis se concretará en la exposición del reciente caso de un grupo estudiantil feminista.

a Universidad Panamericana, Preparatoria femenil campus Ciudad de México.
b Universidad Panamericana, Instituto de Humanidades campus Guadalajara.
c Universidad Panamericana, Escuela de Administración de Instituciones campus Ciudad de México.

Introducción

En la actualidad pocos temas están tan presentes en la discusión, la controversia, la inmensa variedad de enfoques y opiniones en todos los medios de comunicación y en todas las publicaciones como el feminismo. Aunado a ello, hay más conciencia sobre la violencia hacia la mujer; no obstante, esta visibilización no ha detenido dicha violencia, más bien parece dirigirse exponencialmente hacia el sexo femenino. La violencia se entiende como "el uso deliberado de la fuerza física o el poder, ya sea en grado de amenaza o efectivo, contra uno mismo, otra persona o un grupo o comunidad, que cause o tenga muchas probabilidades de causar lesiones, muerte, daños psicológicos, trastornos del desarrollo o privaciones" (OPS/OMS, s. f.). Algunas mujeres son violentadas cuando se les ocasionan lesiones, daños psicológicos, trastornos o la misma muerte.

Esta definición sobre la violencia también podría aplicarse en algunas expresiones de odio hacia los hombres o grupos particulares que se cataloguen como antifeministas. ¿Se trata de violencia o libertad de expresión?, ¿se justifica la censura de expresiones violentas mediante actos violentos? En el marco del tema que nos compete, ¿cuál sería el camino constructivo que corresponde a la universidad para combatir la violencia y construir la paz?

En las siguientes líneas ofrecemos un diagnóstico de la protesta feminista en la universidad, así como un análisis de los alcances, límites y retos de la relación entre la educación superior y los grupos estudiantiles que defienden la causa del feminismo. Además, buscamos resaltar la importancia que tiene el análisis crítico de estos grupos de cara a un feminismo centrado en la persona. A manera de preámbulo, es menester señalar que el problema por resolver no consiste en la aplicación de ciertas normas generales a la práctica. En palabras de Ana Marta González, no pretendemos "reducir la cuestión moral a la fundamentación de un único principio" (González, 2009b: 315).

Lo que se expondrá en este texto se asemeja más a un diagnóstico prudencial que, con base en un marco normativo, ilumine la relación que debe guardar la universidad como institución educativa con los grupos feministas: "Por esta razón, afirmar la universalidad e inmutabilidad de los principios no impide hablar de variedad y diversidad de las conclusiones" (González, 2009b: 317). Se concluirá que la relación entre la universidad y los grupos estudiantiles feministas debe considerar la verdad como el fin primordial de la universidad y la dignidad como el valor absoluto de cualquier persona.

Para ello, los objetivos particulares a cumplir son:

1. Definir los grupos feministas estudiantiles, analizar sus actividades en la universidad y diferenciar su rol de otros grupos tanto universitarios como feministas independientes del ámbito educativo.
2. Analizar el papel de la universidad frente a los grupos feministas, explicitando los límites y los alcances de la educación superior. A partir de una definición de *feminismo*, aclarar cómo encauzar el loable fin de buscar la defensa de las mujeres ante cualquier manifestación de violencia de género en el ámbito académico.
3. Exponer el caso de un grupo feminista estudiantil y su universidad en el marco de la libertad de expresión.

Breve recorrido por la definición de universidad

Como es sabido, la palabra universidad deriva del adjetivo latino *universus*, que significa "todo" o "universal". Esta palabra surge de *unus* e indica unidad. Desde sus orígenes, aunque con otro nombre, la finalidad de la universidad fue transmitir un saber unitario y universal que no se concentrara únicamente en ciertas disciplinas ni abordara sólo algunos temas selectos.[1] Esta esencia es consistente con la misión reflexiva de la universidad,

[1] Esta idea es rechazada por Carlos Tünnerman Bernheim (1980). El escritor apunta que la palabra *universitas* hace referencia a la "asociación de profesores y alumnos (*universitas magistrorum et scholarium*) y no a la universalidad de los estudios y disciplinas" (1980: 14). Sin embargo, esta discusión excede los objetivos del presente escrito.

mediante la cual se descubre y asiente la verdad. Varias definiciones en torno a la universidad lo confirman, por ejemplo, la de John Henry Newman (1982), Alejandro Llano (2003) o la ya nombrada Ana Marta González, quien asevera: "La universidad vive volcada en una actividad vital, no productiva sino inmanente, como el conocimiento; por eso, la universidad es un lugar donde ante todo se rinde honor a la verdad" (González, 2010: 5).

De lo anterior se sigue que a la universidad no le corresponde la orientación de los afectos o las pasiones *principalmente*, pues ésta se puede dar en otros espacios como la familia, la terapia, etcétera, sino la formación intelectual. A las instituciones de educación superior tampoco les corresponde asumir una propuesta política en particular, pues ésta no es necesariamente verdadera ni mucho menos universal, debido a que se adecua a las necesidades e intereses de un momento histórico en concreto. Lo que, por el contrario, sí resulta verdadero y universal, es decir, acorde con cualquier miembro de la humanidad, es la dignidad de la persona y el bien común, y en esto sí que puede profundizar la universidad desde el punto de vista teórico. Aquí yace la relación con el feminismo y los grupos feministas como se verá a continuación.

Grupos estudiantiles feministas

Las universidades son lugares en los cuales las y los estudiantes, además de estudiar y prepararse para una vida profesional, suelen agruparse con diferentes fines. Estas asociaciones pueden ser deportivas, culturales, académicas e incluso políticas. Los grupos estudiantiles feministas (GEF) son agrupaciones de activismo político que tienen como finalidad "denunciar y exigir a las autoridades universitarias la atención a casos de violencia y acoso en sus centros de estudio" (Cerva Cerna, 2020: 137).

Los movimientos feministas comenzaron fuera de las universidades, aunque su inicio coincidió con la presencia de más mujeres en esta institución y con la segunda ola feminista, cuyo centro fueron los derechos sexuales y reproductivos. Este momento se distinguió también por el auge de la política identitaria, a saber, la presencia de grupos que no encontraban sitio en los partidos políticos o en los representantes públicos (Williams, 2016: 157). Esto también explica la creación de los Women's Studies, centros interdisciplinarios de investigación que estudian específicamente todo lo relacionado con la mujer, cuyo primer centro se ubicó en la Universidad de Cornell. La idea era que sus académicos exploraran nuevos temas relacionados con lo femenino (Williams, 2016: 159-160).

Entre las actividades que realizan los GEF están encuentros y diálogos académicos así como protestas y denuncias. Sería propio de un grupo de este tipo que quienes los conforman se reúnan a analizar textos feministas de filosofía, historia o literatura; que organizaran conferencias sobre la mujer en el ámbito de la empresa; que dialoguen sobre el papel de las mujeres dentro de la misma universidad. Las protestas que se organizan desde los GEF suelen enfocarse en la denuncia pública de alguna clase de violencia que se vive dentro o fuera de la universidad. En este punto es posible señalar algunas paradojas: ¿cómo un grupo universitario puede denunciar indiferentemente lo que sucede dentro o fuera de la universidad?

Las protestas organizadas y realizadas por los GEF constantemente suceden dentro de la misma universidad. Uno de los ejemplos más claros y potentes sucedió el 25 de noviembre de 2019, cuando muchas universidades se sumaron a la iniciativa del colectivo feminista chileno "las Tesis" con la interpretación de la *performance* "Un violador en tu camino".[2] Para algunas universidades, la representación de esta coreografía marcó el inicio formal de los colectivos feministas y probó la capacidad de convocatoria que tenían, además de que se dieron a conocer con una protesta que llamaba la atención.

Otra protesta que se ha llevado a cabo desde marzo de 2020 ha sido "un día sin nosotras".[3] La presión por parte de las redes sociales para que la

2 BBC (2019), "El violador eres tú": el potente himno feminista nacido en Chile que resuena en México, Colombia, Francia o España", BBC *News Mundo*, 30 de noviembre. Disponible en <https://www.bbc.com/mundo/noticias-america-latina-50610467>. Consultado el 27 de junio de 2022.

3 Paulina Villegas (2020), "Un día sin mujeres en México como señal de protesta", *The New York Times*, 27 de febrero. Disponible en <https://www.nytimes.com/es/2020/02/27/espanol/america-latina/

mayoría de las colaboradoras y estudiantes de las universidades y otros centros de trabajo faltaran a sus labores el 9 de marzo hizo que, por lo menos en algunas universidades, las autoridades aceptaran la ausencia de su comunidad femenina frente a la innegable violencia de género.

Además, estos grupos funcionan como redes de apoyo entre mujeres que han sufrido alguna clase de violencia, pueden llegar a sufrirla o se encuentran en alguna posición de vulnerabilidad por la razón que sea.

Una investigación de 2020 sobre este respecto afirma que

> las universidades mexicanas viven hoy en día un proceso de politización en torno a demandas feministas toda vez que las colectivas emplazan a las autoridades universitarias frente a la negligencia y la complicidad contra los abusos y la violencia sexual (Cerva Cerna, 2020: 139).

Esta forma de politización —que en este caso no se refiere a adoptar la agenda de algún grupo político en particular, sino de alzar la voz por lo público, lo que incumbe a todas las personas— se ha dado en muchos ámbitos universitarios a lo largo de la historia —basta con recordar los movimientos estudiantiles de la década de los sesentas.

Estas actividades también están de la mano del activismo. Esto quiere decir que los GEF presentan nuevos modos de organización entre las estudiantes universitarias con posturas y demandas feministas que se manifiestan, en la mayoría de los casos, en actividades particulares; por ejemplo, contactar y organizar encuentros con GEF de otras universidades. Esto se debe a que existe una necesidad de ser escuchadas no sólo por las autoridades de las universidades propias o por quienes estudian en la institución, sino también por personas ajenas a su comunidad en el ámbito universitario. Esto ha generado muchas redes de GEF que han sabido expresar sus preocupaciones por la mujer, establecer mecanismos para el diálogo, así como fortalecer las denuncias que ya se han hecho.

La misma investigación señala que

---

un-dia-sin-nosotras-mexico.html>. Consultado el 27 de junio de 2022.

> nos encontramos ante una forma de acción colectiva, diferente a la tradicional lógica de liderazgos masculinos en las organizaciones universitarias, y aunque su ubicación espacial se ancla en el escenario universitario, tiene una capacidad de irradiación mayor que se refleja en su participación en las protestas e irrupción pública del movimiento feminista más amplio (Cerva Cerna, 2020: 39).

Es notable que el liderazgo femenino que se está gestando en las universidades sea colectivo, realidad que también critica el liderazgo masculino que se ha visto a lo largo de la historia que tendía, más bien, a focalizarse. Además, este activismo sobrepasa los muros de la universidad incidiendo en los estudiantes que eventualmente saldrán de la institución y llevarán sus conocimientos a los ámbitos profesionales y personales.

Es interesante pensar, entonces, ¿cuál es la diferencia entre un GEF y cualquier otro tipo de grupo universitario? Principalmente, la incidencia en las decisiones y manifestaciones públicas no sólo en lo que sucede dentro del campus. Esto tiene la dificultad de que las autoridades universitarias cuentan con poco control sobre lo que hagan sus estudiantes fuera de la universidad, aunque el grupo esté conformado dentro de la institución. Por ejemplo, si un GEF decide convocar dentro de la universidad a una protesta que se llevará a cabo fuera de los muros de la institución, ¿las autoridades escolares pueden influir en cómo se lleva a cabo? Se podría pensar en un primer momento que no, pues es una actividad que pertenece al ámbito personal de las estudiantes. Sin embargo, es importante aclarar las diferencias y los puntos de encuentro entre lo que sucede dentro o fuera de la universidad.

Los asuntos que permean las iniciativas de los GEF son principalmente cuestiones sobre violencia o desigualdad de género. Estas problemáticas no son meramente académicas por el incipiente feminismo desarrollándose en la organización gubernamental y las nuevas políticas públicas. Es sumamente relevante el papel de la universidad para la gestación y el desarrollo de los GEF. Estos colectivos son conscientes de que las autoridades universitarias pueden ayudar a la erradicación de las dinámicas de violencia o propiciarlas con sus decisiones. Cabría preguntarse si estas autoridades deben responsabilizarse de todo aquello que sucede bajo su jurisdicción y cuál es el alcance de la misma. Cabe reiterar que los GEF no tienen una finalidad política, aunque así se ha gestado en algunos espacios. De esta manera no son solamente grupos políticos.

Las decisiones de las autoridades universitarias se pueden comparar con las que hace un gobierno por el bien común. Que se permita o no el desarrollo de los GEF en las universidades sí puede depender directa o indirectamente de quienes promueven a sus autoridades o no lo permiten:

> De esta manera la violencia institucional no sólo incluye aquellas manifestaciones de violencia contra las mujeres en las que el Estado es directamente responsable por su acción u omisión, sino también aquellos actos que muestran una pauta de discriminación o de obstáculo en el ejercicio y goce de los derechos (Bodelón, 2014: 133).

Sin embargo, la autoridad universitaria también debe diferenciarse de las actividades gubernamentales, pues tienen funciones distintas: la primera tiene una función académica, como se verá a continuación, mientras que el gobierno gestiona y regula a una sociedad concreta.

La relación entre los grupos feministas y la universidad

Definir el feminismo no es tarea sencilla cuando el concepto se ha estudiado a través de varias corrientes filosóficas y teorías políticas, ha respondido ante problemas de toda índole y se ha sumado a numerosas propuestas sociales muy diversas entre sí. Pese a ello, encontramos en la siguiente definición un acercamiento general y completo al feminismo: "Un término con el cual se alude tanto a un *movimiento social* como a un *pensamiento político* y a una forma de *crítica cultural*" (Lamas, 2017: 203).[4] O bien, según la definición del Instituto Nacional de las Mujeres: "El feminismo es un movimiento político, social, académico, económico y cultural, que busca crear conciencia y condiciones para transformar las relaciones sociales, lograr la igualdad entre hombre y mujer y eliminar cualquier forma de discriminación o violencia contra las mujeres".[5]

La lucha feminista, pues, tiene el noble empeño de erradicar la violencia contra las mujeres, defender su equidad de jurisdicción y subrayar su condición digna en todas las esferas de su vida, lo cual se articula también con el feminismo personalista que promueve Prudence Allen: "El pensamiento y la acción organizadas que tienen como meta la remoción de los obstáculos que impiden que las mujeres (en tanto mujeres) lleguen a ser lo que un ser humano o una persona humana realmente es y puede llegar a ser" (Allen, 1998: 252).

A continuación se esbozan algunas ideas sobre las propuestas de los grupos feministas estudiantiles que tienen cabida en las instituciones de educación superior. La primera parte de la definición de Marta Lamas apunta a que el feminismo alude un *pensamiento político*. Como se explicará más adelante, la teoría política tiene cabida en la universidad, mas no el proselitismo de una corriente en específico ni la atención en la agenda de un partido político, por ejemplo. Sin embargo, las autoridades universitarias y los profesores no pueden ignorar que sus estudiantes *sí son políticos*, debido a que aceptan ideas de grupos particulares y desean actuar en consecuencia dentro o fuera del campus. Las diferencias y similitudes entre las causas sociales y los movimientos políticos no son tan claras.

Existen ciertas causas sociales que son adoptadas por movimientos políticos. Mediante una serie de actividades y el trabajo de los medios de comunicación, la sociedad llega a identificar la causa social de un grupo particular cuando ésta no necesariamente le pertenece de manera exclusiva. De ahí la necesidad de distinguir si las críticas de los grupos estudiantiles

4 Énfasis añadido.

5 https://campusgenero.inmujeres.gob.mx/glosario/terminos/feminismos. Último acceso el 27 de junio de 2022.

feministas responden a una iniciativa meramente política o, más bien, atienden una deficiencia cultural y social.

Asimismo, Lamas afirma que el feminismo es una forma de crítica cultural. Si es así, resulta natural la presencia de grupos que divulguen la teoría feminista y combatan frontalmente aquellas actividades que, arraigadas en ciertas prácticas humanas, ignoren la equidad y la justicia hacia las mujeres. En el caso de la universidad, la inequidad y la injusticia son factibles —mas no imperativas— si se considera que la presencia de las mujeres es bastante reciente en comparación con la de los varones.

Por otro lado, si el feminismo es un movimiento social, es decir, "un grupo organizado que, a través de la protesta y otras herramientas, busca el cambio en algún aspecto de la sociedad" (Marín, 2021), ¿qué papel juega la universidad frente a éste? Si bien esta pregunta abarca cualquier movimiento social, no sólo el feminista, es menester que todos los integrantes de la comunidad universitaria se formulen ésta y otras cuestiones. Por ejemplo: ¿debe la universidad brindar un trato privilegiado a los movimientos sociales, especialmente aquellos cuyas causas defiendan a los grupos minoritarios o vulnerables?, ¿debe haber concesiones especiales?, ¿la universidad debe ajustarse a una agenda política determinada?, ¿los planes de estudio y los proyectos académicos deben ordenarse a las exigencias de los grupos feministas?

En la primera parte de este texto mencionamos que a la universidad le compete, valga la redundancia, lo universal, es decir, lo verdadero, no lo subjetivo o contextualizado. De ahí que mucho se pueda decir en torno a la relación entre los movimientos feministas y la universidad. Específicamente, a la universidad le corresponde el "refinamiento conceptual" (González, 2009b: 333) en torno al feminismo o a cualquier tema, pues la institución universitaria forma y dirige a la razón: "La que en todo caso tiene capacidad para reconocer el contexto de relevancia y autorizar una determinada acusación como justa e improcedente" (González, 2009b: 307). Afirmar que algo está mal o demostrar por qué alguna idea no se sigue, por ejemplo, son exigencias comunes y deseables de los grupos feministas universitarios.

No obstante lo anterior, debe recordarse que los estudiantes y docentes también pueden cuestionar el feminismo, no para desacreditar al movimiento, sino para mirarlo con los mismos ojos críticos con los que se observa cualquier objeto de estudio o investigación, lo cual es característico de la libertad académica, imprescindible en la universidad. Impedir que los movimientos feministas en general fueran cuestionados dentro del aula sería

> insultante y peligroso para algunos [académicos] porque frustrar la satisfacción de sus responsabilidades, asimismo, sería peligroso para todos porque debilitaría la cultura de autonomía y abarataría el ideal que esta cultura protege... vivir nuestras vidas de acuerdo con nuestras propias convicciones (Dworkin, 1996: 187-189).

De modo que el diálogo académico propugnado por los grupos estudiantiles feministas y sobre éstos no sólo se ordena a la libertad académica, también tiene una finalidad ética y moral.

Como se mencionó en el apartado anterior, lo que sucedió entre los años sesentas y ochentas del siglo pasado reúne una exigencia política con una herramienta académica. Esto no está mal, en parte porque algunos reclamos se ordenan a una necesidad social y cultural (en las décadas mencionadas, por ejemplo, se buscaba la presencia significativa de mujeres en la universidad). Además, el análisis de estos eventos es cada vez más recurrente entre las licenciaturas profesionalizantes que se ocupan de producir servicios específicos y analizan casos cercanos para lograrlo. El problema consiste en reducir la educación universitaria a lo particular o contingente, como concentrarse únicamente en aumentar el número de mujeres que tienen algún rol en el campus, y dejar de lado los principios universales que fundamentan la iniciativa.

O bien, transformar los currículos de las asignaturas en meras herramientas de retórica política o mercadotecnia, dejando de lado el pensamiento crítico *improductivo*; es decir, aquel que, a pesar de no tener un resultado tangible o inmediato, forma a los alumnos, no sólo los informa.

Olvidar la misión de la universidad podría derivar en la politización de la educación universitaria, centrada en resolver un problema en específico o atender una determinada agenda, perdería perspectiva histórica, científica y social. Es decir, renunciaría a la verdad como su objetivo primordial.

El problema por resolver se resume en cómo conciliar los objetivos de los grupos estudiantiles feministas con las labores académicas sin perder objetividad ni alejarse del conocimiento verdadero y universal. Una posible respuesta apunta a prescindir del aspecto político de los grupos feministas y privilegiar las exigencias sociales que pongan en riesgo la dignidad de cualquier miembro de la comunidad universitaria. Es decir, las respuestas a las solicitudes de los grupos estudiantiles feministas deberían ser precedidas por un cauteloso análisis de la petición: ¿la actividad obedece a los objetivos de algún grupo político?, ¿se trata principalmente de proselitismo político?, ¿la petición violenta a otros seres humanos, aunque no sean mujeres?, ¿lo que se solicita impide el ejercicio de los derechos de quienes conviven en el campus universitario?

Si los grupos feministas universitarios atienden una agenda política particular, exclusivamente, sus actividades no deberían llevarse a cabo en la universidad. Lo mismo sucedería si las medidas que se tomen afectarán a otras personas o las violentarán, lo cual se manifiesta en agresiones físicas y psicológicas o daños a la propiedad privada. No obstante, si la demanda del grupo feminista detecta que cualquier persona ha sido instrumentalizada para fines sexuales o profesionales, si las oportunidades entre los diferentes miembros de la comunidad universitaria son dispares debido a su sexo, si cualquier persona ha sido agredida física o psicológicamente, las autoridades universitarias deberían intervenir de manera inmediata. La búsqueda de la verdad tiene imperativos prácticos. Dicho de otra manera, hay una relación indisoluble y dependiente entre la verdad y el bien. Quien entiende la verdad, no puede ignorar que alguien más la rechace, la niegue, la desprecie.

Que a la universidad le competan ciertas prácticas que rebasen el ámbito meramente teórico significa que ésta también tiene una función social. En el caso de los grupos estudiantiles feministas, es innegable que sus miembros acuden a la universidad "en busca de orientación, de conocimientos e inspiración... la universidad debe participar, en forma principal, en los esfuerzos dirigidos a promover los cambios estructurales que la sociedad requiere para que sea más justa" (Tünnermann, 1980: 15). Pero cuidado: esto no significa que las repercusiones prácticas sean el objetivo primordial de la universidad, pues éstas, en consonancia con lo dicho anteriormente, son más bien secundarias con respecto a su fin reflexivo y crítico. Frente a las exigencias de los grupos feministas estudiantiles, la universidad debe generar conciencia crítica de los problemas en torno a las mujeres dentro y fuera del campus, no sólo fungir de instrumento para que su alumnado exprese emociones como la ira o la frustración que, si bien justificadas, deberían encauzarse en más lugares.

Sobre la canalización afectiva, algunos grupos estudiantiles feministas aseveran que las agresiones y los insultos son el medio más efectivo para hacerse escuchar en las aulas universitarias (en parte porque, como lo dice el artículo previamente presentado sobre el artivismo como una forma de erradicar la violencia contra las mujeres, pareciera que su erradicación se queda en el mero discurso, es decir, no se erradica en absoluto). De allí surgen iniciativas como los "tendederos", murales físicos que denuncian públicamente las agresiones sexuales (aunque también existen tendederos virtuales que no se realizan sobre propiedad privada alguna, sino en el ciberespacio y, por supuesto, otras herramientas de denuncia por lo menos en varias instituciones de educación superior).

Si la universidad es el espacio donde principalmente se busca la verdad, y ésta es asequible sólo mediante la libertad de expresión, ¿deben limitarse las opiniones de las miembros de los grupos estudiantiles feministas?, ¿deben prohibirse actos agresivos como los tendederos? A ello puede responderse con dos ideas: por un lado, la búsqueda de la verdad difiere de la opinión. Mientras que la primera es universal, es decir, común a la humanidad en su totalidad, las opiniones son particulares y dependen del individuo que las exprese. Las publicaciones siempre deberán analizarse minuciosamente, no necesariamente de manera colectiva, para ordenarse inobjetablemente a la verdad.

En segundo lugar, más allá del contenido, habría que preguntarse por su medio de transmisión. ¿Cuál es la intención de las agresiones o de los insultos públicos? Si su principal motivo es causar daño, no hay relación alguna con la libertad de expresión: "Cuando una universidad prohíbe o desalienta tales insultos, reconoce los límites de la libertad académica, mas no la compromete" (Dworkin, 1996: 192). En cambio, cuando la actividad se justifica en principios razonables que van más allá del desahogo y que están abiertos a ser discutidos —no impuestos—, se modifica el matiz de la protesta, como cuando la denuncia se hace por un medio más imparcial o los procesos ante las instancias correspondientes. En este caso, si bien la agresión no es el fin de la actividad, puede ocurrir.

La justificación de actividades de los movimientos estudiantiles feministas resulta crucial para fomentarlas o impedirlas. Quien expresa una idea que supera la mera incomodidad y trasciende la esfera sentimental, lo hace pensando que lo que dice es verdad, y la universidad es el espacio para dialogar lo que libremente se piensa verdadero:

> Una universidad podría demandar apropiadamente una atmósfera de decencia en la que ni las facultades ni los grupos estudiantiles actúen con la intención de intimidar, avergonzar o lastimar a ningún miembro de la comunidad; mientras las reglas para comunicarse prohíban estos comportamientos serán consistentes con la libertad académica (Dworkin, 1996: 193).

Ahora bien, ¿qué pasaría si los grupos feministas quisieran intervenir en elementos esenciales de la universidad, como planes de estudio, misión y visión institucionales, contratación de profesores, promoción de conferencias, etcétera? Partamos de algo previamente esbozado: no todo el conocimiento se construye socialmente. Hay ciertos aspectos de la realidad que no están sujetos a la interpretación o la presión colectiva. Como afirma Joanna Williams, ordenar el conocimiento con base en la postura feminista únicamente lo hace parcial y particular, cuando a la universidad le corresponde la transmisión de conocimientos universales, "la epistemología feminista está más preocupada por descubrir experiencias e interpretaciones particulares del mundo que en acercar a toda la gente a la verdad" (Williams, 2016: 163 y 164).

No se trata de reformular toda la información que se transmite en las universidades —iniciativa que, además, sería impracticable—, sino de buscar que las mujeres tengan los mismos derechos a participar, ser contratadas y escuchadas en la universidad, "sin embargo, cuando se rechaza la idea de que el progreso en el conocimiento se logra a través de la verdad, es difícil argumentar por qué ciertos conocimientos o comprensiones son mejores que otros" (Williams, 2016: 165).

Piénsese por ejemplo en la exigencia de incluir sólo a autoras femeninas en la bibliografía de algunos cursos. La petición procedería si los textos en cuestión contribuyeran más a la disciplina, estuvieran mejor argumentados o sus ideas rebatieran objetivamente a otras que ya fueron publicadas. Es un error, sin embargo, considerar que debe darse prioridad a las escritoras solamente por ser mujeres, y que el sexo femenino —sólo por serlo— tiene una mejor versión de la realidad. Lo anterior, subrayamos, desviaría la búsqueda objetiva de la verdad y la supliría con particularidades que, si bien son importantes de resaltar, son insuficientes para desacreditar todo lo que ha sido publicado o dicho por varones: "Cuando la visión superior de las mujeres depende de la suposición de que están oprimidas, el feminismo académico tiene pocos incentivos para preguntarse por la existencia de la opresión o los opresores" (Williams, 2016: 167).

La universidad debe prescindir de la carga ideológica que ha desacreditado algunos conceptos indispensables en la educación superior como razón, individuo o autonomía. Deslindadas de cualquier movimiento político y centradas, más bien, en lo que significan esencialmente, es posible recuperar estas palabras que, si bien fueron adoptadas por un sistema que en su origen fue consolidado por varones, su importancia no radica en ello. La universidad debe formar a individuos que sean suficientemente racionales como para dirigir sus vidas y pensar por sí mismos, aunque estas ideas hayan sido primeramente esbozadas por hombres.

El carácter reflexivo de la universidad le obliga a distinguir lo objetivo de lo ideológico, es decir, lo verdadero en un sentido histórico, social y cultural, de lo impuesto sin previo asentimiento y razonamiento. De esto no se sigue que la relación de la universidad con los grupos feministas sea estática, que no pueda cambiar con el tiempo, pues es innegable la imperiosa necesidad de resaltar la inequidad de la mujer en ciertas situaciones, algunas de las cuales se llevan a cabo dentro de la misma universidad: "Frente a una ideología *progresista*, despegada por completo de la naturaleza", la universidad debe evitar una "ideología conservadora que, comprometida con la defensa de un orden social pretérito que identifica erróneamente con lo natural, se vea incapaz de advertir los distintos modos culturales" (González, 2009b: 329).

La respuesta universitaria: alcances y límites de un caso en particular

En diciembre de 2020, el frente feminista de la Universidad de Monterrey (UDEM) se opuso a que Mamela Fiallo Flor hablara públicamente en el Centro de Liderazgo Estudiantil (Celes) de la UDEM. Justificaron su posición de la siguiente manera:

> El Centro de Liderazgo UDEM activamente permitió la promoción y difusión del discurso de odio y una apología a la violencia de género aprobando a Mamela Fiallo Flor, una oradora violenta y con una reputación basada en la homofobia, xenofobia, fanatismo, antifeminismo, antiderechos e información engañosa (2020).[6]

Mamela Fiallo Flor es cofundadora del Instituto Mises Mambí de Cuba y portavoz para Sudamérica del Partido Libertario Cubano-José Martí.

6 Página de Facebook del Frente Feminista UDEM, 8 de diciembre de 2020. Disponible en <https://business.facebook.com/frentefemudem/>. Consultado el 27 de junio de 2022.

Forma parte del equipo de la Fundación Libre, donde se especializa en temas de género. Ella se presenta de la siguiente manera: "Soy mujer y defiendo la vida. Quiero ser cuidada por un sistema de salud donde los médicos salven vidas, no las aniquilen. Quiero vivir en una sociedad tan justa que sean los criminales los juzgados, no que los inocentes paguen con su vida".[7]

Ya se ve, entonces, que el conflicto se centró en las distintas posturas sobre el aborto. El frente feminista en cuestión apoya el aborto, y la posible expositora lo repudia. Para quienes están a favor del aborto, las afirmaciones de Mamela podrían sonar confrontativas, aunque de su presentación no se sigue que la oradora dañaría a su auditorio. Quizá su mensaje sea incómodo para algunos, pero la incomodidad no debe entenderse como peligro: "Los estudiantes, profesores y administradores deberían entender el concepto de la antifragilidad y tener en cuenta el principio de Hanna Holborn Gray: 'La intención de la educación no debería ser hacer sentir cómoda a la gente; su propósito es hacerle pensar'" (Haidt y Lukianoff, 2018: 64).

El caso se presta para distinguir la violencia de la libertad de expresión, tanto de la expositora como de los grupos feministas. Haidt y Lukianoff (2018) desarrollan lo que denominan "tres malas ideas" para entender por qué en las universidades las divergencias en el pensamiento, las distorsiones cognitivas o las confrontaciones se consideran casos de violencia, lo cual es cada vez más recurrente. Las tres malas ideas son: la falsedad de la fragilidad, la falsedad del razonamiento emocional, la falsedad del nosotros contra ellos. Éstas se retomarán brevemente para analizar el caso que nos compete.

Haidt y Lukianoff retoman a Nassim Nicholas Taleb (2013) para explicar cómo los sistemas y las personas pueden sobrevivir a los inevitables riesgos de la vida y, al igual que el sistema inmune, responder haciéndose más fuertes.

7 Presentación disponible en ‹https://www.youtube.com/channel/UCvDtMrHnLiZMlrG_LUsUkGw›. Consultado el 27 de junio de 2022.

> Muchos de los sistemas importantes de nuestra vida económica y política son como nuestro sistema inmune: *necesitan* estresores y desafíos para aprender, adaptarse y crecer. Los sistemas que son antifrágiles se vuelven rígidos, débiles e ineficientes cuando nada los desafía o empuja a reaccionar con vigor (Haidt y Lukianoff, 2018: 48).

A ello se le conoce como resiliencia.

¿Cómo se aplica esto en la universidad? Como se dijo en el apartado anterior, una buena educación universitaria debería encaminarse a desarrollar el pensamiento crítico, es decir, poner *en tela de juicio* las premisas y conclusiones más arraigadas:

> Cuando se desafían unos a otros en una comunidad que comparte las normas de la evidencia y la argumentación, donde los unos exigen a los otros un razonamiento de calidad, las afirmaciones se refinan, las teorías ganan en matices y nuestra comprensión de la verdad avanza (Haidt y Lukianoff, 2018: 53).

En otras palabras, a la universidad no le corresponde primariamente orientar las emociones del alumnado, pues el plano afectivo, al ser particular, se distingue del lógico-veritativo.

En algunas ocasiones los GEF se basan en emociones y evaden los argumentos, o bien, las autoridades universitarias reaccionan tras falsas generalizaciones o estereotipos, como que todos los grupos feministas son violentos. A eso se refiere la segunda "mala idea" de Haidt y Lukianoff: la falsedad del razonamiento emocional. En el caso de la UDEM, si la audiencia se deja llevar sólo por la parte emocional, probablemente confiará más en sus sentimientos que en los datos objetivos de la expositora.

Asimismo, es probable que las protagonistas de nuestro caso se opusieran a Mamela Fiallo Flor sin reflexión previa y cayeran en otras *distorsiones cognitivas*, como Haidt y Lukianoff les llaman (2018: 51), por ejemplo: la *catástrofe*, pensar que pasará lo peor si Memela expresa sus ideas en el campus; el *pensamiento dicotómico*, en el que las versiones de la realidad están polarizadas: “La expositora es mala, nosotras somos buenas”; *lectura de la mente*, a saber, dar por hecho lo que la expositora afirmará antes de que se haya presentado en el campus. Y, finalmente, la *etiquetación* de características negativas. En la universidad se debe aprender a disentir, dialogar, escuchar sin juzgar e identificar cuando las emociones impiden atender al interlocutor. La universidad es el lugar para entender qué se dice y desde dónde se dice.

El tercer obstáculo que puede presentarse en la universidad según *La transformación de la mente moderna* es pensar que un equipo siempre se opone a otro, que “somos nosotros contra ellos”. Esta tercera falsedad podría aparecer en el fondo de los movimientos feministas que provocan la polarización y el enfrentamiento entre hombres y mujeres, como si fueran grupos antagónicos. O bien, entre autoridades universitarias y grupos feministas, como si ambos no buscaran el mismo fin: defender la dignidad personal. Ante las injusticias, las desventajas en el mundo laboral, el acoso sexual y, sobre todo, al no ser escuchadas por las autoridades y no formularse políticas que mejoren la situación de la mujer, aumenta la polarización y el resentimiento contra el hombre y con quien lo defienda.

Haidt y Lukianoff llaman a este evento “tribalismo” (2018: 71). Mediante éste, algunos grupos compiten siempre con otros, a veces con violencia. Cuando la gente se aferra a alguna colectividad sin cuestionarla, asume y defiende las ideas comunes y deja de pensar por sí misma. Cuando se adopta una actitud tribal, las personas se ciegan a los argumentos y a obtener información del grupo contrario: “Cualquier tipo de conflicto intergrupal, ya sea real o imaginario, hace que aumente el tribalismo” (Haidt y Lukianoff, 2018: 72). Para contrarrestar esto, la universidad podría promocionar la *política identitaria*, es decir, la formación de grupos con objetivos particulares que puedan cambiar su rumbo si consideran a “la humanidad común global” (Haidt y Lukianoff, 2018: 73). En otras palabras, la universidad debería incitar a que los grupos descubran las semejanzas entre los seres humanos que conforman los distintos grupos.

En el caso del grupo feminista de la UDEM o de cualquier GEF que se considere, sería interesante partir de las visiones comprehensivas sobre el mundo que se tiene en común con los interlocutores, en lugar de comenzar a defender las diferencias, específicamente cuando la dignidad personal no ha sido trastocada. Al final del día, a la universidad le corresponde la examinación de todos los puntos de vista, convencida de que se revelará la verdad al final del camino, y la equidad de la mujer es una auténtica verdad.

Conclusiones

Existe una relación compleja entre la universidad y los grupos feministas si se considera que éstos son primariamente grupos políticos. Por una parte, a la universidad no le corresponde atender la agenda pública porque esto la desviaría de la búsqueda de la verdad, la cual trasciende cualquier interés político. Sin embargo, la misma búsqueda de la verdad exige el trato digno de toda la humanidad y, por ello, la universidad debe responder ante las peticiones de los grupos feministas que detectan inequidad o maltrato hacia las mujeres de la comunidad universitaria. En otras palabras, si bien el propósito de la universidad no es político, sus miembros lo son, y el canal de comunicación deberá mantenerse abierto entre todas las partes: autoridades, docentes y alumnos, sin que esto obstruya el ideario universitario, afecte los programas de estudio o incite a una cultura de la cancelación que actúe sin previa reflexión crítica, reduciéndose al ámbito particular o afectivo:

> La lealtad a la identidad propia no debe confundirse con el conservadurismo a ultranza, incapaz de distinguir la savia fluida de la corteza reseca. Apegarse al detalle accidental, simplemente porque antes se hizo así, muestra que la fidelidad a la misión institucional comienza a vaciarse y va siendo sustituida por la estolidez (Llano, 2003: 30).

Encontramos una posible respuesta a estas inquietudes en GEF relacionales, centrados en la persona, que se ocupen de defender la dignidad de hombres y mujeres, como propone el feminismo centrado en la persona. La relación que promueven no debe explicarse desde la narrativa del poder, sino desde el valor intrínseco de cada persona y la búsqueda de la verdad. Por su parte, las instituciones educativas deben formar ciudadanos con pensamiento crítico, abiertos al diálogo, fomentando un mundo que defienda la paz y la justicia.

Ante la violencia real, se propone un trabajo de toda la comunidad universitaria, creando redes de apoyo y solidaridad con las víctimas, potenciando las denuncias de las situaciones de violencia de género ocurridas en el recinto universitario y rechazando las actitudes que las potencien. La misión de la universidad es brindar argumentos consistentes, enseñar a pensar. En palabras de Miguel de Unamuno, quien se oponía a la imagen de una universidad propagandística (en su caso, de los conflictos entre las regiones de España): "Vencer no es convencer, y hay que convencer, sobre todo, y no puede convencer el odio que no deja lugar para la compasión" (1936).

Referencias

Allen, P. (1998), "Can Feminism Be a Humanism?", *Maritain Studies/Etudes Maritainiennes*, vol. 14.

Bodelón, E. (2014), "Violencia institucional y violencia de género", *Anales de la Cátedra de Francisco Suárez*, vol. 48, pp. 131-155.

Cerva Cerna, D. (2020), "Activismo feminista en las universidades mexicanas: la impronta política de las colectivas de estudiantes ante la violencia contra las mujeres", *Revista de la Educación Superior*, vol. 49, núm. 194, pp. 137-157.

Chemerinsky, E. y H. Gillman (2017), *Free Speech on Campus*, Yale University Press.

Dworkin, R. (1996), "We Need a New Interpretation of Academic Freedom", en *The Future of Academic Freedom*, University of Chicago Press.

González, A. M. (2009a), "Éticas sin moral", *Pensamiento y Cultura*, vol. 12, núm. 2, pp. 303-320.

González, A. M. (2009b), "Género sin ideología", *Nueva Revista de Política, Cultura y Arte*, vol. 124, núm. 2, pp. 33-47.

_______ (2010), "La identidad de la institución universitaria", *Aceprensa*, vol. 90, núm. 10.

Haidt, J. y G. Lukianoff (2018), *La transformación de la mente moderna*, Ediciones Deusto.

Lamas, M. (2017), "Voz feminismo", en *Diccionario de Justicia*, Pereda, Siglo XXI.

Leahy R., S. Hollard y L. Mc Ginn (2012), *Treatment plans and interventions for depression and anxiety disorders*, Guiford Press.

Llano, A. (2003), *Repensar la universidad: la universidad ante lo nuevo*, Ediciones Internacionales Universitarias.

Marín, A. (2021), "Movimiento social", *Economipedia*, 1 de noviembre. Disponible en <https://economipedia.com/definiciones/movimiento-social.html>. Consultado el 8 de marzo de 2023.

Newman, J. H. (1982), *The Idea of a University. Nine Discourses Delivered to the Catholics of Dublin in Ocassional Lectures and Essays Adressed to the Members of the Catholic University*, ed. Martin Svaglic, University of Notre Dame Press.

OPS/OMS (s. f.), "Prevención de la violencia", Organización Panamericana de la Salud-Organización Mundial de la Salud. Disponible en <https://www.paho.org/es/temas/prevencion-violencia>. Consultado el 8 de marzo de 2023.

Taleb, N. (2013), *Antifrágil*, Paidós.

Tünnermann, C. (1980), *De la universidad y su problemática: diez ensayos*, UNAM.

Williams, J. (2016), "Why Academic Freedom Matters", en *Why Academic Freedom Matters. A response to current challenges*, Hudson y Willams (eds.), Civitas.

Apéndice

Grupo Interdisciplinar de Estudios Feministas

Desde el corazón de la academia y a partir de una institución como la Universidad Panamericana (UP), cuyo centro de enseñanza tiene el objetivo primordial de hacer valer la dignidad de la persona en cada uno de sus proyectos, hemos querido sumar nuestra voz a la formación de un mañana pleno de igualdad y respeto para todas las personas. Queremos retomar la exigencia que deviene de la integridad de la persona humana y nos reconocemos en ella como mujeres y, para ello, hemos realizado dos acciones muy puntuales que se materializan en este libro:

1. Construir un *feminismo centrado en la persona*: un feminismo que parta de una profunda convicción en la que es necesario rescatar las implicaciones de la dignidad humana dentro de las luchas por la igualdad, con la perenne voluntad de reconocer en el otro (mujer u hombre) a alguien que puede enriquecernos con sus experiencias.
2. Formar un grupo plural de mujeres que asuma el reto de construir este feminismo.

Nuestro proyecto inició con una convocatoria que fue acogida con gran aceptación y compromiso por parte de nuestra comunidad universitaria. El grupo inició en abril del año 2021, y en el momento en que se redactan estas páginas ya cuenta con 24 profesoras que colaboramos en lo que hemos hecho llamar: Grupo Interdisciplinar de Estudios Feministas (GIEF) de la Universidad Panamericana, en sus campus Mixcoac, Ciudad UP y Guadalajara. Desde entonces y hasta ahora nos hemos dado a la tarea de estudiar y conversar textos de mujeres feministas que retoman esta visión de trascendencia dentro del feminismo.

Como se aprecia a lo largo del libro, ha sido un interés primordial del grupo identificar voces de feministas vivas, que no fueran parte del feminismo hegemónico y que nos permitieran retomar críticas importantes de la situación de la mujer hoy en día con una dosis de revisionismo crítico y optimismo. De ahí las reiteradas referencias a autoras como Prudence Allen, María Elósegui, Ana Marta González y Mary Ann Glendon, quienes, por lo relevante de sus contribuciones, deberían tener una difusión mucho más amplia de la que han tenido hasta ahora.

Hemos intercambiado opiniones desde la psicología, la medicina, el derecho, la economía, la pedagogía, la administración y la filosofía, entre otras. Esto nos ha permitido integrar puntos de vista complementarios en nuestras propuestas y reflexiones, que confiamos haber plasmado en las páginas de este libro. Hemos privilegiado siempre el diálogo en completa horizontalidad y apertura, lo cual a su vez se ve reflejado en la autoría de los textos que aquí presentamos, pues todos han sido escritos desde la pluralidad e interdisciplinariedad, propiciando la construcción colaborativa de un saber común. Cada escrito, además, ha sido revisado por otras dos personas del grupo, quienes propusieron dudas y mejoras, y abonaron a la culminación de una iniciativa verdaderamente colectiva, para posteriormente haber sido revisados y dictaminados a doble ciego y se incorporaron sus observaciones.

Investigadoras del Grupo Interdisciplinar de Estudios Feministas

Luz María Álvarez Villalobos
Doctora en Historia del Pensamiento

Cecilia Coronado Angulo
Doctora en Filosofía

María Fernanda Crespo Arriola
Psicóloga y doctora en Filosofía

Teresa Cuevas Aguirre
Licenciada en Derecho

María Elizabeth de los Ríos Uriarte
Doctora en Filosofía

Ana Fernández Núñez
Licenciada en Filosofía

Mariana Flores Rabasa
Maestra en Filosofía

María Isabel Gamboa Cervantes
Maestra en Filosofía

Amelia García Casas
Administradora de Instituciones con maestría en Educación

María José García Castillejos
Doctora en Humanidades con especialidad en Filosofía Moral y Política

Edith Fernanda Gallardo Garzón
Licenciada en Filosofía

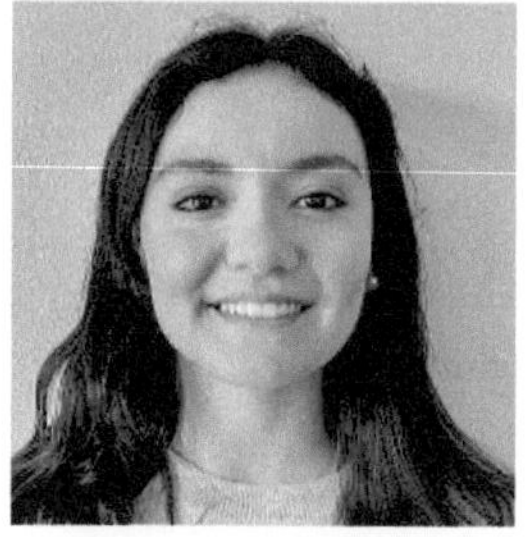

Cecilia Gallardo Macip
Maestra en Estudios Políticos

María José Gómez Ruiz
Maestra en Filosofía y maestra en Política

Diana Erika Ibarra Soto
Doctora en Filosofía

Dora Gabriela Navarro González
Doctora en Derecho

Susana A. Ochoa Torres
Doctora en Desarrollo Económico

Lourdes Giannina Orejel Orejel
Licenciada en Filosofía
con maestría en Neuropsicología

Ruth Verónica Román Martínez
Maestra en Desarrollo Social

Montserrat Salomón Ferrer
Doctora en Filosofía

María Teresa Villanueva Gómez Crespo
Médica internista

Mónica A. Villarreal García
Pedagoga y doctora en Desarrollo Humano

Este libro se imprimió en la Ciudad de México,
el 9 de agosto, memoria litúrgica de Santa Teresa Benedicta
de la Cruz, Edith Stein, carmelita descalza judío alemana, filósofa,
mística y mártir, en Litográfica Ingramex, S. A. de C. V.
Centeno 162-1, Granjas Esmeralda, Iztapalapa,
C. P. 09810, Ciudad de México, México

www.ingramcontent.com/pod-product-compliance
Ingram Content Group UK Ltd.
Pitfield, Milton Keynes, MK11 3LW, UK
UKHW040023200726
13854UKWH00001B/330

9 786075 959894